2024
l'Almanach des énergies positives

15ème Édition

ISSN 2112-5651184

ISBN 978-2-916751-559

Pour joindre les auteurs

Nathalie Mourier, Eric Spirau

Marip

60, rue des poissonniers

75 018 Paris – France

email : infos@marip.com

2024 est une année particulière dans les arts traditionnels chinois : elle marque l'entrée dans la dernière période d'un cycle qui a commencé en ... 1864 et se terminera en 2043. Et si vous vous intéressez au feng shui, vous avez certainement entendu parler de la période 9.

Comme nous l'avons vu dans le Webinar du Nouvel An 2023, il ne faut pas chercher d'incidence macroscopique à une période X ou Y, les contre-exemples sont légions. Et nous le savons parce que nous avons passé plusieurs siècles au crible.

En revanche, le feng shui va offrir des opportunités différentes puisque l'énergie qui est vibrante, celle de la période, ne sera plus la même. Tous les bâtiments fonctionneront différemment de ce qu'ils ont fait pendant les 20 ans passés, en particulier parce que le couplage avec l'environnement sera différent.

Là encore, pas de généralité, chaque cas sera différent. Souvenez-vous toutefois que le feng shui structurel du bâtiment est rarement très favorable ou très défavorable. Bien souvent il est mitigé et moyennement ou peu dynamique. C'est là que l'Almanach des Énergies Positives prend tout son sens : vous pouvez surfer sur les énergies du temps qui sont, elles, toujours disponibles.

Bien sûr, en période 9, il y a un avantage théorique à rechercher l'exposition à l'étoile 9. S'il y avait peu de risque avec l'étoile 8 qui est de nature paisible, il faut être plus vigilant avec l'étoile 9 compte tenu de sa nature plus dynamique et de la manière dont elle interagit avec les autres étoiles. Concrètement, ce n'est pas parce qu'il y a un 9 quelque part qu'il faudra foncer dessus.

Si vous n'êtes pas bien formé au feng shui, suivez simplement les conseils de l'Almanach pour ne pas prendre de risques inutiles.

Les prochains webinaires

Webinaire du Nouvel An 2024

Ce webinaire est le complément parfait de l'Almanach. Il vous donne une vision d'ensemble de l'année à venir et vous accédez à des recommandations personnalisées sur les grandes opportunités qui se présentent à vous. Tous les grands outils - feng shui, yi jing, ba zi & qi men - sont mis en oeuvre. Dès lors, il devient plus facile d'utiliser l'Almanach en fonction de vos objectifs.

Webinaire Les 12 temps forts 2024

Les 12 temps forts sont l'autre grand événement de début d'année. Chaque mois a une météo énergétique particulière : Quels sont les grands rythmes de l'année ? Quelles sont les postures intéressantes à prendre pour comprendre l'année et profiter des ouvertures qui se présentent ?

De l'avis de tous les participants, ce webinaire est une mine d'informations à la fois inspirantes et pratiques.

Pour ne pas rater ces événements, inscrivez-vous sur

marip.com/contact

Vous découvrez l'information trop tard ?

Rendez-vous sur la page d'accueil de marip.com et accédez aux webinaires en VOD.

Nous vous souhaitons à tous une très belle année du dragon de bois 甲辰.

Nathalie Mourier & Eric Spirau

Ce qu'ils en disent

« L'almanach m'est recommandé par mon praticien en MTC, j'adore. »

« Je vous suis depuis le tout début de votre installation et je suis fan ;) ... donc... Merci encore et toujours pour ce que vous faites et ce que vous êtes ;) »

« Bonjour et merci infiniment pour l'almanach. (...) Voilà mon petit secret pour vous remercier de votre grand travail pour un prix accessible à tous. Bonne continuation... Ne changez rien, sauf si ce n'est pour nous faire tous avancer davantage ! À bientôt. »

« Je profite pour vous remercier à nouveau d'avoir pu vous joindre au téléphone pour (...) Toute ma famille utilise l'almanach (de Paris, de Guadeloupe). Bonne continuation ».

« Bonjour, j'aime beaucoup l'Almanach, ça m'aide à mieux appréhender certaines journées. Pour moi tout a son utilité, conseils quotidiens et mensuels. (...) Ce qui est sûr, c'est que je m'offrirai [celui de l'année prochaine] alors merci beaucoup pour votre travail ! »

Choisir ses dates avec l'Almanach 2024

La section calendrier de l'Almanach vous donne accès aux caractéristiques importantes de chaque jour de l'année. Ces informations vous permettent de choisir les dates qui vous soutiendront le plus dans vos actions et d'éviter celles qui seraient un frein. Vous trouverez dans les pages suivantes toutes les explications nécessaires.

Secteurs sensibles

Chaque ☂ indique les zones dans lesquelles on ne déplace pas de meubles importants et on ne fait pas de travaux au cours du mois (*p. 22*).

Hexagramme du jour/mois

Chaque mois et chaque jour sont caractérisés par un hexagramme qui décrit de manière fine les risques et les opportunités du moment (*p. 17*).

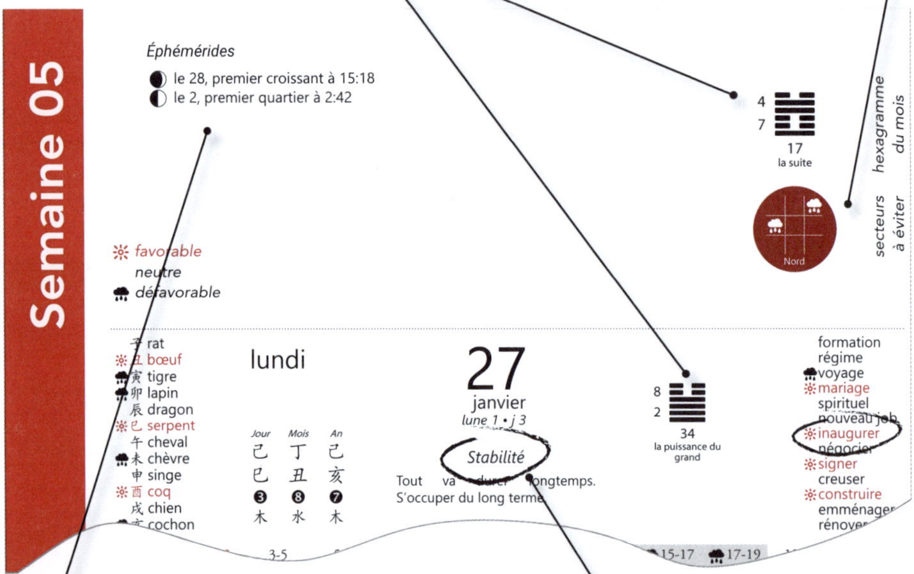

Éphémérides

Retrouvez ici les phases de la lune et les segments solaires (*p. 27*).

Essence du jour

C'est un des éléments les plus importants à prendre en compte pour choisir une date favorable. Certains jours sont propices pour démarrer quelque chose, d'autres pour s'assurer que tout est bien sur les rails, d'autres encore pour récolter le fruit de son travail. Mener des actions en phase avec ces essences, c'est s'assurer de leur réussite (*p. 12*).

Optimisation du feng shui

Certains jours sont plus favorables ☼ pour mettre en œuvre les conseils mensuels donnés dans nos pages feng shui (*p. 154*), comme déplacer des meubles : un lit, un bureau ... Notez qu'on ne déplace pas le lit d'une femme enceinte.

Activités favorables

Parmi la longue liste des activités qui figurent dans un *tong shu* traditionnel chinois, nous en avons retenu 13 applicables dans notre vie moderne d'occidentaux. Privilégiez celles qui sont favorables ☼ et évitez les défavorables (*p. 15*).

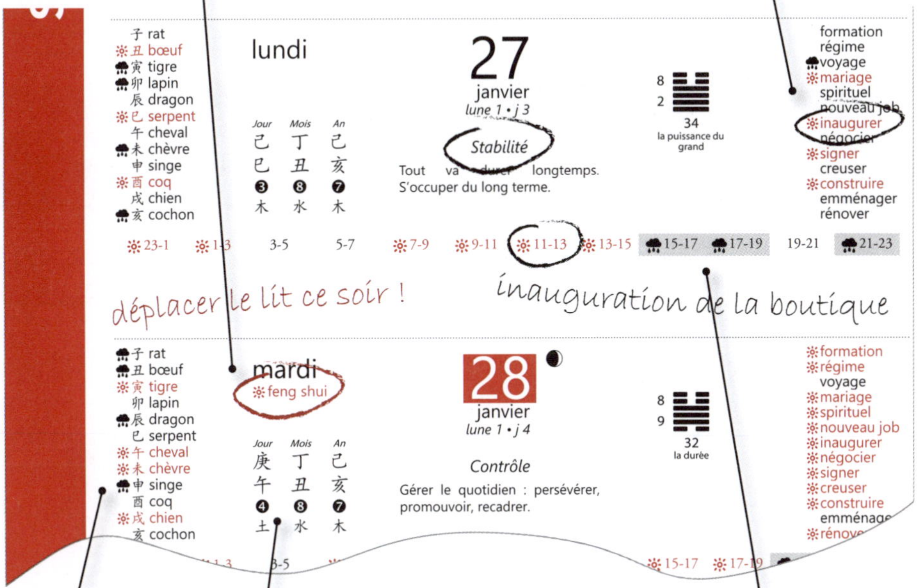

Piliers/étoiles volantes/na yin

Certaines informations sont utiles pour analyser plus finement les *qi* du jour. Cette section est plutôt destinée aux amateurs éclairés ou aux professionnels (*p. 26*).

Signes soutenus

Chacun de nous dispose de 4 signes/animaux qui régissent les aspects désirs/investissement, maison/conjoint, carrière/travail et cercle social de notre vie. L'horoscope chinois a popularisé un seul de ces aspects, induisant de fait de mauvaises décisions. Nous vous donnons ici les clés pour des choix plus éclairés (*p. 8*).

Heures favorables

Le temps est découpé par tranches de deux heures. Choisissez les heures favorables ☼ et évitez d'entreprendre des actions importantes aux heures défavorables pour bénéficier du meilleur soutien possible (*p. 26*).

Mes 4 signes personnels

Lorsqu'un professionnel fait une analyse de bazi, il n'utilise pas simplement l'animal de l'année, mais il prend en compte l'année, le mois, le jour et l'heure de votre naissance. Utiliser un seul animal est trop simplificateur.

Utilisez donc vos 4 animaux personnels pour sélectionner une date adaptée à ce que vous souhaitez faire. Sans remplacer une étude de bazi, c'est une avancée considérable en matière de sélection de date.

Pour obtenir vos 4 signes personnels

Calculez vos 4 signes à partir de votre date de naissance. Rendez vous sur la page de notre site ; vous pouvez utiliser le flashcode ci-dessous ou taper l'url dans votre navigateur :

marip.com/almanach

marip.com/almanach

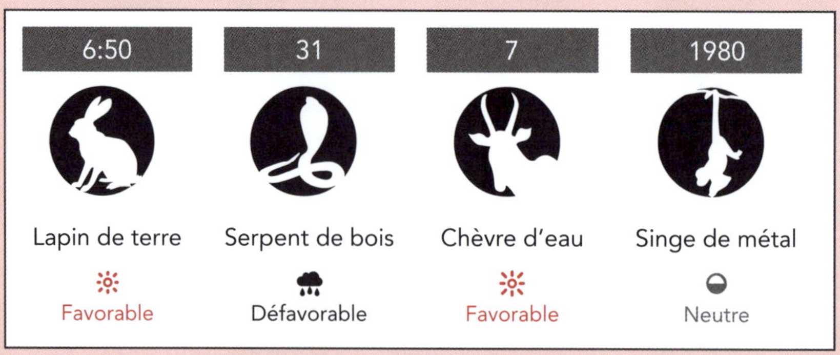

Reportez les 4 animaux sur la dernière page de l'Almanach pour pouvoir vous y référer facilement tout au long de l'année.

Pour gagner du temps, calculez simplement vos animaux de naissance

Calculez vos 4 signes personnels grâce aux calculateurs de Marip.

> Supposons que vous soyez né le 31 juillet 1980 à 6h50. Le site calcule et affiche les 4 animaux de cette date : lapin, serpent, chèvre, singe. Ce sont ces animaux qui vous caractérisent. Recopiez-les sur la dernière page de l'Almanach pour gagner du temps.
>
> Sous chaque animal, le site indique également comment le signe est soutenu le jour où vous consultez le site. Dans cet exemple, c'était le 22 mai 2019.

Les indications données – favorable, défavorable ou neutre – sont identiques à celles que vous trouverez dans l'Almanach. Désormais, avec l'Almanach, vous pouvez anticiper sur toute l'année 2024.

Comme vous pouvez le voir ci-dessous sur cet extrait de l'almanach 2019, le 22 mai 2019, le lapin était favorable, le serpent défavorable, la chèvre favorable et le singe neutre.

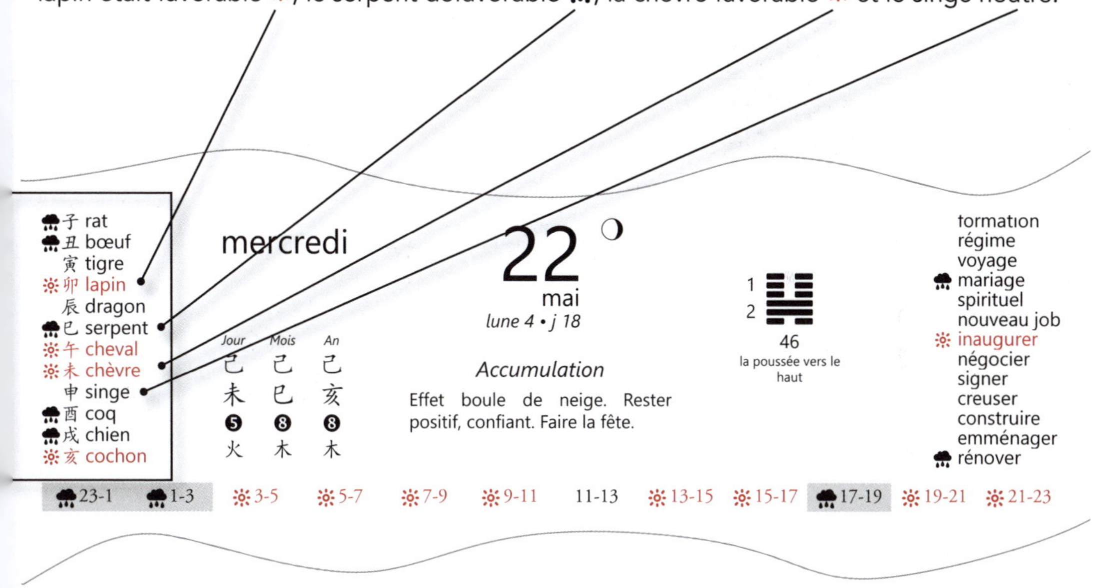

Chacun de vos 4 animaux gouverne une part différente de votre vie

Lorsque vous recherchez une date pour prendre un rendez-vous ou effectuer quelque chose d'important, sélectionnez d'abord l'animal qui est concerné.

Par exemple, si vous envisagez de faire venir un artisan pour réparer ou transformer quelque chose dans votre domicile, considérez l'animal du jour (car il est lié à votre maison) et recherchez une date qui lui soit favorable ☼.

Pour des questions plus existentielles, vous souhaitez par exemple discuter avec un ami ou un coach de votre orientation de vie, prenez en compte l'animal de l'heure.

D'une manière générale, ne faites rien d'important dans le domaine concerné un jour défavorable ☔.

Animal de l'heure de naissance

Désirs, investissements

L'heure représente ce vers quoi nous nous projetons, la trace que nous aimerions laisser. C'est pourquoi cela représente nos enfants, qui sont comme un prolongement de soi lorsque nous ne serons plus là, de même que nos investissements et les biens qui eux aussi nous survivront.

☼ : C'est le bon moment pour investir, suivre les idées et les envies qui vous traversent l'esprit ou prendre des décisions relatives aux enfants.

☔ : Faire profil bas.

SINGE

Animal du jour de naissance

Maison, conjoint

Le jour est ce que nous avons de plus intime : notre partenaire de vie et notre maison.

☼ : On peut attendre un véritable soutien de sa part et trouver du repos chez soi.

Si vous n'avez pas de partenaire ou que vous envisagez de changer de domicile, il est pertinent de regarder l'indicateur avant d'arrêter votre choix.

☔ : Mieux vaut attendre un autre jour.

SINGE

6:50	31	7	1980

Lapin de terre	Serpent de bois	Chèvre d'eau	Singe de métal
☼ Favorable	🌧 Défavorable	☼ Favorable	◒ Neutre

Pour un individu né le 31/7/1980 à 6:50 : à la date de l'exemple précédent, le mois est favorable pour les activités professionnelles car l'état psychologique intérieur est calme, tranquille, positif et l'heure est favorable. C'est donc un bon moment pour réfléchir à ce que l'on souhaite faire sur le long terme et poser des jalons dans le domaine professionnel.

Vidéo YouTube sur les 4 animaux : youtu.be/DALzq_RYJqU

Animal du mois de naissance

Carrière, travail

Le mois pilote notre performance au travail et sur le long terme, notre trajectoire professionnelle. Il représente aussi nos parents et c'est un indicateur de notre psychisme.

☼ : C'est le bon moment pour lancer de nouveaux projets, entreprendre des tâches qui requièrent de l'énergie et de l'investissement personnel.

🌧 : L'esprit est troublé. Attention donc à ce que vous décidez ou à ce que vous dites.

TIGRE

Animal de l'année de naissance

Le cercle social

L'année parle de la part la plus superficielle et apparente de soi. C'est à travers elle que nous entrons en contact avec les gens, cela concerne donc nos amis, nos collègues, la famille éloignée.

☼ : C'est le bon moment pour poster sur votre réseau social favori ou faire de nouvelles rencontres.

🌧 : Ce n'est pas un moment favorable pour communiquer : vos efforts seront mal perçus ou ne donneront rien.

RAT

Les 12 essences

L'essence du jour est l'un des éléments les plus importants à prendre en compte quand on sélectionne une date car elle décrit la nature des énergies du jour. Pour une activité importante, assurez-vous en priorité que ce que vous souhaitez faire ce jour-là est conforme à la nature de l'essence du jour (cf. tableau ci-contre).

> En chinois, le terme employé est 官 *guan*, qui se traduit par officier, fonctionnaire, quelqu'un qui est en charge de la marche du monde. Cela nous indique qu'il y a une manière et un temps pour faire les choses.

L'enchaînement des essences décrit la naissance, la vie et la fin d'un projet quel qu'il soit. Il peut s'agir d'un projet très concret comme de construire une maison ou un projet plus immatériel comme d'apprendre un nouveau métier, ou même de démarrer un cheminement spirituel.

Dans tous les cas, les germes du projet apparaissent d'abord dans l'esprit : on y pense, puis on progresse en donnant corps à ce projet et en gérant les difficultés qui se présentent. Vient ensuite le temps où les actions portent leurs fruits, puis celui de faire le bilan et de se tourner vers l'avenir, vers un nouveau projet. Les essences s'enchaînent donc à l'infini, jour après jour.

Notez qu'il peut arriver qu'il y ait des ruptures ou des répétitions d'une même essence deux jours de suite.

> Lisez attentivement la description des essences, reportez-vous y régulièrement et réfléchissez à celle qui caractérise le mieux ce que vous souhaitez faire.
>
> Recherchez ensuite les jours correspondants et affinez votre sélection avec vos signes de naissance.

Vidéo YouTube sur les essences du jour :
youtu.be/hfy19CAP0II

Fondation 建

C'est la première étape de construction. Rien de concret n'est encore fait, mais la décision a été prise. Les différentes étapes se dessinent ainsi que le cheminement à suivre. La chose devient tangible : la première pierre est donc posée. Les fruits apparaîtront plus tard.

Nettoyage 除

Pour permettre le développement sain de ce qui a été planté, il faut faire du ménage, enlever tout ce qui gêne, voire renoncer à certaines choses.

Pour cette raison, tout projet lancé un jour Nettoyage a de bonne chance de péricliter. Idéal pour s'occuper de ce que l'on veut voir disparaître.

Accumulation 滿

Parle d'amplification, de multiplication, de répétition, parfois jusqu'à saturation ou débordement. C'est donc une essence favorable pour recouvrer des créances, mais on ne se lancera pas dans les dépenses car il y a un risque d'emballement !

Attention : Les pertes s'accumulent aussi bien que les gains. Ce n'est donc pas une bonne journée pour s'endetter par exemple.

Dans le même esprit, ne cultivez pas les émotions négatives (frustration, mécontentement, colère, ressentiment, etc.) qui risqueraient de prendre des proportions inconfortables. Cultivez la bonne humeur, restez positif, détendez-vous, célébrez.

Équilibrage 平

Tout est amené au point d'équilibre. Si on est en position de force, on perd quelque chose. En position de faiblesse, on gagne quelque chose. Match nul ou gagnant-gagnant, c'est une question de point de vue. Ou de circonstances.

Stabilité 定

Un accord a été trouvé, le projet trouve sa vitesse de croisière. Ce que l'on fait s'inscrit dans la durée. Penser long terme, être attentif aux opportunités.

Éviter les conflits, les manifestations de mauvaise humeur.

Contrôle 執

Tenir les rênes, maintenir le cap. Invitation à persévérer dans ce qui est droit, promouvoir ce qui est juste, récompenser les mérites, recadrer ce qui dérive.

Être attentif aux vieux schémas du passé qui refont surface et dont il faut se débarrasser pour avancer.

Destruction 破

Ici on est parvenu à mi-parcours. Des difficultés amènent à faire des choix, à rétablir ou à dire la vérité. Quelque chose est détruit.

Approprié pour lancer des poursuites judiciaires, se débarrasser d'objets inutiles ou encombrants, démolir un bâtiment.

A éviter pour les opérations chirurgicales, les mariages, les contrats, les voyages.

Péril 危

Au sommet de la montagne, le vent souffle, on n'a plus d'appui, tout peut basculer. La situation est donc délicate : la peur et le doute s'invitent facilement devant le sentiment du danger. Se détendre, faire profil bas.

Éviter les lieux élevés et la mer.

Réussite 成

Une étape importante est passée. L'idéogramme chinois représente un homme qui tient une lance. Il faut donc faire quelque chose pour concrétiser enfin. Cela peut concerner une personne aussi bien qu'un projet.

Une négociation aboutit, un projet est mené à terme, c'est le moment de signer, de se marier, de construire, de déménager, d'enclencher un changement. On atteint ainsi son but. Les tensions sont pacifiées.

Moisson 收

Placé au milieu d'un champ, on y récolte ce qu'il y pousse. Si l'on fréquente des enseignants, on est instruit ; si l'on demande quelqu'un en mariage, on reçoit une réponse positive ; si l'on cherche un travail ou que l'on collecte des fonds, on obtient satisfaction.

On s'abstient donc de rencontrer des médecins, de visiter des malades, d'assister à un enterrement pour éviter les problèmes de cette nature dans un futur proche.

Ouverture 開

Quelque chose barrait le passage, l'accès ou la compréhension, mais cet obstacle se lève.

C'est le moment idéal pour inviter chez soi, pendre une crémaillère, inaugurer un bureau, un magasin. Plus rien ne s'oppose à la signature d'un contrat ou d'un partenariat, au fait de prendre des engagements, de se marier.

C'est aussi le moment propice pour communiquer clairement, laver les vieilles querelles, présenter des excuses.

Terminaison 闭

Un cycle se termine, un autre est sur le point de démarrer. Dans l'entre-deux, les énergies sont troubles.

L'esprit manque du coup de clarté, il n'est pas correctement aligné ni connecté à l'univers. Nous ne pouvons plus accéder à notre savoir profond ou cela est difficile.

Ne rien entreprendre d'important car votre compréhension des choses et des situations est limitée ou déformée.

Les mots-clés : battre en retraite, se replier, renoncer, lâcher prise, laisser les choses rouler à leur rythme.

Les 13 types d'activité

Traditionnellement, un grand nombre d'activités étaient calculées et publiées dans les *tong shu* chinois. Il faut dire que la langue s'y prête : 2 idéogrammes suffisent à designer une activité, on peut donc en insérer beaucoup sur peu de place.

Nous avons retenu pour vous celles qui ont un sens de nos jours dans notre culture occidentale et nous les avons groupées par type : activités personnelles, professionnelles et travaux.

Activités personnelles

Commencer une formation : Intégrer un nouveau lycée ou collège, entrer à l'université, reprendre une formation à l'âge adulte. Propice pour toute activité qui requiert du travail et en retour permet d'accéder à un savoir ou d'acquérir une compétence.

Démarrer un régime : Nettoyer, purifier, alléger, se débarrasser de quelque chose (pas de quelqu'un !) ... Pour ce qui est des régimes, cette activité concerne donc uniquement les régimes amaigrissants, pas les régimes grossissants.

Astuce : Si l'essence du jour est **Nettoyage**, c'est une excellente journée pour un ménage de printemps, ranger vos placards, faire le vide pour créer un espace propice à accueillir du neuf dans votre vie.

Partir en voyage : Cette activité concerne tous les types de voyages, qu'ils soient d'agrément ou professionnels. Ces jours-là, nous sommes protégés sur le plan physique.

Se marier : On distingue les fiançailles du mariage. L'activité Mariage est réservée aux jours de la cérémonie au cours de laquelle les deux conjoints s'engagent légalement, civilement ou religieusement.

Activités spirituelles : Cérémonies religieuses, récitations de prières, méditation, pratiques de recueillement, ...

Vidéo YouTube sur les activités :
youtu.be/AgSqV08Coh0

Activités professionnelles

Démarrer un nouveau job : Cette activité est caractérisée par le fait qu'on obtient quelque chose en réponse à un effort fourni, une demande faite, un travail donné. On récoltera plus tard ce qu'on a semé ce jour-là.

Inaugurer : Il peut s'agir d'une inauguration au sens traditionnel, d'une pendaison de crémaillère ou de l'ouverture d'un nouveau point de vente ou de service. Également propice pour l'installation d'un nouveau matériel ou d'une nouvelle machine.

Négocier : De la faveur au contrat du siècle, il y a un pas immense, et pourtant c'est la même énergie qui est mobilisée : nous cherchons à obtenir d'un tiers qu'il nous accorde quelque chose qui est important pour nous. Et votre interlocuteur peut être l'un de vos proches aussi bien que votre patron ou un client.

Signer un contrat : Propice pour tous les types de contrat, commercial ou autre.

Travaux

Creuser le sol : A prendre au sens littéral et concerne toutes sortes d'actions : creusement de fondations, d'une piscine, d'un bassin, du jardin pour la plantation d'un arbre, excavation en vue d'un chantier, préparation d'une tombe, ...

Démarrer une construction : On accorde beaucoup d'importance au jour pendant lequel la construction démarre car les énergies présentes ce jour-là imprégneront plus tard le bâtiment.

Astuce : Démarrer la construction n'inclut pas le creusement du sol. Si le chantier connaît des interruptions de plus de 30 jours, redémarrez à une date favorable. En effet, si l'interruption est longue, le lien énergétique initial est interrompu.

Emménager : C'est un jour favorable pour vous installer physiquement dans vos nouveaux locaux ou votre nouveau domicile. Vous scellez ainsi des énergies favorables aux résidents.

Rénover : La rénovation comprend tous les types de travaux de maintenance, entretien, rafraîchissement.

Planter un clou, repeindre une pièce, réparer une plomberie défectueuse, changer une prise, ... il s'agit toujours de rénovation.

Astuce : Si vous devez abattre une cloison ou que vous agrandissez la structure, cherchez plutôt une date Démarrer une construction.

Les hexagrammes du mois et du jour

A chaque jour et chaque mois correspond un hexagramme dont nous indiquons également le numéro et le nom. Les chiffres situés à gauche de l'hexagramme sont la période et l'élément *xuan kong*, cette information est plutôt destinée aux experts.

8
2

34
la puissance du grand

Habituellement, les hexagrammes du Yi Jing sont utilisés pour répondre à une question et s'obtiennent par tirage de pièces, de cartes, de tiges d'achillée, etc. Vous trouverez de nombreux articles à ce sujet sur marip.com.

Ici, l'utilisation de l'hexagramme est différente : il indique l'esprit ou la nature du jour ou du mois. Il donne donc la tendance et renseigne sur les facilités ou les difficultés qui peuvent se présenter sur un plan intérieur et extérieur. Par exemple l'hexagramme Qian, Le Créatif, peut aussi bien évoquer un état de tension intérieure qu'une situation extérieure chaotique ou le début de quelque chose d'important quand tout est encore en germe mais que rien n'est vraiment organisé.

Lorsque vous envisagez une activité importante, lisez la description de l'**hexagramme du jour** et mettez-la en perspective de ce que vous souhaitez faire : il faut que l'une soit en accord avec l'autre. Cet hexagramme vous indique la meilleure attitude à avoir dans le cadre de cette tâche. Si vous n'avez rien prévu de particulier, conservez en tête le conseil donné, cela vous sera souvent utile à un moment ou un autre de la journée. Vous y trouverez une indication sur le sens de certains événements (ou leur absence), une idée de la posture à adopter, votre intuition sera renforcée.

L'**hexagramme du mois** donne le ton pour le mois à venir. En général, on ne l'utilise pas directement en relation avec une action, à moins bien sûr que celle-ci ne soit de longue portée. Qu'est-ce qui peut être intéressant d'envisager ce mois-ci ? Quel type de facilité ou de frein va-t-on rencontrer ? Dans quel domaine faire porter vos efforts ? Pousser en avant ou au contraire rester sur la réserve, quelles attitudes seront davantage favorisées et quel sens peuvent-elles bien avoir ? La liste est sans fin et votre expérience s'affinera au fil du temps.

> Les hexagrammes portent plusieurs noms, chacun tentant d'approcher au mieux le sens du symbole. Ceux des pages suivantes peuvent varier légèrement de ceux que vous trouverez dans le calendrier. Ce n'est pas une erreur.

Vidéo YouTube sur les hexagrammes :
youtu.be/oMv6E_iN7B4

1 - Le créatif (le ciel)

Tout est à construire. Activité incessante, beaucoup d'énergie. On n'a pas le temps de s'arrêter. Individuel et autonome. Risque d'arrogance. Stress.

2 - Le réceptif (la terre)

Force tranquille, persévérance dans les difficultés. La patience paie. Gestation, préparation. Réceptivité. Laisser venir à soi.

3 - La difficulté initiale

Fragilité. Débuts difficiles mais évolution favorable. Chercher des alliés, se préparer.

4 - La folie juvénile

Immaturité. Réfléchir à deux fois. Besoin d'apprendre. Expliquer clairement et patiemment.

5 - L'attente

Avancer sans brûler les étapes. Être patient. Ne pas baisser les bras. Favorable pour une promotion.

6 - Le conflit

Ne rien forcer. Chercher conseil. Défavorable pour tout engagement. Ne rien entreprendre d'ambitieux.

7 - L'armée

S'organiser, se discipliner. Coopérer, travailler ensemble. Négocier.

Donner un objectif clair, une ligne de conduite à suivre.

8 - L'union

Réunir. Nouer des alliances sincères. Agir à plusieurs, en bonne intelligence et en se coordonnant.

9 - Le pouvoir d'apprivoisement du petit

Se préparer. Obstacles et retards prévisibles. Ne pas viser trop haut. Chercher des ressources, des alliés.

10 - La marche

Préparer soigneusement avant d'agir. Être sincère, simple, humble. Prudence. Respecter les formes.

11 - La paix

Être ferme, agir avec modération. Relations harmonieuses. Surfer sur la vague. Ne pas se laisser griser par le succès.

12 - La stagnation

Ralentissement, arrêt, blocage, impasse. Incompréhension. Réviser sa position, changer son fusil d'épaule.

13 - La communauté avec les hommes

Leadership. Un leader éclairé et puissant. Rassembler autour d'un objectif commun.

14 - Le grand avoir

Succès financier. Investir. Gestion financière saine. Ne pas dépenser indûment. Générosité. Offrir un cadeau.

15 - L'humilité

Agir avec modestie Avec un cœur pur, la noblesse intérieure et l'humilité extérieure, tout est possible. L'être avant l'avoir et le paraître.

16 - L'enthousiasme

Nouveaux projets, promotion. Grande joie. Célébrer, faire la fête. Partager. Éviter les excès.

17 - La suite

Suivre une liste. Réfléchir en marchant. Favoriser les activités de groupe. Répartir la charge.

18 - Le travail sur ce qui est corrompu.

Régler, corriger, réparer, rénover, rembourser ses dettes. Changer ses habitudes.

19 - L'approche

Faire appel à un expert. Écouter la voie de la sagesse. S'appuyer sur des gens expérimentés. Il est temps d'agir.

20 - La contemplation

Examiner, faire un bilan, élargir son horizon. Ne rien précipiter. S'inspirer d'un modèle.

21 - Mordre au travers

Surmonter les obstacles. Propice aux actions énergiques. Trancher, juger, sanctionner. Action légale.

22 - La grâce

Beauté et élégance. Soigner les formes. Ne pas être dupe des apparences. Éviter le superficiel. Donner du sens.

23 - L'éclatement

A deux doigts de l'effondrement. Défavorable de poursuivre. Retarder, arrêter. Fragilité, instabilité. Fatigue.

24 - Le retour

Lent retour à la normale. Ne pas avancer à marche forcée. Avancer lentement. Être patient et constant.

25 - L'innocence

S'adapter aux circonstances. Saisir les opportunités qui se présentent. Avancer sans préjuger du lendemain. Confiance.

26 - Le pouvoir d'apprivoisement du grand

Efforts récompensés. Entretenir son énergie pour affronter les difficultés inévitables. Succès.

27 - Les commissures des lèvres

Ne pas parler à tort et à travers. Surveiller son alimentation. Collecter des informations.

28 - La prépondérance du grand

Rester conscient de ses limites. Relations, solutions ou situations hors norme. Risque d'échec par excès.

29 - L'insondable

Cesser de se débattre. Danger, ne pas avancer tête baissée. Rester prudent et patient.

30 - Le feu

Agitation, impatience. Ne pas se laisser éblouir. Promouvoir, mettre en valeur, relooker. Être vigilant.

31 - L'influence

Grande complémentarité. Courtiser, s'incliner. Procéder par affinité. S'inspirer de ce qui vous entoure.

32 - La durée

Être loyal et persévérant. Favorable aux projets long terme. Avancer un pas après l'autre.

33 - La retraite

Prendre du recul, renoncer. Rentrer en soi-même et reconsidérer la situation. Réserve et retenue. Perdre une bataille pour gagner la guerre. Couper ses pertes.

34 - La puissance du grand

Maîtriser sa puissance, la mettre en accord avec ce qui est juste. Pas d'impatience. Faire des compromis.

35 - Le progrès

Prendre les choses au début. Avancer, organiser, planifier. Ne pas abuser de son autorité ou de son pouvoir.

36 - L'obscurcissement de la lumière

Circonstances adverses. Être prudent et réservé, se méfier. Réfléchir, mais ne pas agir. Faire profil bas.

37 - La famille

Respecter la hiérarchie, s'appuyer sur le groupe. Respecter la place et le rôle de chacun.

38 - L'opposition

Conserver son identité tout en respectant la différence. Ne pas s'opposer par principe. Il n'est pas nécessaire d'être d'accord sur tout.

39 - L'obstacle

Faire une pause. Succès pour celui qui sait attendre ou se retirer. Être patient, prudent, mesuré, confiant.

40 - La libération

Se détendre. Laisser les tensions se dissiper et ne pas s'attarder sur les fautes. Nouveaux débuts. Ne pas se disperser.

41 - La diminution

Purifier, se concentrer sur l'essentiel. Faire simple. Accepter de perdre pour gagner. Donner pour recevoir.

42 - L'augmentation

Maîtriser la croissance. Imiter ce qui est bon, abandonner ce qui est mauvais : on en sort grandi. Partager, prendre exemple et donner l'exemple.

43 - La percée

Le succès, l'accumulation et la tension créent un sentiment d'urgence. Distribuer, disperser, communiquer, canaliser, organiser.

44 - Venir à la rencontre

Ne pas choisir la voie de la facilité. Résister aux tentations. Rester souple et accueillant. Rechercher la différence.

45 - Le rassemblement

Concentrer ses forces. Ne pas se laisser déborder. Prévenir les défauts, se préparer à l'imprévu. Rester serein.

46 - La poussée vers le haut

Progrès graduel. Procéder par étape. Promotion. Soutien. Ne pas être négligent. Rester raisonnable.

47 - L'accablement

Situation adverse. Fatigue ou épuisement causé par les obstacles. Garder le cap. Rester fidèle à soi-même.

48 - Le puits

Avancer lentement. Aller en profondeur. Aller au fond des choses. Ne rien brusquer.

49 - La révolution

Besoin de renouveau. Changer, transformer, rénover, réformer. Servir les intérêts du groupe avant les siens.

50 - Le chaudron

Convivialité et célébrations. Fusion. Partager un repas. Construire ensemble. Ne rien précipiter.

51 - L'ébranlement

Un grand changement crée un choc. Ne pas céder à la peur. Revoir ses schémas de fonctionnement. Ne pas se laisser déstabiliser.

52 - La montagne

Arrêter, modérer, contrôler. Laisser les choses advenir. Ne pas suivre ses pensées, revenir à l'instant présent.

53 - Le développement

Persévérer. Ne pas se précipiter, procéder par étapes, avec régularité. Travail de longue haleine.

54 - L'épousée

Sentiment d'inadéquation ou d'infériorité. Besoin de changements, de distractions. Redonner du sens ou de la valeur à ce que l'on fait et aux choses. S'éclaircir les idées.

55 - L'abondance

On a atteint un sommet : le déclin est inévitable, c'est une loi naturelle, il n'y a donc pas de raison de s'attrister. Anticiper, préparer l'après.

56 - Le voyageur

Situation difficile, on se sent isolé. Prendre ses marques en respectant les coutumes. Voyager pour changer. S'adapter au contexte.

57 - Le doux

Être souple. Lever les doutes, clarifier les incompréhensions. Transformation lente mais réelle, effets durables.

58 - Le joyeux

Communiquer, faire circuler l'information. Trouver du plaisir dans les petites choses. La joie est communicative.

59 - La dispersion

Renoncer à l'égoïsme. S'ouvrir aux autres. Rejoindre un collectif (famille, société groupe ...). Disperser, répartir, partager.

60 - La limitation

Se re-centrer, trouver le bon rythme, avoir conscience des limites. Garder le sens des proportions (pas d'austérité excessive). Organiser, mesurer.

61 - La vérité intérieure

La vérité est la lumière intérieure qui dissipe les apparences et va au cœur des choses. Avoir le courage d'agir. Être sincère. Loyauté et confiance.

62 - La prépondérance du petit

L'heure n'est pas aux grands projets. Soigner les détails, être précis, minutieux, appliqué, soigneux. Faire moins mais mieux.

63 - Après l'accomplissement

Objectif atteint. Il faut trouver une nouvelle quête car l'équilibre atteint annonce un déclin.

64 - Avant l'accomplissement

Soigner les commencements. Bien finir ce qui est commencé. Ne pas se précipiter dans une nouvelle action.

Les secteurs sensibles de l'année

Les 神 *shen* et les 煞 *sha*, couramment appelés *étoiles*, sont des éléments favorables ou **défavorables** qui se manifestent dans une direction ou un secteur particulier à un moment donné.

Dès que l'on bouge quelque chose qui est en contact avec le sol, on interagit avec la matière, avec les 煞 *sha*. C'est le cas par exemple quand on plante des clous, qu'on rénove, qu'on creuse le sol ou qu'on déplace de la terre ou bien sûr qu'on enterre quelqu'un. Dans les cas les plus sensibles, le seul fait de déplacer les meubles peut faire réagir les *sha*.

Les étoiles favorables 神 shen

- Les trois Étoiles Pourpres blanches
- La Vertu de l'année 歲德 et sa combo 合
- Les Hommes nobles 貴人 yin 阴 & yang 阳
- Le Revenu annuel 歲祿

Les étoiles défavorables 煞 sha

- Le Cinq jaune 五黄
- Le Tai Sui 太歲 & le Sui Po 岁歲
- Les 3 Tueurs 煞
- Les Capitales célestes 都天 wu 戊 & ji 己

Les 煞 *sha* peuvent poser des problèmes plus ou moins sérieux : maladie, blessure, saignements, perte d'argent ou d'objets de valeur, retards, accident. En cas d'incident, les résidents sont donc principalement affectés sur le plan de la santé et des finances. Si une Capitale céleste est conjointe au Tai Sui ou au 5 Jaune, c'est particulièrement toxique. Depuis 2001, nous avons vu suffisamment de cas pour savoir que ces secteurs sensibles ne sont pas une superstition.

- Il existe un Tai Sui, un Sui Po, un 5 jaune et des 3 Tueurs annuels : ils sont dans le même secteur ou la même direction pour toute l'année.
- Pour chaque mois il y a un Tai Sui, un Sui Po, un 5 jaune et des 3 Tueurs mensuels. Ils occupent la plupart du temps une zone ou une direction différente des 3 Tueurs annuels.
- Les 3 Tueurs annuels sont les plus importants car ils sont présents toute l'année.

Bonus

La présence d'une étoile favorable peut considérablement atténuer le problème causé par un 煞 *sha*. Ainsi, en 2024 :

- sur le secteur 未 Wei SO1, le Tueur sur cette montagne est compensé par le Noble yang.

Les zones annuelles à ne pas déranger en 2024

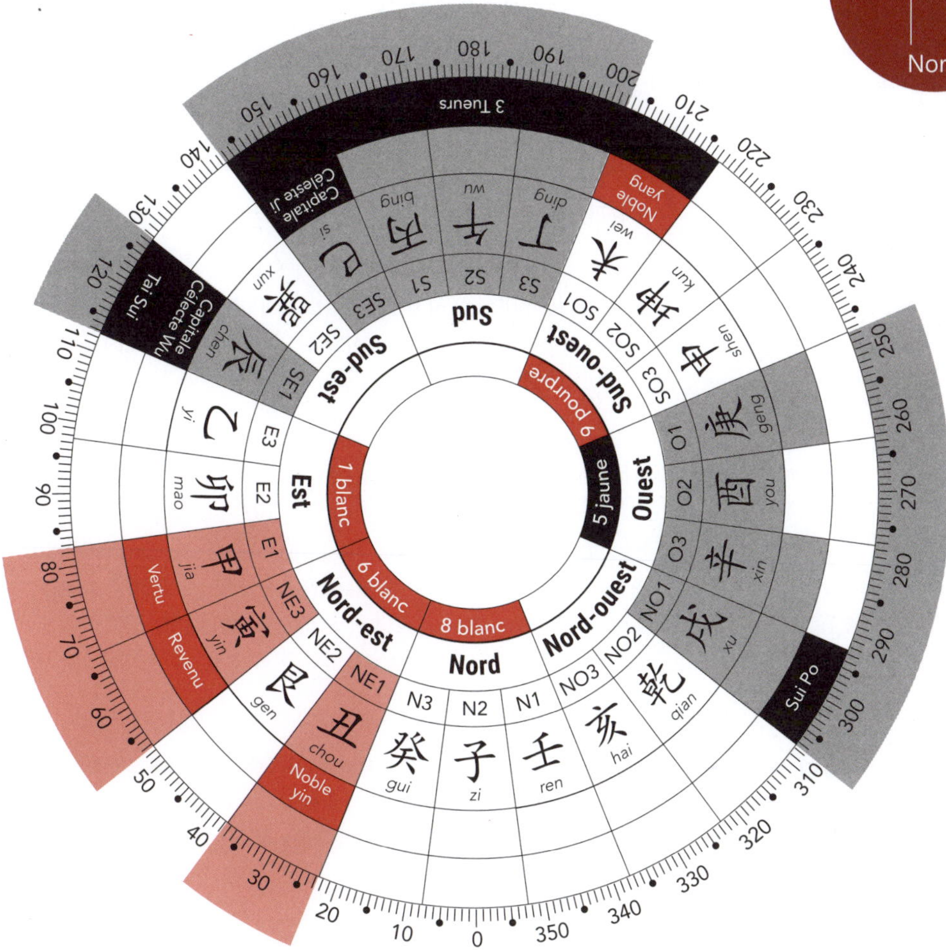

Ne faites pas de travaux dans les zones grises ou si la façade ou la porte d'entrée se trouve dans l'un de ces secteurs.

Comment minimiser les problèmes dans les secteurs sensibles ?

Le plus simple serait de ne pas occuper les secteurs sensibles, mais ce n'est pas toujours possible.

Traditionnellement, on cherche à atténuer les *sha qi* de la manière suivante :

- Le Tai Sui, le Sui Po et les 3 Tueurs par un *pi xie* en métal ou un couple de *qi lin* (licornes), en métal, en porcelaine ou en pierre.
- On peut mettre à l'Ouest et au Nord-Ouest une statue de Guan Di, un formidable général de l'époque des Trois Royaumes réputé pour sa loyauté et son courage immense.

A ces cures traditionnelles vous pouvez substituer du métal sous une forme ou une autre : statue, meuble, carillon, ...

Souvenez-vous que la meilleure des cures n'est qu'un palliatif qui réduit l'impact des *qi* activés mais elle ne les neutralise pas complètement. Le meilleur des remèdes consiste donc à ne pas activer du tout ces *qi*. On n'y fait donc aucun travaux.

> Traditionnellement, on utilise dans le secteur du Tai Sui un talisman particulier à l'année en cours. Si vous en avez un, placez-le cette année au Sud-est. Nous vous proposons des talismans Tai Sui dans la boutique en ligne de Marip marip.com/shop, ils ont été spécialement créés pour tempérer et rééquilibrer les *qi* du secteur du Tai Sui de l'année. Les talismans sont réalisés de manière traditionnelle et activés individuellement.

Que faire en cas d'urgence ?

Les circonstances vous obligent à faire des travaux dans l'une des zones sensibles ? Une panne d'eau ou d'électricité, des travaux décidés par la collectivité que vous ne pouvez pas déplacer, un chantier qui prend du retard, ... les impondérables et les urgences existent.

Alors comment faire ?

- Commencez les travaux par une autre zone : si par exemple vous devez construire sur un terrain, commencez les travaux par une zone qui n'est affectée par aucun problème.
- Choisissez un mois favorable : évitez soigneusement les mois qui amènent un perturbateur dans le même secteur. Vous ne ferez par exemple pas de travaux dans un secteur qui héberge à la fois les 3 Tueurs de l'année et les 3 Tueurs mensuels.
- Si vous connaissez la technique des étoiles volantes, choisissez un jour et un mois pour lesquels le secteur est occupé par les étoiles pourpres ❶,❻,❽.

Les secteurs sensibles du mois

Nous avons vu plus haut qu'il existe des 煞 *sha* annuels (des *qi* défavorables) qui sont présents toute l'année dans une direction ou une zone particulière.

Il existe également des zones sensibles dont la position varie tous les mois.

Attention

Ne pas faire de travaux dans une zone qui héberge les 煞 *sha* mensuels. Attendre plutôt le mois suivant pour éviter les difficultés.

A fortiori, dans une zone qui héberge à la fois les 煞 *sha* annuels et les 煞 *sha* mensuels, les travaux sont totalement déconseillés.

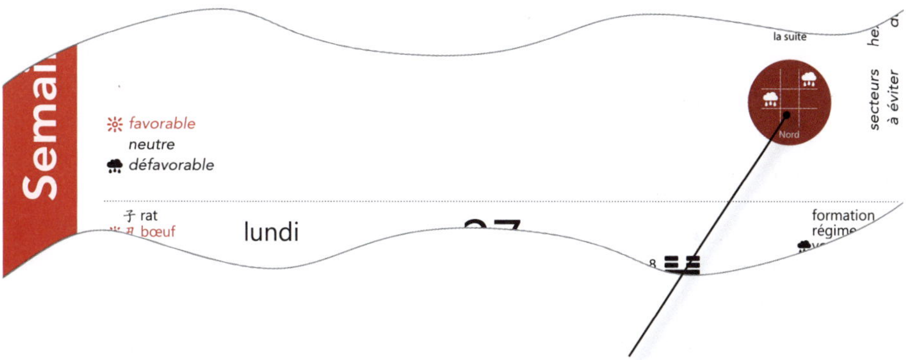

Les zones sensibles du mois sont indiquées sous forme résumée en tête de chaque semaine. Dans cet exemple, les zones Est et Sud-ouest sont des zones sensibles dans lesquelles on ne fera pas de travaux.

Les heures favorables

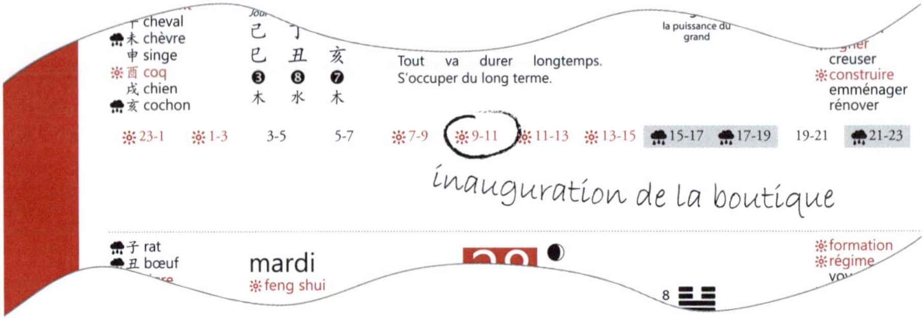

Dans le calendrier chinois, la journée est découpée en tranches de 2 heures. Pour chaque tranche horaire, nous vous indiquons la qualité des deux heures correspondantes. Choisissez une tranche favorable pour placer vos rendez-vous ou vos activités.

!

Passé 23h, il faut tenir compte de la qualité de la tranche 23h-1h du jour suivant.

Les piliers et les étoiles volantes

Jour	*Mois*	*An*
己	丁	己
巳	丑	亥
❸	❽	❼
木	水	木

Ces informations brutes concernent uniquement les experts qui peuvent en tirer parti.

Pour chaque pilier (jour, mois et année), nous vous indiquons :

- Le couple tronc-branche sous forme de caractères chinois.
- L'étoile du palais central. Au moment des solstices, il peut y avoir une apparente discontinuité des étoiles journalières. Dans ce cas, il y a deux étoiles dans la colonne du jour : la première est celle du palais central avant l'heure du solstice, la seconde est celle du palais central après l'heure du solstice.
- L'élément du na yin.

ÉPHÉMÉRIDES DE LA SEMAINE

> *Éphémérides*
>
> 🌒 le 28, premier croissant à 15:18
> 🌓 le 2, premier quartier à 2:42

Chaque semaine vous disposez d'un mini-calendrier indiquant la date et l'heure des phases de la lune et des segments solaires (cette information est utilisée par les lecteurs experts) :

Phases de la lune	
● Nouvelle lune	🌒 Premier croissant
◐ Premier quartier	🌔 Lune gibbeuse croissante
○ Pleine lune	🌖 Lune gibbeuse décroissante
◑ Dernier quartier	🌘 Dernier croissant
Segments solaires	
✸ Début de mois solaire	⌖ Point milieu

Toutes les dates sont fournies en temps local français, c'est-à-dire UTC+1 en hiver et UTC+2 en été.

L'indice ᵉ placé après l'heure signale les heures d'été :

> *Éphémérides*
>
> 🌘 le 13, dernier croissant à 19:16e
> ● le 16, nouvelle lune à 21:32e

12 MOIS D'UN SEUL COUP D'ŒIL

La section Synthèse mensuelle de l'Almanach vous donne une vision rapide des points clés de chacun des douze mois de l'année.

Les très bons jours sont facilement repérables, de même que les essences (*p. 12*). Parmi celles ci, les jours Réussite et Moisson sont mis en relief car d'une manière générale, ils sont propices à la réussite des projets alors que les jours **Terminaison** incitent au repli.

Activités favorables - Signes soutenus

Avec la synthèse, vous pouvez trouver rapidement les jours qui sont à la fois favorables pour une activité donnée et pour votre animal de naissance. Si vous avez très peu de temps pour décider d'une date, repérez d'un simple coup d'œil le meilleur jour possible dans un mois donné ou dans l'année en cours en fonction de ce que vous voulez faire.

Exemple tiré de l'Almanach 2020

Le 8 janvier est un bon jour pour commencer une formation. C'est un jour favorable pour les animaux suivants : tigre, lapin, cheval ou chien. C'est un jour défavorable pour les rat, boeuf, dragon ou singe, essayez de démarrer un autre jour si vous êtes concerné.

Pour une formation de type développement personnel, vérifiez votre animal du jour (*p. 8*).

- Si vous êtes né un jour tigre, c'est donc une bonne date pour vous.
- Si vous êtes né un jour rat, boeuf, dragon, singe ou coq, ce n'est pas un bon jour pour vous.

Pour une formation professionnelle (nouvelles compétences, approfondissement) vérifiez votre animal du mois (*p. 8*).

- Si vous êtes né un mois tigre, c'est donc une bonne date pour vous.
- Si vous êtes né un mois rat, boeuf, dragon, singe ou coq, ce n'est pas un bon jour pour vous.

Éphémérides

Le début du mois solaire ✸ figure sur la ligne des noms des jours. Les phases de la lune sont indiquées sur la ligne qui suit immédiatement.

Pour ceux qui souhaitent connaître l'heure précise de l'événement astronomique en question, reportez-vous aux éphémérides de la semaine correspondante dans l'almanach.

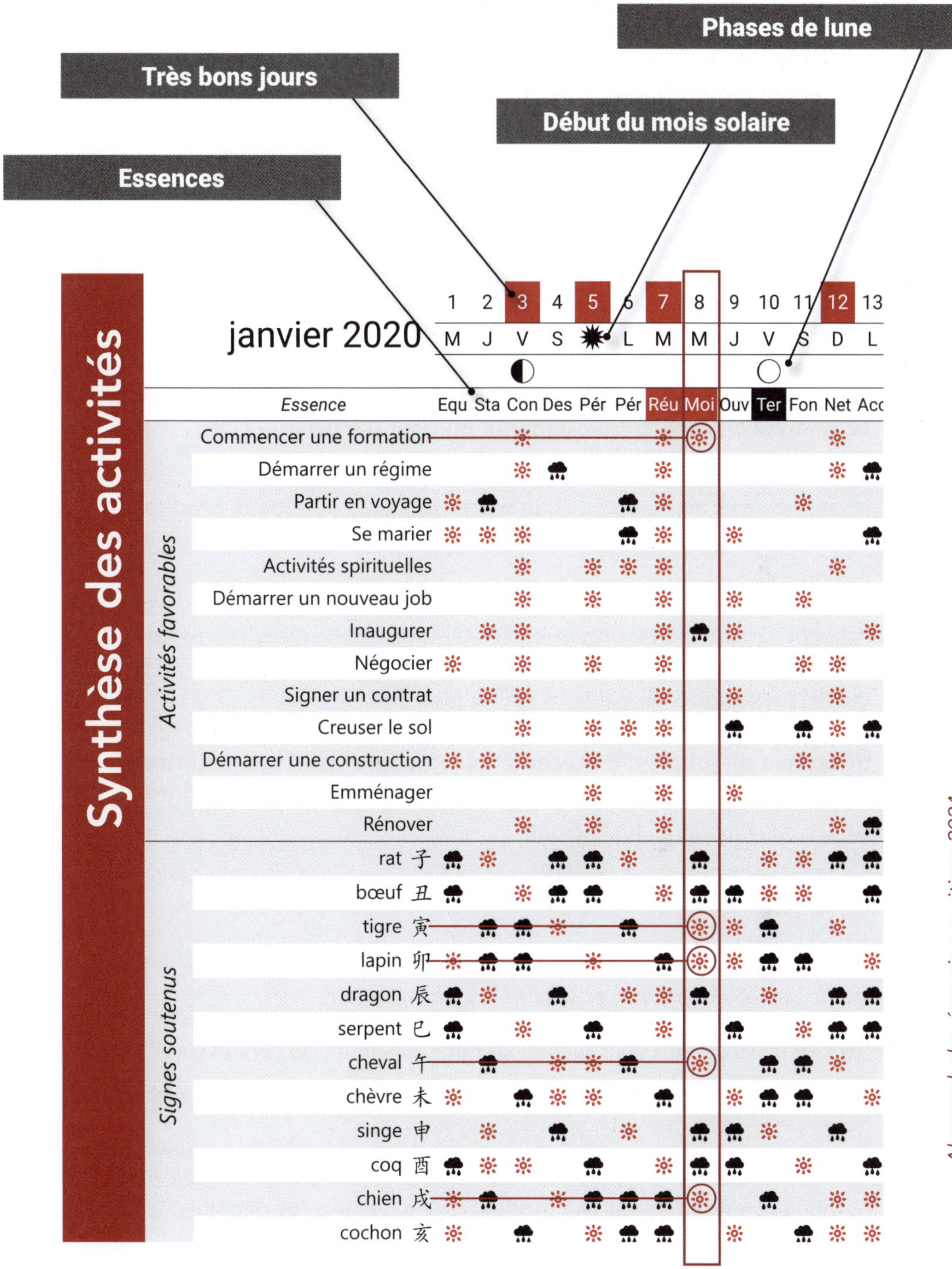
Phases de lune
Très bons jours
Début du mois solaire
Essences
Synthèse des activités
janvier 2020
1 2 3 4 5 6 7 8 9 10 11 12 13
M J V S L M M J V S D L
Essence
Equ Sta Con Des Pér Pér Réu Moi Ouv Ter Fon Net Acc
Activités favorables
Commencer une formation
Démarrer un régime
Partir en voyage
Se marier
Activités spirituelles
Démarrer un nouveau job
Inaugurer
Négocier
Signer un contrat
Creuser le sol
Démarrer une construction
Emménager
Rénover
Signes soutenus
rat 子
bœuf 丑
tigre 寅
lapin 卯
dragon 辰
serpent 巳
cheval 午
chèvre 未
singe 申
coq 酉
chien 戌
cochon 亥

Questions fréquentes

- **L'essence du jour est favorable mais votre animal de naissance du mois est signalé comme défavorable. Est-ce que vous pouvez quand même en tirer parti pour un projet professionnel ?**

Non. Rappelons que l'animal de naissance du mois concerne le domaine professionnel (*p. 8*). Ce jour-là, si vous voulez par exemple demander quelque chose d'important à votre responsable ou à quelqu'un d'influent sur le plan professionnel, dans la plupart des cas vous rencontrerez différents obstacles ou on vous refusera ce que vous demandez pour une raison ou une autre, etc. Choisissez une autre date.

- **L'essence du jour est cohérente avec ce que vous voulez faire mais votre animal de naissance du mois (par exemple) est signalé comme neutre. Est-ce que vous pouvez quand même en tirer parti ?**

Oui dans une certaine limite : vous n'êtes pas bien soutenu par la date sur le plan professionnel mais au moins vous ne partez pas avec un sérieux handicap. N'utilisez cette date que si vous ne pouvez pas choisir une date dans laquelle votre animal du mois est favorable.

Bien entendu, le même raisonnement vaut dans tous les domaines de votre vie (personnel, santé, etc.). Souvenez-vous que vous regarderez l'animal du mois, du jour, de l'année ou de l'heure selon ce que vous voulez faire (*p. 8*).

- **L'essence du jour est cohérente avec ce que vous voulez faire mais l'activité est défavorable. Pouvez-vous quand même utiliser cette date ?**

Vous voulez par exemple commencer à rénover un espace et vous avez trouvé un jour *Commencement* dans la période au cours de laquelle vous voulez faire des travaux. Toutefois, l'essence de ce jour est *Destruction*, donc défavorable. Que faire ?

Il est probable dans ce cas que les travaux prennent du retard, que les coûts soient plus importants, ou que d'autres obstacles se manifestent.

Pour les travaux nous vous recommandons fortement de vérifier les zones sensibles indiquées sur l'Almanach. Les problème seront amplifiés si vous faites ces travaux dans un secteur sensible.

Dans ce cas, attendez une meilleure date. Notre expérience montre qu'il vaut mieux perdre quelques jours sur un chantier que de cumuler les déboires, la hâte est vraiment toujours mauvaise conseillère.

L'essence du jour est favorable à ce que vous voulez faire. Le jour est défavorable pour vous mais favorable pour la personne qui participe à l'opération. Est-ce que vous pouvez quand même en tirer parti ?

Prenons un exemple : deux personnes doivent participer à une réunion importante pour leur entreprise. Ce jour est marqué **défavorable** pour la personne A et favorable pour la personne B. Comment faire ?

Idéalement, vous choisiriez (par ordre décroissant d'intérêt) :

- Un jour qui vous est favorable à tous les deux.
- Un jour qui est favorable pour l'un d'entre vous et neutre pour l'autre.
- Un jour qui est neutre pour les animaux de naissance des deux personnes.

Mais nous ne vivons pas dans un monde idéal. Si le jour J est favorable à la personne A et **défavorable** à la personne B : la personne B laissera le plus de place possible à la personne A.

Mettez toutes les chances de votre côté et pensez à en discuter avec elle au préalable : mettez-vous d'accord sur la manière dont vous interviendrez tous les deux, vérifiez qu'elle a toutes les informations nécessaires. Ce n'est pas parce qu'elle est mieux soutenue que vous ce jour-là qu'elle a la science infuse ou qu'elle pourra deviner vos intentions.

Est-ce que signer un contrat ou des documents importants un jour Réussite fonctionne à tous les coups ?

Il est largement préférable de signer un engagement important un jour Réussite, c'est certain. Cela n'assure toutefois pas que les choses se dérouleront sans aucune difficulté. Signer ce jour-là vous met sur de bons rails, mais pour optimiser les résultats vous devez faire votre part du travail de la manière la plus correcte possible.

Imaginez que vous décidiez de sortir en mer. Le bateau est bon état, la météo est bonne mais vous ne savez pas barrer. Il est probable que vous allez au devant de différentes difficultés : il va falloir sortir du port, puis naviguer et enfin rentrer à bon port. Toutes ces opérations requièrent un savoir-faire et de l'expérience. Il en va de même pour vos projets.

Utiliser un bon jour c'est comme de s'assurer que la météo est favorable à une sortie en mer dans de bonnes conditions. Pour en profiter vous devrez ensuite mobiliser toutes vos qualités pour atteindre les objectifs que vous vous êtes fixés.

EXEMPLES DE CAS RÉELS

Voilà quelques exemples que des lecteurs et des clients ont partagé avec nous de situations qu'ils ont vécues.

Invitations lancées un jour Moisson, inauguration d'une boutique un jour Ouverture

Affluence record pour cet événement de lancement : environ 85% des invités ont participé à la soirée, ce qui est un taux exceptionnel de participation. La soirée s'est prolongée tard dans une excellente ambiance.

Dossier de demande de visa pour un groupe déposé à l'ambassade un jour Terminaison

Notre lecteur a fait une erreur de déclaration dans le dossier le concernant (les autres dossiers étaient corrects). Il a été impossible de procéder aux modifications à temps, le voyage a été reporté plus tard dans l'année.

Signature d'un contrat d'achat un jour Nettoyage

Cette journée a été choisie par défaut car les délais de réalisation étaient trop tendus pour utiliser une bonne date. La vente s'est bien déroulée : il se trouvait que dans ce cas la situation des différents participants était compliquée et que beaucoup de choses ont du être clarifiées. Le rendez-vous a été long mais s'est terminé par la signature des documents prévus.

Déplacement en train un jour Accumulation

Un jour Accumulation n'est pas nécessairement difficile, à condition qu'aucun problème ne survienne, sinon ils ont tendance à se répéter.

Notre client n'est jamais arrivé à bon port : après la première panne de locomotive en début de matinée, les incidents se sont succédés jusqu'à 15:00 et il a du rentrer chez lui.

Naissances un jour Moisson

Notre lectrice a appris quasiment au saut du lit qu'une de ses filles était enceinte. Elle a appris 3 autres grossesses la même journée et l'une de ses collaboratrices a été sollicitée pour travailler sur le dossier d'une maternité.

Négociation un jour Équilibrage

Ce professionnel souhaitait une répartition des parts plus avantageuse dans le montage financier de sa nouvelle entreprise. La réunion de négociation a été fixée un jour Équilibrage et il a obtenu satisfaction.

Choisir ses dates avec l'Almanach 2024

Reportez ici les 4 animaux et le *gua* pour chaque membre de votre famille (voir p 8 & 163)

marip.com/almanach

marip.com/almanach

CARLOTTA .... *gua* 8

heure	jour	mois	année
15h	08	02	1984
Singe Terre	Singe Eau	Tigre Feu	Rat Bois

SOPHIE .... *gua*

heure	jour	mois	année
12h15	01	04	1982
Cheval Feu	Tigre Bois	Lapin Bois	Chien Terre

JADE .... *gua*

heure	jour	mois	année
18h25	01	10	1991
Chien Bois	Dragon Bois	Coq Feu	Chèvre Métal

.... *gua*

heure	jour	mois	année

.... *gua*

heure	jour	mois	année

.... *gua*

heure	jour	mois	année

.... *gua*

heure	jour	mois	année

Semaine 52

Éphémérides

○ le 27, pleine lune à 1:34
◑ le 30, lune gibbeuse décroissante à 18:09

hexagramme du mois: 1 / 1 — 2 le réceptif

secteurs à éviter: Nord

☼ *favorable*
neutre
☁ *défavorable*

---

lundi 25 décembre
lune 11 • j 13

	Jour	Mois	An
	丁	甲	癸
	巳	子	卯
	❸	❼	❹
	土	金	金

☁ 子 rat
☁ 丑 bœuf
☁ 寅 tigre
☁ 卯 lapin
☁ 辰 dragon
☁ 巳 serpent
☁ 午 cheval
☁ 未 chèvre
☁ 申 singe
☁ 酉 coq
☁ 戌 chien
☁ 亥 cochon

Contrôle

Gérer le quotidien : persévérer, promouvoir, recadrer.

2 / 8 — 9 le pouvoir d'apprivoisement du petit

☁ formation
☁ régime
☁ voyage
☁ mariage
☁ spirituel
☁ nouveau job
☁ inaugurer
☁ négocier
☁ signer
☁ creuser
☁ construire
☁ emménager
☁ rénover

☁ 23-1 · ☼ 1-3 · ☁ 3-5 · ☁ 5-7 · ☼ 7-9 · ☼ 9-11 · ☼ 11-13 · ☼ 13-15 · ☁ 15-17 · ☼ 17-19 · ☼ 19-21 · ☼ 21-23

---

mardi 26 décembre
lune 11 • j 14

	Jour	Mois	An
	戊	甲	癸
	午	子	卯
	❹	❼	❹
	火	金	金

☁ 子 rat
☁ 丑 bœuf
☼ 寅 tigre
卯 lapin
☁ 辰 dragon
巳 serpent
☼ 午 cheval
☼ 未 chèvre
☁ 申 singe
酉 coq
☼ 戌 chien
亥 cochon

Destruction

S'isoler pour éviter conflits, ruptures.

3 / 4 — 50 le chaudron

formation
☁ régime
voyage
mariage
spirituel
nouveau job
inaugurer
négocier
signer
creuser
construire
emménager
rénover

☁ 23-1 · ☁ 1-3 · 3-5 · ☼ 5-7 · ☼ 7-9 · ☁ 9-11 · ☼ 11-13 · ☼ 13-15 · ☼ 15-17 · ☼ 17-19 · ☁ 19-21 · ☁ 21-23

---

mercredi 27 décembre ○
☼ feng shui

lune 11 • j 15

	Jour	Mois	An
	己	甲	癸
	未	子	卯
	❺	❼	❹
	火	金	金

☁ 子 rat
☁ 丑 bœuf
寅 tigre
☼ 卯 lapin
辰 dragon
☁ 巳 serpent
☼ 午 cheval
☼ 未 chèvre
申 singe
☁ 酉 coq
☁ 戌 chien
☼ 亥 cochon

Péril

Adversité, terrain inconnu : on se sent en danger. Se détendre.

1 / 2 — 46 la poussée vers le haut

☁ formation
☁ régime
☁ voyage
☁ mariage
☼ spirituel
nouveau job
☁ inaugurer
négocier
☁ signer
☼ creuser
construire
emménager
rénover

☁ 23-1 · ☁ 1-3 · ☼ 3-5 · ☼ 5-7 · ☼ 7-9 · ☼ 9-11 · 11-13 · ☼ 13-15 · ☼ 15-17 · ☁ 17-19 · ☼ 19-21 · ☼ 21-23

jeudi 28 décembre

lune 11 • j 16

☼子 rat
丑 bœuf
☁寅 tigre
卯 lapin
☼辰 dragon
巳 serpent
☁午 cheval
未 chèvre
☼申 singe
酉 coq
☁戌 chien
☁亥 cochon

Jour	*Mois*	*An*
庚	甲	癸
申	子	卯
❻	❼	❹
木	金	金

Réussite

Atteindre son but, concrétiser, pacifier.

7 / 1 ䷜ 29 l'insondable

formation
régime
☁ voyage
☼ mariage
spirituel
nouveau job
inaugurer
☼ négocier
signer
creuser
☼ construire
☼ emménager
rénover

☁23-1	☼1-3	☼3-5	5-7	☼7-9	☼9-11	☼11-13	☼13-15	15-17	17-19	☁19-21	☁21-23

vendredi 29 décembre

lune 11 • j 17

子 rat
☼丑 bœuf
寅 tigre
☁卯 lapin
☼辰 dragon
☼巳 serpent
午 cheval
☁未 chèvre
申 singe
☼酉 coq
☁戌 chien
☁亥 cochon

Jour	*Mois*	*An*
辛	甲	癸
酉	子	卯
❼	❼	❹
木	金	金

Moisson

Placé au milieu d'un champ, on récolte ce qu'il y pousse.

8 / 3 ䷽ 62 la prépondérance du petit

☼ formation
régime
voyage
mariage
spirituel
nouveau job
inaugurer
négocier
☼ signer
creuser
construire
emménager
rénover

23-1	☼1-3	☼3-5	☼5-7	☁7-9	☼9-11	☼11-13	☼13-15	15-17	☁17-19	☁19-21	21-23

samedi 30 décembre ☽

lune 11 • j 18

☁子 rat
☁丑 bœuf
☁寅 tigre
☁卯 lapin
☁辰 dragon
☁巳 serpent
☁午 cheval
☁未 chèvre
☁申 singe
☁酉 coq
☁戌 chien
☁亥 cochon

Jour	*Mois*	*An*
壬	甲	癸
戌	子	卯
❽	❼	❹
水	金	金

Ouverture

Libération, disparition des obstacles. Ouvrir son espace et son cœur.

4 / 4 ䷬ 45 le rassemblement

☁ formation
☁ régime
☁ voyage
☁ mariage
☁ spirituel
☁ nouveau job
☁ inaugurer
☁ négocier
☁ signer
☁ creuser
☁ construire
☁ emménager
☁ rénover

☼23-1	☁1-3	3-5	5-7	7-9	☼9-11	☁11-13	☼13-15	☁15-17	☼17-19	☼19-21	☼21-23

dimanche 31 décembre

lune 11 • j 19

☁子 rat
☁丑 bœuf
☁寅 tigre
☁卯 lapin
☁辰 dragon
☁巳 serpent
☁午 cheval
☁未 chèvre
☁申 singe
☁酉 coq
☁戌 chien
☁亥 cochon

Jour	*Mois*	*An*
癸	甲	癸
亥	子	卯
❾	❼	❹
水	金	金

Terminaison

Esprit troublé. Ne rien entreprendre d'important. Repli.

6 / 6 ䷖ 23 l'éclatement

☁ formation
☁ régime
☁ voyage
☁ mariage
☁ spirituel
☁ nouveau job
☁ inaugurer
☁ négocier
☁ signer
☁ creuser
☁ construire
☁ emménager
☁ rénover

☁23-1	1-3	3-5	☼5-7	☼7-9	☼9-11	☼11-13	☼13-15	☁15-17	☼17-19	☼19-21	☼21-23

Éphémérides

- ◑ le 4, dernier quartier à 4:31
- ✹ le 5, petit froid à 21:49
- ◐ le 7, dernier croissant à 21:07

	avant le 5 janvier	à partir du 5 janvier
hexagramme du mois	1 / 1  2 le réceptif	3 / 6  21 mordre au travers
secteurs à éviter		

☼ *favorable*
neutre
☂ *défavorable*

---

lundi — 1 janvier

lune 11 • j 20

☼ 子 rat
☼ 丑 bœuf
☂ 寅 tigre
☂ 卯 lapin
☼ 辰 dragon
巳 serpent
☂ 午 cheval
☂ 未 chèvre
☼ 申 singe
酉 coq
☂ 戌 chien
亥 cochon

Jour	*Mois*	*An*
甲	甲	癸
子	子	卯
❶	❼	❹
金	金	金

Fondation

Poser la première pierre.

1 / 1  2 le réceptif

formation
régime
☼ voyage
mariage
spirituel
☼ nouveau job
inaugurer
☼ négocier
signer
☂ creuser
☼ construire
emménager
rénover

☼ 23-1	☼ 1-3	☼ 3-5	☼ 5-7	☂ 7-9	☂ 9-11	☂ 11-13	☂ 13-15	15-17	☼ 17-19	☼ 19-21	☂ 21-23

---

mardi — 2 janvier

☼ feng shui

lune 11 • j 21

☼ 子 rat
☼ 丑 bœuf
寅 tigre
☂ 卯 lapin
辰 dragon
☼ 巳 serpent
☂ 午 cheval
☂ 未 chèvre
申 singe
☼ 酉 coq
戌 chien
☂ 亥 cochon

Jour	*Mois*	*An*
乙	甲	癸
丑	子	卯
❷	❼	❹
金	金	金

Nettoyage

Nettoyer, ranger, se séparer de ce qui est usé, abimé, inutile.

3 / 6  21 mordre au travers

☼ formation
☼ régime
voyage
mariage
☼ spirituel
nouveau job
inaugurer
☼ négocier
☼ signer
☼ creuser
☼ construire
emménager
☼ rénover

☼ 23-1	☼ 1-3	☼ 3-5	☼ 5-7	7-9	☂ 9-11	☂ 11-13	☂ 13-15	☼ 15-17	☼ 17-19	19-21	☼ 21-23

---

mercredi — 3 janvier

lune 11 • j 22

☂ 子 rat
丑 bœuf
☼ 寅 tigre
卯 lapin
☂ 辰 dragon
☂ 巳 serpent
☼ 午 cheval
未 chèvre
☂ 申 singe
酉 coq
☼ 戌 chien
☼ 亥 cochon

Jour	*Mois*	*An*
丙	甲	癸
寅	子	卯
❸	❼	❹
火	金	金

Accumulation

Effet boule de neige. Rester positif, confiant. Faire la fête.

2 / 4  37 la famille

formation
régime
voyage
☂ mariage
spirituel
nouveau job
☼ inaugurer
négocier
signer
creuser
construire
emménager
☂ rénover

☼ 23-1	☼ 1-3	3-5	5-7	☂ 7-9	☂ 9-11	11-13	☼ 13-15	☼ 15-17	☼ 17-19	☼ 19-21	☼ 21-23

子 rat
丑 bœuf
寅 tigre
卯 lapin
辰 dragon
巳 serpent
午 cheval
未 chèvre
申 singe
酉 coq
戌 chien
亥 cochon

jeudi

4

janvier
lune 11 • j 23

Jour	Mois	An
丁	甲	癸
卯	子	卯
❹	❼	❹
火	金	金

Equilibrage

Tout est amené au point d'équilibre.

6
9
41
la diminution

formation
régime
voyage
mariage
spirituel
nouveau job
inaugurer
négocier
signer
creuser
construire
emménager
rénover

23-1 | 1-3 | 3-5 | 5-7 | 7-9 | 9-11 | 11-13 | 13-15 | 15-17 | 17-19 | 19-21 | 21-23

子 rat
丑 bœuf
寅 tigre
卯 lapin
辰 dragon
巳 serpent
午 cheval
未 chèvre
申 singe
酉 coq
戌 chien
亥 cochon

vendredi

5

janvier
lune 11 • j 24

Jour	Mois	An
戊	甲	癸
辰	子	卯
❺	❼	❹
木	金	金

Stabilité

Tout va durer longtemps. S'occuper du long terme.

9
6
10
la marche

formation
régime
voyage
mariage
spirituel
nouveau job
inaugurer
négocier
signer
creuser
construire
emménager
rénover

23-1 | 1-3 | 3-5 | 5-7 | 7-9 | 9-11 | 11-13 | 13-15 | 15-17 | 17-19 | 19-21 | 21-23

子 rat
丑 bœuf
寅 tigre
卯 lapin
辰 dragon
巳 serpent
午 cheval
未 chèvre
申 singe
酉 coq
戌 chien
亥 cochon

samedi

6

janvier
lune 11 • j 25

Jour	Mois	An
己	乙	癸
巳	丑	卯
❻	❼	❹
木	金	金

Stabilité

Tout va durer longtemps. S'occuper du long terme.

8
2
34
la puissance du grand

formation
régime
voyage
mariage
spirituel
nouveau job
inaugurer
négocier
signer
creuser
construire
emménager
rénover

23-1 | 1-3 | 3-5 | 5-7 | 7-9 | 9-11 | 11-13 | 13-15 | 15-17 | 17-19 | 19-21 | 21-23

子 rat
丑 bœuf
寅 tigre
卯 lapin
辰 dragon
巳 serpent
午 cheval
未 chèvre
申 singe
酉 coq
戌 chien
亥 cochon

dimanche

feng shui

7

janvier
lune 11 • j 26

Jour	Mois	An
庚	乙	癸
午	丑	卯
❼	❼	❹
土	金	金

Contrôle

Gérer le quotidien : persévérer, promouvoir, recadrer.

8
9
32
la durée

formation
régime
voyage
mariage
spirituel
nouveau job
inaugurer
négocier
signer
creuser
construire
emménager
rénover

23-1 | 1-3 | 3-5 | 5-7 | 7-9 | 9-11 | 11-13 | 13-15 | 15-17 | 17-19 | 19-21 | 21-23

Éphémérides

● le 11, nouvelle lune à 12:58

3
6
21
mordre au travers
hexagramme du mois

Nord
secteurs à éviter

favorable
neutre
défavorable

子 rat (défavorable)
丑 bœuf (défavorable)
寅 tigre
卯 lapin (favorable)
辰 dragon
巳 serpent (défavorable)
午 cheval (favorable)
未 chèvre (favorable)
申 singe
酉 coq (défavorable)
戌 chien (défavorable)
亥 cochon (favorable)

lundi

Jour	Mois	An
辛	乙	癸
未	丑	卯
8	7	4
土	金	金

8
janvier
lune 11 • j 27

Destruction

S'isoler pour éviter conflits, ruptures.

9
3
6
le conflit

formation
régime
voyage
mariage
spirituel
nouveau job
inaugurer
négocier
signer
creuser
construire
emménager
rénover

23-1 (défavorable) · 1-3 (défavorable) · 3-5 (favorable) · 5-7 (favorable) · 7-9 · 9-11 (favorable) · 11-13 (favorable) · 13-15 · 15-17 (favorable) · 17-19 (défavorable) · 19-21 · 21-23

子 rat (favorable)
丑 bœuf
寅 tigre (défavorable)
卯 lapin
辰 dragon (favorable)
巳 serpent
午 cheval (défavorable)
未 chèvre
申 singe (favorable)
酉 coq
戌 chien (défavorable)
亥 cochon (défavorable)

mardi
feng shui (favorable)

Jour	Mois	An
壬	乙	癸
申	丑	卯
9	7	4
金	金	金

9
janvier
lune 11 • j 28

Péril

Adversité, terrain inconnu : on se sent en danger. Se détendre.

1
7
7
l'armée

formation
régime
voyage (défavorable)
mariage (défavorable)
spirituel (favorable)
nouveau job
inaugurer
négocier
signer
creuser (favorable)
construire
emménager
rénover

23-1 (favorable) · 1-3 (favorable) · 3-5 · 5-7 · 7-9 (favorable) · 9-11 (favorable) · 11-13 · 13-15 (favorable) · 15-17 (défavorable) · 17-19 · 19-21 · 21-23 (défavorable)

子 rat
丑 bœuf (favorable)
寅 tigre
卯 lapin (défavorable)
辰 dragon (favorable)
巳 serpent (favorable)
午 cheval
未 chèvre (défavorable)
申 singe
酉 coq (favorable)
戌 chien (défavorable)
亥 cochon (défavorable)

mercredi

Jour	Mois	An
癸	乙	癸
酉	丑	卯
1	7	4
金	金	金

10
janvier
lune 11 • j 29

Réussite

Atteindre son but, concrétiser, pacifier.

2
7
53
le développement

formation
régime
voyage
mariage (favorable)
spirituel
nouveau job
inaugurer
négocier (favorable)
signer
creuser
construire (favorable)
emménager (favorable)
rénover

23-1 · 1-3 (favorable) · 3-5 (favorable) · 5-7 (favorable) · 7-9 (favorable) · 9-11 (favorable) · 11-13 (favorable) · 13-15 (défavorable) · 15-17 · 17-19 (favorable) · 19-21 (défavorable) · 21-23 (défavorable)

☁ 子 rat
☁ 丑 bœuf
☼ 寅 tigre
☼ 卯 lapin
☁ 辰 dragon
巳 serpent
☼ 午 cheval
未 chèvre
☁ 申 singe
☁ 酉 coq
☼ 戌 chien
亥 cochon

jeudi

11 ●

janvier
lune 12 • j 1

Jour	Mois	An
甲	乙	癸
戌	丑	卯
❷	❻	❹
火	金	金

Moisson

Placé au milieu d'un champ, on récolte ce qu'il y pousse.

7
2
39
l'obstacle

☼ formation
régime
voyage
mariage
spirituel
nouveau job
☁ inaugurer
négocier
signer
creuser
construire
emménager
rénover

☼ 23-1 | 1-3 | ☼ 3-5 | 5-7 | ☁ 7-9 | ☼ 9-11 | ☁ 11-13 | ☼ 13-15 | 15-17 | 17-19 | ☼ 19-21 | ☼ 21-23

子 rat
☁ 丑 bœuf
☼ 寅 tigre
☼ 卯 lapin
辰 dragon
☁ 巳 serpent
午 cheval
☼ 未 chèvre
☁ 申 singe
☁ 酉 coq
戌 chien
☼ 亥 cochon

vendredi

☼ feng shui

12

janvier
lune 12 • j 2

Jour	Mois	An
乙	乙	癸
亥	丑	卯
❸	❻	❹
火	金	金

Ouverture

Libération, disparition des obstacles. Ouvrir son espace et son cœur.

3
3
35
le progrès

☼ formation
☼ régime
☼ voyage
☼ mariage
☼ spirituel
☼ nouveau job
☼ inaugurer
☼ négocier
☼ signer
creuser
☼ construire
☼ emménager
☼ rénover

☼ 23-1 | ☼ 1-3 | 3-5 | ☁ 5-7 | ☼ 7-9 | ☁ 9-11 | 11-13 | 13-15 | 15-17 | 17-19 | ☼ 19-21 | ☼ 21-23

☼ 子 rat
☼ 丑 bœuf
☁ 寅 tigre
☁ 卯 lapin
☼ 辰 dragon
巳 serpent
☁ 午 cheval
☁ 未 chèvre
☼ 申 singe
酉 coq
☁ 戌 chien
亥 cochon

samedi

13

janvier
lune 12 • j 3

Jour	Mois	An
丙	乙	癸
子	丑	卯
❹	❻	❹
水	金	金

Terminaison

Esprit troublé. Ne rien entreprendre d'important. Repli.

6
3
27
les commissures des lèvres

formation
régime
voyage
mariage
spirituel
nouveau job
inaugurer
négocier
signer
creuser
construire
emménager
rénover

☼ 23-1 | ☼ 1-3 | ☼ 3-5 | ☼ 5-7 | ☁ 7-9 | ☁ 9-11 | ☁ 11-13 | ☁ 13-15 | 15-17 | ☼ 17-19 | ☼ 19-21 | ☼ 21-23

☼ 子 rat
☼ 丑 bœuf
寅 tigre
☁ 卯 lapin
辰 dragon
☼ 巳 serpent
☁ 午 cheval
☁ 未 chèvre
申 singe
☼ 酉 coq
戌 chien
☁ 亥 cochon

dimanche

14

janvier
lune 12 • j 4

Jour	Mois	An
丁	乙	癸
丑	丑	卯
❺	❻	❹
水	金	金

Fondation

Poser la première pierre.

4
7
17
la suite

formation
régime
☼ voyage
☁ mariage
spirituel
☼ nouveau job
inaugurer
☼ négocier
signer
☁ creuser
☼ construire
emménager
rénover

23-1 | ☼ 1-3 | 3-5 | ☁ 5-7 | 7-9 | ☼ 9-11 | ☁ 11-13 | ☁ 13-15 | 15-17 | ☼ 17-19 | ☼ 19-21 | ☼ 21-23

Semaine 03

Éphémérides

- ◑ le 15, premier croissant à 5:34
- ◐ le 18, premier quartier à 4:53
- ⊕ le 20, grand froid à 15:07
- ◐ le 21, lune gibbeuse croissante à 21:29

hexagramme du mois

3
6
21
mordre au travers

secteurs à éviter

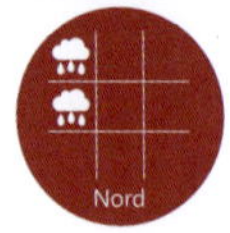

☼ *favorable*
neutre
☁ *défavorable*

☁ 子 rat
丑 bœuf
☼ 寅 tigre
卯 lapin
☁ 辰 dragon
☁ 巳 serpent
☼ 午 cheval
未 chèvre
☁ 申 singe
酉 coq
☼ 戌 chien
☼ 亥 cochon

lundi

15 ◑

janvier
lune 12 • j 5

Jour	*Mois*	*An*
戊	乙	癸
寅	丑	卯
❻	❻	❹
土	金	金

Nettoyage

Nettoyer, ranger, se séparer de ce qui est usé, abimé, inutile.

8
6
55
abondance

formation
☼ régime
☁ voyage
☁ mariage
☼ spirituel
☁ nouveau job
☁ inaugurer
négocier
signer
☼ creuser
construire
☁ emménager
☼ rénover

23-1	☼ 1-3	3-5	☼ 5-7	☼ 7-9	☁ 9-11	11-13	☼ 13-15	☼ 15-17	☁ 17-19	19-21	21-23

☁ 子 rat
☁ 丑 bœuf
寅 tigre
☼ 卯 lapin
☁ 辰 dragon
☁ 巳 serpent
午 cheval
☼ 未 chèvre
申 singe
☁ 酉 coq
☼ 戌 chien
☼ 亥 cochon

mardi

16

janvier
lune 12 • j 6

Jour	*Mois*	*An*
己	乙	癸
卯	丑	卯
❼	❻	❹
土	金	金

Accumulation

Effet boule de neige. Rester positif, confiant. Faire la fête.

7
8
60
la limitation

formation
☁ régime
voyage
☁ mariage
spirituel
nouveau job
☼ inaugurer
négocier
signer
creuser
construire
emménager
☁ rénover

☼ 23-1	☁ 1-3	☼ 3-5	☼ 5-7	☁ 7-9	☼ 9-11	☼ 11-13	☼ 13-15	☁ 15-17	☁ 17-19	19-21	☁ 21-23

☼ 子 rat
丑 bœuf
☁ 寅 tigre
☁ 卯 lapin
☼ 辰 dragon
巳 serpent
☁ 午 cheval
未 chèvre
☼ 申 singe
☼ 酉 coq
☁ 戌 chien
亥 cochon

mercredi

17

janvier
lune 12 • j 7

Jour	*Mois*	*An*
庚	乙	癸
辰	丑	卯
❽	❻	❹
金	金	金

Equilibrage

Tout est amené au point d'équilibre.

1
9
11
la paix

☁ formation
☁ régime
☼ voyage
☼ mariage
spirituel
nouveau job
☁ inaugurer
☼ négocier
☁ signer
creuser
☼ construire
emménager
rénover

☁ 23-1	☼ 1-3	☼ 3-5	☁ 5-7	☼ 7-9	☼ 9-11	☼ 11-13	13-15	15-17	☼ 17-19	☁ 19-21	☼ 21-23

jeudi

18

janvier
lune 12 • j 8

Jour	Mois	An
辛	乙	癸
巳	丑	卯
❾	❻	❹
金	金	金

子 rat
☼ 丑 bœuf
☁ 寅 tigre
☁ 卯 lapin
辰 dragon
☼ 巳 serpent
午 cheval
☁ 未 chèvre
申 singe
☼ 酉 coq
戌 chien
☁ 亥 cochon

Stabilité

Tout va durer longtemps. S'occuper du long terme.

3
7
14
le grand avoir

formation
régime
☁ voyage
☼ mariage
spirituel
nouveau job
☼ inaugurer
négocier
☼ signer
creuser
☼ construire
emménager
rénover

23-1	☼ 1-3	3-5	☁ 5-7	7-9	☼ 9-11	☼ 11-13	☼ 13-15	☁ 15-17	☁ 17-19	☼ 19-21	21-23

vendredi

☼ feng shui

19

janvier
lune 12 • j 9

Jour	Mois	An
壬	乙	癸
午	丑	卯
❶	❻	❹
木	金	金

☁ 子 rat
☁ 丑 bœuf
☼ 寅 tigre
卯 lapin
☁ 辰 dragon
巳 serpent
☼ 午 cheval
☼ 未 chèvre
☁ 申 singe
酉 coq
☼ 戌 chien
亥 cochon

Contrôle

Gérer le quotidien : persévérer, promouvoir, recadrer.

2
1
57
le doux

☼ formation
☼ régime
voyage
☼ mariage
☼ spirituel
☼ nouveau job
☼ inaugurer
☼ négocier
☼ signer
☼ creuser
☼ construire
emménager
☼ rénover

☁ 23-1	☼ 1-3	☁ 3-5	☼ 5-7	☼ 7-9	9-11	☼ 11-13	☼ 13-15	☁ 15-17	☼ 17-19	☁ 19-21	21-23

samedi

☼ feng shui

20

janvier
lune 12 • j 10

Jour	Mois	An
癸	乙	癸
未	丑	卯
❷	❻	❹
木	金	金

☁ 子 rat
☁ 丑 bœuf
寅 tigre
☼ 卯 lapin
辰 dragon
☁ 巳 serpent
☼ 午 cheval
☼ 未 chèvre
申 singe
☁ 酉 coq
☁ 戌 chien
☼ 亥 cochon

Destruction

S'isoler pour éviter conflits, ruptures.

4
8
47
l'accablement

☼ formation
☼ régime
☼ voyage
☼ mariage
☼ spirituel
☼ nouveau job
☼ inaugurer
☼ négocier
☼ signer
☼ creuser
☼ construire
☼ emménager
☼ rénover

☁ 23-1	☁ 1-3	☼ 3-5	☼ 5-7	☼ 7-9	☼ 9-11	11-13	☁ 13-15	15-17	☁ 17-19	☼ 19-21	21-23

dimanche

☼ feng shui

21

janvier
lune 12 • j 11

Jour	Mois	An
甲	乙	癸
申	丑	卯
❸	❻	❹
水	金	金

☼ 子 rat
丑 bœuf
☁ 寅 tigre
卯 lapin
☼ 辰 dragon
巳 serpent
☁ 午 cheval
未 chèvre
☼ 申 singe
酉 coq
☁ 戌 chien
☁ 亥 cochon

Péril

Adversité, terrain inconnu : on se sent en danger. Se détendre.

3
9
64
avant l'accomplissement

formation
régime
☁ voyage
☁ mariage
☼ spirituel
nouveau job
inaugurer
négocier
signer
☼ creuser
☼ construire
emménager
rénover

☼ 23-1	☼ 1-3	☼ 3-5	5-7	☼ 7-9	☼ 9-11	☁ 11-13	☼ 13-15	☁ 15-17	17-19	☼ 19-21	☁ 21-23

Semaine 04

Éphémérides

○ le 25, pleine lune à 18:55

3
6
21
mordre au travers

hexagramme du mois

secteurs à éviter

☼ *favorable*
neutre
☁ *défavorable*

---

lundi

☼ feng shui

22 janvier
lune 12 • j 12

9
4
33
la retraite

	子 rat
☼	丑 bœuf
	寅 tigre
☁	卯 lapin
☼	辰 dragon
☼	巳 serpent
	午 cheval
☁	未 chèvre
	申 singe
☼	酉 coq
☁	戌 chien
☁	亥 cochon

Jour	Mois	An
乙	乙	癸
酉	丑	卯
❹	❻	❹
水	金	金

Réussite

Atteindre son but, concrétiser, pacifier.

☼ formation
☼ régime
☼ voyage
☼ mariage
☼ spirituel
☼ nouveau job
☼ inaugurer
☼ négocier
☼ signer
☼ creuser
☼ construire
☼ emménager
☼ rénover

☼ 23-1	☼ 1-3	☼ 3-5	☼ 5-7	7-9	☁ 9-11	11-13	☁ 13-15	☼ 15-17	☼ 17-19	☁ 19-21	☼ 21-23

---

mardi

23 janvier
lune 12 • j 13

6
1
52
la montagne

☁	子 rat
☁	丑 bœuf
☼	寅 tigre
☼	卯 lapin
☁	辰 dragon
	巳 serpent
☼	午 cheval
	未 chèvre
☁	申 singe
☁	酉 coq
☼	戌 chien
	亥 cochon

Jour	Mois	An
丙	乙	癸
戌	丑	卯
❺	❻	❹
土	金	金

Moisson

Placé au milieu d'un champ, on récolte ce qu'il y pousse.

☼ formation
régime
voyage
mariage
spirituel
nouveau job
☁ inaugurer
négocier
signer
creuser
construire
emménager
rénover

☼ 23-1	☁ 1-3	☼ 3-5	5-7	☁ 7-9	9-11	☁ 11-13	☁ 13-15	☼ 15-17	☼ 17-19	☼ 19-21	☼ 21-23

---

mercredi

24 janvier
lune 12 • j 14

8
8
16
l'enthousiasme

	子 rat
☁	丑 bœuf
☼	寅 tigre
☼	卯 lapin
	辰 dragon
☁	巳 serpent
	午 cheval
☼	未 chèvre
☁	申 singe
☁	酉 coq
	戌 chien
☼	亥 cochon

Jour	Mois	An
丁	乙	癸
亥	丑	卯
❻	❻	❹
土	金	金

Ouverture

Libération, disparition des obstacles. Ouvrir son espace et son cœur.

formation
régime
voyage
☼ mariage
spirituel
☼ nouveau job
☼ inaugurer
négocier
☼ signer
☁ creuser
construire
☼ emménager
rénover

23-1	☼ 1-3	☁ 3-5	☁ 5-7	☼ 7-9	☁ 9-11	11-13	13-15	☁ 15-17	☼ 17-19	☼ 19-21	☼ 21-23

子 rat
丑 bœuf
寅 tigre
卯 lapin
辰 dragon
巳 serpent
午 cheval
未 chèvre
申 singe
酉 coq
戌 chien
亥 cochon

jeudi

25 ○

janvier

lune 12 • j 15

Jour	Mois	An
戊	乙	癸
子	丑	卯
❼	❻	❹
火	金	金

Terminaison

Esprit troublé. Ne rien entreprendre d'important. Repli.

7
4
3
la difficulté initiale

formation
régime
voyage
mariage
spirituel
nouveau job
inaugurer
négocier
signer
creuser
construire
emménager
rénover

23-1 | 1-3 | 3-5 | 5-7 | 7-9 | 9-11 | 11-13 | 13-15 | 15-17 | 17-19 | 19-21 | 21-23

子 rat
丑 bœuf
寅 tigre
卯 lapin
辰 dragon
巳 serpent
午 cheval
未 chèvre
申 singe
酉 coq
戌 chien
亥 cochon

vendredi

26

janvier

lune 12 • j 16

Jour	Mois	An
己	乙	癸
丑	丑	卯
❽	❻	❹
火	金	金

Fondation

Poser la première pierre.

9
2
25
l'innocence

formation
régime
voyage
mariage
spirituel
nouveau job
inaugurer
négocier
signer
creuser
construire
emménager
rénover

23-1 | 1-3 | 3-5 | 5-7 | 7-9 | 9-11 | 11-13 | 13-15 | 15-17 | 17-19 | 19-21 | 21-23

子 rat
丑 bœuf
寅 tigre
卯 lapin
辰 dragon
巳 serpent
午 cheval
未 chèvre
申 singe
酉 coq
戌 chien
亥 cochon

samedi

feng shui

27

janvier

lune 12 • j 17

Jour	Mois	An
庚	乙	癸
寅	丑	卯
❾	❻	❹
木	金	金

Nettoyage

Nettoyer, ranger, se séparer de ce qui est usé, abimé, inutile.

3
1
30
le feu

formation
régime
voyage
mariage
spirituel
nouveau job
inaugurer
négocier
signer
creuser
construire
emménager
rénover

23-1 | 1-3 | 3-5 | 5-7 | 7-9 | 9-11 | 11-13 | 13-15 | 15-17 | 17-19 | 19-21 | 21-23

子 rat
丑 bœuf
寅 tigre
卯 lapin
辰 dragon
巳 serpent
午 cheval
未 chèvre
申 singe
酉 coq
戌 chien
亥 cochon

dimanche

28

janvier

lune 12 • j 18

Jour	Mois	An
辛	乙	癸
卯	丑	卯
❶	❻	❹
木	金	金

Accumulation

Effet boule de neige. Rester positif, confiant. Faire la fête.

2
3
61
la vérité intérieure

formation
régime
voyage
mariage
spirituel
nouveau job
inaugurer
négocier
signer
creuser
construire
emménager
rénover

23-1 | 1-3 | 3-5 | 5-7 | 7-9 | 9-11 | 11-13 | 13-15 | 15-17 | 17-19 | 19-21 | 21-23

Éphémérides

- ◑ le 29, lune gibbeuse décroissante à 11:30
- ◐ le 3, dernier quartier à 0:19
- ✹ le 4, début du printemps à 9:26

	avant le 4 février	à partir du 4 février
hexagramme du mois	3 / 6 — 21 mordre au travers	2 / 4 — 37 la famille
secteurs à éviter	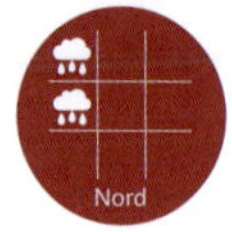	

☼ *favorable*
neutre
☁ *défavorable*

---

lundi 29 janvier ◑

lune 12 • j 19

☼ 子 rat
丑 bœuf
☁ 寅 tigre
☁ 卯 lapin
☼ 辰 dragon
巳 serpent
☁ 午 cheval
未 chèvre
☼ 申 singe
☼ 酉 coq
☁ 戌 chien
亥 cochon

Jour	Mois	An
壬	乙	癸
辰	丑	卯
❷	❻	❹
水	金	金

Equilibrage

Tout est amené au point d'équilibre.

6 / 4 — 26 le pouvoir d'apprivoisement du grand

☁ formation
☁ régime
☼ voyage
☼ mariage
spirituel
nouveau job
☁ inaugurer
☼ négocier
☁ signer
creuser
☼ construire
emménager
rénover

☁ 23-1	☼ 1-3	☼ 3-5	☁ 5-7	☼ 7-9	☼ 9-11	☼ 11-13	13-15	☁ 15-17	☼ 17-19	☁ 19-21	☼ 21-23

---

mardi 30 janvier

lune 12 • j 20

子 rat
☼ 丑 bœuf
☁ 寅 tigre
☁ 卯 lapin
辰 dragon
☼ 巳 serpent
午 cheval
☁ 未 chèvre
申 singe
☼ 酉 coq
戌 chien
☁ 亥 cochon

Jour	Mois	An
癸	乙	癸
巳	丑	卯
❸	❻	❹
水	金	金

Stabilité

Tout va durer longtemps. S'occuper du long terme.

4 / 6 — 43 la percée

formation
régime
☁ voyage
☼ mariage
spirituel
nouveau job
☼ inaugurer
négocier
☼ signer
creuser
☼ construire
emménager
rénover

☁ 23-1	☼ 1-3	☁ 3-5	☼ 5-7	☼ 7-9	☼ 9-11	11-13	13-15	☁ 15-17	☼ 17-19	☼ 19-21	☁ 21-23

---

mercredi 31 janvier

lune 12 • j 21

☁ 子 rat
☁ 丑 bœuf
☼ 寅 tigre
卯 lapin
☁ 辰 dragon
巳 serpent
☼ 午 cheval
☼ 未 chèvre
☁ 申 singe
酉 coq
☼ 戌 chien
亥 cochon

Jour	Mois	An
甲	乙	癸
午	丑	卯
❹	❻	❹
金	金	金

Contrôle

Gérer le quotidien : persévérer, promouvoir, recadrer.

9 / 1 — 1 le ciel

formation
régime
☁ voyage
mariage
spirituel
☼ nouveau job
☼ inaugurer
négocier
signer
☼ creuser
construire
☁ emménager
☼ rénover

☁ 23-1	☼ 1-3	☼ 3-5	☼ 5-7	☼ 7-9	☁ 9-11	☁ 11-13	☼ 13-15	☼ 15-17	☼ 17-19	☁ 19-21	21-23

jeudi — 1 février

lune 12 • j 22

🌧子 rat
🌧丑 bœuf
寅 tigre
☼卯 lapin
辰 dragon
🌧巳 serpent
☼午 cheval
☼未 chèvre
申 singe
🌧酉 coq
🌧戌 chien
☼亥 cochon

Jour	Mois	An
乙	乙	癸
未	丑	卯
5	6	4
金	金	金

Destruction

S'isoler pour éviter conflits, ruptures.

7
6
48
le puits

formation
régime
voyage
mariage
spirituel
nouveau job
inaugurer
négocier
signer
creuser
construire
emménager
rénover

🌧23-1	🌧1-3	☼3-5	☼5-7	7-9	🌧9-11	🌧11-13	🌧13-15	☼15-17	17-19	☼19-21	☼21-23

vendredi — 2 février

☼ feng shui

lune 12 • j 23

☼子 rat
丑 bœuf
🌧寅 tigre
卯 lapin
☼辰 dragon
巳 serpent
🌧午 cheval
未 chèvre
☼申 singe
酉 coq
🌧戌 chien
🌧亥 cochon

Jour	Mois	An
丙	乙	癸
申	丑	卯
6	6	4
火	金	金

Péril

Adversité, terrain inconnu : on se sent en danger. Se détendre.

8
4
40
la libération

formation
régime
🌧 voyage
🌧 mariage
☼ spirituel
nouveau job
🌧 inaugurer
négocier
🌧 signer
☼ creuser
construire
emménager
rénover

☼23-1	☼1-3	☼3-5	5-7	🌧7-9	9-11	11-13	☼13-15	15-17	☼17-19	☼19-21	🌧21-23

samedi — 3 février

☼ feng shui

lune 12 • j 24

子 rat
☼丑 bœuf
寅 tigre
🌧卯 lapin
☼辰 dragon
☼巳 serpent
午 cheval
🌧未 chèvre
申 singe
☼酉 coq
🌧戌 chien
🌧亥 cochon

Jour	Mois	An
丁	乙	癸
酉	丑	卯
7	6	4
火	金	金

Réussite

Atteindre son but, concrétiser, pacifier.

4
9
31
l'influence

☼ formation
☼ régime
☼ voyage
☼ mariage
☼ spirituel
☼ nouveau job
☼ inaugurer
☼ négocier
☼ signer
☼ creuser
☼ construire
☼ emménager
☼ rénover

☼23-1	☼1-3	3-5	☼5-7	🌧7-9	🌧9-11	☼11-13	☼13-15	15-17	☼17-19	🌧19-21	☼21-23

9 *Début de la période 9*

dimanche — 4 février

lune 12 • j 25

🌧子 rat
🌧丑 bœuf
☼寅 tigre
☼卯 lapin
🌧辰 dragon
巳 serpent
☼午 cheval
未 chèvre
🌧申 singe
🌧酉 coq
☼戌 chien
亥 cochon

Jour	Mois	An
戊	乙	癸
戌	丑	卯
8	6	4
木	金	金

Moisson

Placé au milieu d'un champ, on récolte ce qu'il y pousse.

1
6
15
l'humilité

☼ formation
régime
voyage
mariage
spirituel
nouveau job
🌧 inaugurer
négocier
signer
creuser
construire
emménager
rénover

☼23-1	🌧1-3	☼3-5	☼5-7	🌧7-9	9-11	🌧11-13	☼13-15	☼15-17	☼17-19	19-21	☼21-23

Semaine 06

Éphémérides

◐ le 6, dernier croissant à 16:54
● le 10, nouvelle lune à 0:00

2
4
37
la famille

hexagramme du mois

secteurs à éviter

☼ *favorable*
neutre
☁ *défavorable*

---

lundi

5
février
lune 12 • j 26

Jour	Mois	An
己	丙	甲
亥	寅	辰
9	6	4
木	火	火

Moisson

Placé au milieu d'un champ, on récolte ce qu'il y pousse.

2
2
20
la contemplation

子 rat
☁ 丑 bœuf
☼ 寅 tigre
☼ 卯 lapin
辰 dragon
☁ 巳 serpent
午 cheval
☼ 未 chèvre
☁ 申 singe
☁ 酉 coq
戌 chien
☼ 亥 cochon

☼ formation
régime
☁ voyage
mariage
spirituel
nouveau job
inaugurer
négocier
☼ signer
creuser
construire
emménager
rénover

☼ 23-1	☼ 1-3	☼ 3-5	☁ 5-7	7-9	☁ 9-11	☼ 11-13	☼ 13-15	☁ 15-17	☁ 17-19	☼ 19-21	☼ 21-23

---

mardi

6 ◐
février
lune 12 • j 27

Jour	Mois	An
庚	丙	甲
子	寅	辰
1	6	4
土	火	火

Ouverture

Libération, disparition des obstacles. Ouvrir son espace et son cœur.

2
9
42
l'augmentation

☼ 子 rat
☼ 丑 bœuf
☁ 寅 tigre
☁ 卯 lapin
☼ 辰 dragon
巳 serpent
☁ 午 cheval
☁ 未 chèvre
☼ 申 singe
酉 coq
☁ 戌 chien
亥 cochon

formation
☁ régime
voyage
☼ mariage
☼ spirituel
☼ nouveau job
☼ inaugurer
négocier
☼ signer
☁ creuser
construire
☼ emménager
rénover

☁ 23-1	☼ 1-3	☼ 3-5	☼ 5-7	☁ 7-9	☁ 9-11	☼ 11-13	☁ 13-15	☼ 15-17	☼ 17-19	☁ 19-21	21-23

---

mercredi

7
février
lune 12 • j 28

Jour	Mois	An
辛	丙	甲
丑	寅	辰
2	6	4
土	火	火

Terminaison

Esprit troublé. Ne rien entreprendre d'important. Repli.

1
3
36
l'obscurcissement de la lumière

☼ 子 rat
☼ 丑 bœuf
寅 tigre
☁ 卯 lapin
辰 dragon
☼ 巳 serpent
☁ 午 cheval
☁ 未 chèvre
申 singe
☼ 酉 coq
戌 chien
☁ 亥 cochon

☁ formation
☁ régime
voyage
mariage
☼ spirituel
nouveau job
☁ inaugurer
négocier
☁ signer
creuser
construire
emménager
rénover

23-1	☼ 1-3	☼ 3-5	☼ 5-7	☁ 7-9	☼ 9-11	☁ 11-13	☁ 13-15	☼ 15-17	☁ 17-19	☼ 19-21	☼ 21-23

jeudi 8 février

lune 12 • j 29

子 rat
丑 bœuf
寅 tigre
卯 lapin
辰 dragon
巳 serpent
午 cheval
未 chèvre
申 singe
酉 coq
戌 chien
亥 cochon

Jour	Mois	An
壬	丙	甲
寅	寅	辰
❸	❻	❹
金	火	火

Fondation

Poser la première pierre.

9
7
13
la communauté avec les hommes

formation
régime
voyage
mariage
spirituel
nouveau job
inaugurer
négocier
signer
creuser
construire
emménager
rénover

23-1 · 1-3 · 3-5 · 5-7 · 7-9 · 9-11 · 11-13 · 13-15 · 15-17 · 17-19 · 19-21 · 21-23

---

vendredi 9 février

lune 12 • j 30

子 rat
丑 bœuf
寅 tigre
卯 lapin
辰 dragon
巳 serpent
午 cheval
未 chèvre
申 singe
酉 coq
戌 chien
亥 cochon

Jour	Mois	An
癸	丙	甲
卯	寅	辰
❹	❻	❹
金	火	火

Nettoyage

Nettoyer, ranger, se séparer de ce qui est usé, abimé, inutile.

8
7
54
l'épousée

formation
régime
voyage
mariage
spirituel
nouveau job
inaugurer
négocier
signer
creuser
construire
emménager
rénover

23-1 · 1-3 · 3-5 · 5-7 · 7-9 · 9-11 · 11-13 · 13-15 · 15-17 · 17-19 · 19-21 · 21-23

---

samedi 10 février ●

lune 1 • j 1

子 rat
丑 bœuf
寅 tigre
卯 lapin
辰 dragon
巳 serpent
午 cheval
未 chèvre
申 singe
酉 coq
戌 chien
亥 cochon

Jour	Mois	An
甲	丙	甲
辰	寅	辰
❺	❺	❸
火	火	火

Accumulation

Effet boule de neige. Rester positif, confiant. Faire la fête.

3
2
38
l'opposition

formation
régime
voyage
mariage
spirituel
nouveau job
inaugurer
négocier
signer
creuser
construire
emménager
rénover

23-1 · 1-3 · 3-5 · 5-7 · 7-9 · 9-11 · 11-13 · 13-15 · 15-17 · 17-19 · 19-21 · 21-23

---

dimanche 11 février

lune 1 • j 2

子 rat
丑 bœuf
寅 tigre
卯 lapin
辰 dragon
巳 serpent
午 cheval
未 chèvre
申 singe
酉 coq
戌 chien
亥 cochon

Jour	Mois	An
乙	丙	甲
巳	寅	辰
❻	❺	❸
火	火	火

Equilibrage

Tout est amené au point d'équilibre.

7
3
5
l'attente

formation
régime
voyage
mariage
spirituel
nouveau job
inaugurer
négocier
signer
creuser
construire
emménager
rénover

23-1 · 1-3 · 3-5 · 5-7 · 7-9 · 9-11 · 11-13 · 13-15 · 15-17 · 17-19 · 19-21 · 21-23

Semaine 07

Éphémérides

- ◐ le 13, premier croissant à 16:35
- ◐ le 16, premier quartier à 16:02

hexagramme du mois

2
4

37
la famille

secteurs à éviter

☼ *favorable*
neutre
☁ *défavorable*

☁ 子 rat
☁ 丑 bœuf
☼ 寅 tigre
卯 lapin
☁ 辰 dragon
巳 serpent
☼ 午 cheval
☼ 未 chèvre
☁ 申 singe
酉 coq
☼ 戌 chien
亥 cochon

lundi

☼ feng shui

Jour	Mois	An
丙	丙	甲
午	寅	辰
7	5	3
水	火	火

12 février
lune 1 • j 3

Stabilité

Tout va durer longtemps. S'occuper du long terme.

4
3

28
la prépondérance du grand

☼ formation
☼ régime
voyage
☼ mariage
☼ spirituel
☼ nouveau job
☼ inaugurer
☼ négocier
☼ signer
☼ creuser
☼ construire
☼ emménager
☼ rénover

☼ 23-1 | ☼ 1-3 | ☁ 3-5 | ☼ 5-7 | ☁ 7-9 | ☁ 9-11 | ☼ 11-13 | 13-15 | ☼ 15-17 | ☼ 17-19 | 19-21 | ☼ 21-23

☁ 子 rat
☁ 丑 bœuf
寅 tigre
☼ 卯 lapin
辰 dragon
☁ 巳 serpent
☼ 午 cheval
☼ 未 chèvre
申 singe
☁ 酉 coq
☁ 戌 chien
☼ 亥 cochon

mardi

Jour	Mois	An
丁	丙	甲
未	寅	辰
8	5	3
水	火	火

13 ● février
lune 1 • j 4

Contrôle

Gérer le quotidien : persévérer, promouvoir, recadrer.

6
7

18
le travail sur ce qui est corrompu

formation
régime
☁ voyage
mariage
spirituel
☼ nouveau job
inaugurer
négocier
☁ signer
☼ creuser
construire
☁ emménager
☼ rénover

☁ 23-1 | ☁ 1-3 | ☁ 3-5 | ☁ 5-7 | ☼ 7-9 | ☼ 9-11 | 11-13 | 13-15 | ☼ 15-17 | ☼ 17-19 | ☼ 19-21 | ☼ 21-23

☼ 子 rat
丑 bœuf
☁ 寅 tigre
卯 lapin
☼ 辰 dragon
巳 serpent
☁ 午 cheval
未 chèvre
☼ 申 singe
酉 coq
☁ 戌 chien
☁ 亥 cochon

mercredi

Jour	Mois	An
戊	丙	甲
申	寅	辰
9	5	3
土	火	火

14 février
lune 1 • j 5

Destruction

S'isoler pour éviter conflits, ruptures.

2
6

59
la dispersion

formation
régime
voyage
mariage
☼ spirituel
nouveau job
inaugurer
négocier
signer
creuser
construire
emménager
rénover

23-1 | ☼ 1-3 | 3-5 | 5-7 | ☼ 7-9 | ☼ 9-11 | 11-13 | ☼ 13-15 | ☼ 15-17 | ☁ 17-19 | 19-21 | ☁ 21-23

☼ = favorable ; ☂ = défavorable

jeudi 15 février
☼ feng shui

lune 1 • j 6

- 子 rat
- ☼ 丑 bœuf
- 寅 tigre
- ☂ 卯 lapin
- ☼ 辰 dragon
- ☼ 巳 serpent
- 午 cheval
- ☂ 未 chèvre
- 申 singe
- ☼ 酉 coq
- ☂ 戌 chien
- ☂ 亥 cochon

Jour	Mois	An
己	丙	甲
酉	寅	辰
❶	❺	❸
土	火	火

Péril
Adversité, terrain inconnu : on se sent en danger. Se détendre.

3 / 8 ䷷ 56 le voyageur

- formation
- régime
- ☂ voyage
- ☂ mariage
- ☼ spirituel
- nouveau job
- inaugurer
- négocier
- signer
- ☼ creuser
- construire
- emménager
- rénover

☼ 23-1 | ☼ 1-3 | ☼ 3-5 | ☼ 5-7 | 7-9 | 9-11 | ☼ 11-13 | ☼ 13-15 | 15-17 | 17-19 | ☂ 19-21 | 21-23

vendredi 16 février ◐
lune 1 • j 7

- ☂ 子 rat
- ☂ 丑 bœuf
- ☼ 寅 tigre
- ☼ 卯 lapin
- ☂ 辰 dragon
- 巳 serpent
- ☼ 午 cheval
- 未 chèvre
- ☂ 申 singe
- ☂ 酉 coq
- ☼ 戌 chien
- 亥 cochon

Jour	Mois	An
庚	丙	甲
戌	寅	辰
❷	❺	❸
金	火	火

Réussite
Atteindre son but, concrétiser, pacifier.

9 / 9 ䷋ 12 la stagnation

- formation
- régime
- voyage
- ☼ mariage
- spirituel
- nouveau job
- inaugurer
- ☼ négocier
- signer
- creuser
- ☼ construire
- ☼ emménager
- rénover

☂ 23-1 | ☼ 1-3 | 3-5 | ☂ 5-7 | ☂ 7-9 | ☼ 9-11 | 11-13 | 13-15 | ☼ 15-17 | 17-19 | ☂ 19-21 | ☼ 21-23

samedi 17 février
lune 1 • j 8

- 子 rat
- ☂ 丑 bœuf
- ☼ 寅 tigre
- ☼ 卯 lapin
- 辰 dragon
- ☂ 巳 serpent
- 午 cheval
- ☼ 未 chèvre
- ☂ 申 singe
- ☂ 酉 coq
- 戌 chien
- ☼ 亥 cochon

Jour	Mois	An
辛	丙	甲
亥	寅	辰
❸	❺	❸
金	火	火

Moisson
Placé au milieu d'un champ, on récolte ce qu'il y pousse.

7 / 7 ䷇ 8 l'union

- ☼ formation
- régime
- ☂ voyage
- mariage
- spirituel
- nouveau job
- inaugurer
- négocier
- ☼ signer
- creuser
- construire
- emménager
- rénover

23-1 | ☼ 1-3 | 3-5 | ☂ 5-7 | 7-9 | ☼ 9-11 | ☼ 11-13 | ☼ 13-15 | ☂ 15-17 | ☂ 17-19 | ☼ 19-21 | ☼ 21-23

dimanche 18 février
lune 1 • j 9

- ☼ 子 rat
- ☼ 丑 bœuf
- ☂ 寅 tigre
- ☂ 卯 lapin
- ☼ 辰 dragon
- 巳 serpent
- ☂ 午 cheval
- ☂ 未 chèvre
- ☼ 申 singe
- 酉 coq
- ☂ 戌 chien
- 亥 cochon

Jour	Mois	An
壬	丙	甲
子	寅	辰
❹	❺	❸
木	火	火

Ouverture
Libération, disparition des obstacles. Ouvrir son espace et son cœur.

8 / 1 ䷲ 51 l'ébranlement

- formation
- ☂ régime
- voyage
- ☼ mariage
- spirituel
- ☼ nouveau job
- ☼ inaugurer
- négocier
- ☼ signer
- ☂ creuser
- construire
- ☼ emménager
- rénover

☼ 23-1 | ☼ 1-3 | ☂ 3-5 | 5-7 | 7-9 | 9-11 | ☂ 11-13 | ☂ 13-15 | ☂ 15-17 | ☼ 17-19 | ☼ 19-21 | 21-23

Éphémérides

- ⌗ le 19, eau de pluie à 5:12
- ◐ le 20, lune gibbeuse croissante à 8:37
- ○ le 24, pleine lune à 13:31

2
4

37
la famille

hexagramme du mois

secteurs à éviter

☼ *favorable*
neutre
☁ *défavorable*

☼ 子 rat
☼ 丑 bœuf
寅 tigre
☁ 卯 lapin
辰 dragon
☼ 巳 serpent
☁ 午 cheval
☁ 未 chèvre
申 singe
☼ 酉 coq
戌 chien
☁ 亥 cochon

lundi

Jour	*Mois*	*An*
癸	丙	甲
丑	寅	辰
❺	❺	❸
木	火	火

19 ⌗

février
lune 1 • j 10

Terminaison

Esprit troublé. Ne rien entreprendre d'important. Repli.

6
8

22
la grâce

☁ formation
☁ régime
voyage
mariage
spirituel
nouveau job
☁ inaugurer
négocier
☁ signer
creuser
construire
emménager
rénover

☁ 23-1	☼ 1-3	3-5	☼ 5-7	☼ 7-9	☼ 9-11	☁ 11-13	☁ 13-15	☼ 15-17	☼ 17-19	☼ 19-21	☼ 21-23

☁ 子 rat
丑 bœuf
☼ 寅 tigre
卯 lapin
☁ 辰 dragon
☁ 巳 serpent
☼ 午 cheval
未 chèvre
☁ 申 singe
酉 coq
☼ 戌 chien
☼ 亥 cochon

mardi

Jour	*Mois*	*An*
甲	丙	甲
寅	寅	辰
❻	❺	❸
水	火	火

20 ◐

février
lune 1 • j 11

Fondation

Poser la première pierre.

7
9

63
après
l'accomplissement

formation
régime
☼ voyage
mariage
spirituel
☼ nouveau job
inaugurer
☼ négocier
signer
☁ creuser
☼ construire
emménager
rénover

23-1	☼ 1-3	☼ 3-5	5-7	☼ 7-9	☁ 9-11	☁ 11-13	☼ 13-15	15-17	☁ 17-19	☼ 19-21	☼ 21-23

☁ 子 rat
☁ 丑 bœuf
☁ 寅 tigre
☁ 卯 lapin
☁ 辰 dragon
☁ 巳 serpent
☁ 午 cheval
☁ 未 chèvre
☁ 申 singe
☁ 酉 coq
☁ 戌 chien
☁ 亥 cochon

mercredi

Jour	*Mois*	*An*
乙	丙	甲
卯	寅	辰
❼	❺	❸
水	火	火

21

février
lune 1 • j 12

Nettoyage

Nettoyer, ranger, se séparer de ce qui est usé, abimé, inutile.

1
4

19
l'approche

☁ formation
☁ régime
☁ voyage
☁ mariage
☁ spirituel
☁ nouveau job
☁ inaugurer
☁ négocier
☁ signer
☁ creuser
☁ construire
☁ emménager
☁ rénover

☼ 23-1	1-3	☼ 3-5	☼ 5-7	☁ 7-9	☁ 9-11	11-13	☼ 13-15	☼ 15-17	17-19	19-21	21-23

☼子 rat
丑 bœuf
☁寅 tigre
☁卯 lapin
☼辰 dragon
巳 serpent
☁午 cheval
未 chèvre
☼申 singe
☼酉 coq
☁戌 chien
亥 cochon

jeudi

☼feng shui

Jour	Mois	An
丙	丙	甲
辰	寅	辰
❽	❺	❸
土	火	火

22

février
lune 1 • j 13

Accumulation

Effet boule de neige. Rester positif, confiant. Faire la fête.

4
1
䷹
58
le lac

☼formation
☼régime
☼voyage
mariage
☼spirituel
☼nouveau job
☼inaugurer
☼négocier
☼signer
☼creuser
☼construire
☼emménager
rénover

23-1	1-3	☼3-5	☁5-7	☁7-9	9-11	☼11-13	13-15	☼15-17	☼17-19	☁19-21	☼21-23

子 rat
☼丑 bœuf
☁寅 tigre
☁卯 lapin
辰 dragon
☼巳 serpent
午 cheval
☁未 chèvre
申 singe
☼酉 coq
戌 chien
☁亥 cochon

vendredi

Jour	Mois	An
丁	丙	甲
巳	寅	辰
❾	❺	❸
土	火	火

23

février
lune 1 • j 14

Equilibrage

Tout est amené au point d'équilibre.

2
8
䷈
9
le pouvoir d'apprivoisement du petit

formation
régime
voyage
☼mariage
☼spirituel
nouveau job
inaugurer
☼négocier
signer
creuser
☼construire
emménager
rénover

☁23-1	☼1-3	☁3-5	☁5-7	☼7-9	☼9-11	☼11-13	☼13-15	☁15-17	☼17-19	☼19-21	☼21-23

☁子 rat
☁丑 bœuf
☼寅 tigre
卯 lapin
☁辰 dragon
巳 serpent
☼午 cheval
☼未 chèvre
☁申 singe
酉 coq
☼戌 chien
亥 cochon

samedi

☼feng shui

Jour	Mois	An
戊	丙	甲
午	寅	辰
❶	❺	❸
火	火	火

24 ○

février
lune 1 • j 15

Stabilité

Tout va durer longtemps. S'occuper du long terme.

3
4
䷱
50
le chaudron

☼formation
☼régime
voyage
☼mariage
☼spirituel
☼nouveau job
☼inaugurer
☼négocier
☼signer
☼creuser
☼construire
☼emménager
☼rénover

☁23-1	1-3	3-5	☼5-7	☼7-9	☁9-11	☼11-13	☼13-15	☼15-17	☼17-19	☁19-21	☁21-23

☁子 rat
☁丑 bœuf
寅 tigre
☼卯 lapin
辰 dragon
☁巳 serpent
☼午 cheval
☼未 chèvre
申 singe
☁酉 coq
☁戌 chien
☼亥 cochon

dimanche

Jour	Mois	An
己	丙	甲
未	寅	辰
❷	❺	❸
火	火	火

25

février
lune 1 • j 16

Contrôle

Gérer le quotidien : persévérer, promouvoir, recadrer.

1
2
䷭
46
la poussée vers le haut

formation
régime
☁voyage
mariage
spirituel
☼nouveau job
inaugurer
négocier
☁signer
☼creuser
construire
☁emménager
☼rénover

☁23-1	☁1-3	☼3-5	☼5-7	☼7-9	☼9-11	11-13	☼13-15	☼15-17	☁17-19	☼19-21	☼21-23

Éphémérides

◑ le 28, lune gibbeuse décroissante à 6:07
◐ le 3, dernier quartier à 16:24

hexagramme du mois

2
4

37
la famille

secteurs à éviter

☼ *favorable*
neutre
☁ *défavorable*

☁ 子 rat
☁ 丑 bœuf
☁ 寅 tigre
☁ 卯 lapin
☁ 辰 dragon
☁ 巳 serpent
☁ 午 cheval
☁ 未 chèvre
☁ 申 singe
☁ 酉 coq
☁ 戌 chien
☁ 亥 cochon

lundi

Jour	Mois	An
庚	丙	甲
申	寅	辰
❸	❺	❸
木	火	火

26
février
lune 1 • j 17

7
1
29
l'insondable

Destruction

S'isoler pour éviter conflits, ruptures.

☁ formation
☁ régime
☁ voyage
☁ mariage
☁ spirituel
☁ nouveau job
☁ inaugurer
☁ négocier
☁ signer
☁ creuser
☁ construire
☁ emménager
☁ rénover

☁ 23-1 | ☼ 1-3 | ☼ 3-5 | 5-7 | ☼ 7-9 | ☼ 9-11 | ☼ 11-13 | ☼ 13-15 | 15-17 | ☁ 17-19 | ☁ 19-21 | ☁ 21-23

☁ 子 rat
☁ 丑 bœuf
☁ 寅 tigre
☁ 卯 lapin
☁ 辰 dragon
☁ 巳 serpent
☁ 午 cheval
☁ 未 chèvre
☁ 申 singe
☁ 酉 coq
☁ 戌 chien
☁ 亥 cochon

mardi

☼ feng shui

Jour	Mois	An
辛	丙	甲
酉	寅	辰
❹	❺	❸
木	火	火

27
février
lune 1 • j 18

8
3
62
la prépondérance du petit

Péril

Adversité, terrain inconnu : on se sent en danger. Se détendre.

☁ formation
☁ régime
☁ voyage
☁ mariage
☁ spirituel
☁ nouveau job
☁ inaugurer
☁ négocier
☁ signer
☁ creuser
☁ construire
☁ emménager
☁ rénover

23-1 | ☼ 1-3 | ☼ 3-5 | ☼ 5-7 | ☁ 7-9 | ☼ 9-11 | ☼ 11-13 | ☼ 13-15 | 15-17 | ☁ 17-19 | ☁ 19-21 | 21-23

☁ 子 rat
☁ 丑 bœuf
☁ 寅 tigre
☁ 卯 lapin
☁ 辰 dragon
☁ 巳 serpent
☁ 午 cheval
☁ 未 chèvre
☁ 申 singe
☁ 酉 coq
☁ 戌 chien
☁ 亥 cochon

mercredi

Jour	Mois	An
壬	丙	甲
戌	寅	辰
❺	❺	❸
水	火	火

28 ◑
février
lune 1 • j 19

4
4
45
le rassemblement

Réussite

Atteindre son but, concrétiser, pacifier.

☁ formation
☁ régime
☁ voyage
☁ mariage
☁ spirituel
☁ nouveau job
☁ inaugurer
☁ négocier
☁ signer
☁ creuser
☁ construire
☁ emménager
☁ rénover

☼ 23-1 | 1-3 | 3-5 | 5-7 | 7-9 | ☼ 9-11 | ☁ 11-13 | ☼ 13-15 | ☁ 15-17 | 17-19 | ☼ 19-21 | ☼ 21-23

jeudi 29 février
lune 1 • j 20

子 rat
🌧 丑 bœuf
☼ 寅 tigre
☼ 卯 lapin
辰 dragon
🌧 巳 serpent
午 cheval
☼ 未 chèvre
🌧 申 singe
🌧 酉 coq
戌 chien
☼ 亥 cochon

Jour	*Mois*	*An*
癸	丙	甲
亥	寅	辰
❻	❺	❸
水	火	火

Moisson

Placé au milieu d'un champ, on récolte ce qu'il y pousse.

6 6 ䷖ 23 l'éclatement

☼ formation
régime
🌧 voyage
mariage
☼ spirituel
nouveau job
inaugurer
négocier
☼ signer
creuser
construire
emménager
rénover

🌧 23-1	☼ 1-3	3-5	☼ 5-7	☼ 7-9	☼ 9-11	☼ 11-13	☼ 13-15	🌧 15-17	17-19	☼ 19-21	☼ 21-23

vendredi 1 mars
lune 1 • j 21

☼ 子 rat
☼ 丑 bœuf
🌧 寅 tigre
🌧 卯 lapin
☼ 辰 dragon
巳 serpent
🌧 午 cheval
🌧 未 chèvre
☼ 申 singe
酉 coq
🌧 戌 chien
亥 cochon

Jour	*Mois*	*An*
甲	丙	甲
子	寅	辰
❼	❺	❸
金	火	火

Ouverture

Libération, disparition des obstacles. Ouvrir son espace et son cœur.

1 1 ䷁ 2 le réceptif

formation
🌧 régime
voyage
☼ mariage
☼ spirituel
☼ nouveau job
☼ inaugurer
négocier
☼ signer
🌧 creuser
construire
☼ emménager
rénover

☼ 23-1	☼ 1-3	☼ 3-5	☼ 5-7	🌧 7-9	🌧 9-11	🌧 11-13	🌧 13-15	15-17	☼ 17-19	☼ 19-21	🌧 21-23

samedi 2 mars
lune 1 • j 22

☼ 子 rat
☼ 丑 bœuf
寅 tigre
🌧 卯 lapin
辰 dragon
☼ 巳 serpent
🌧 午 cheval
🌧 未 chèvre
申 singe
☼ 酉 coq
戌 chien
🌧 亥 cochon

Jour	*Mois*	*An*
乙	丙	甲
丑	寅	辰
❽	❺	❸
金	火	火

Terminaison

Esprit troublé. Ne rien entreprendre d'important. Repli.

3 6 ䷔ 21 mordre au travers

🌧 formation
🌧 régime
voyage
mariage
spirituel
nouveau job
🌧 inaugurer
négocier
🌧 signer
creuser
construire
emménager
rénover

☼ 23-1	☼ 1-3	☼ 3-5	☼ 5-7	7-9	🌧 9-11	🌧 11-13	🌧 13-15	☼ 15-17	☼ 17-19	19-21	☼ 21-23

dimanche 3 mars ◑
lune 1 • j 23

🌧 子 rat
丑 bœuf
☼ 寅 tigre
卯 lapin
🌧 辰 dragon
🌧 巳 serpent
☼ 午 cheval
未 chèvre
🌧 申 singe
酉 coq
☼ 戌 chien
☼ 亥 cochon

Jour	*Mois*	*An*
丙	丙	甲
寅	寅	辰
❾	❺	❸
火	火	火

Fondation

Poser la première pierre.

2 4 ䷤ 37 la famille

formation
régime
☼ voyage
mariage
spirituel
☼ nouveau job
inaugurer
☼ négocier
signer
🌧 creuser
☼ construire
emménager
rénover

☼ 23-1	☼ 1-3	3-5	5-7	🌧 7-9	🌧 9-11	11-13	☼ 13-15	☼ 15-17	17-19	☼ 19-21	☼ 21-23

Éphémérides

- ✹ le 5, réveil des insectes à 3:22
- ◐ le 7, dernier croissant à 9:00
- ● le 10, nouvelle lune à 10:01

	avant le 5 mars	à partir du 5 mars
hexagramme du mois	2 / 4 — 37 la famille	6 / 9 — 41 la diminution
secteurs à éviter		

☼ *favorable*
neutre
☁ *défavorable*

---

lundi

☼ feng shui

4
mars
lune 1 • j 24

Jour	Mois	An
丁	丙	甲
卯	寅	辰
❶	❺	❸
火	火	火

6 / 9 — 41 la diminution

Nettoyage

Nettoyer, ranger, se séparer de ce qui est usé, abimé, inutile.

☁子 rat, ☁丑 bœuf, ☁寅 tigre, ☁卯 lapin, ☁辰 dragon, ☁巳 serpent, ☁午 cheval, ☁未 chèvre, ☁申 singe, ☁酉 coq, ☁戌 chien, ☁亥 cochon

☁ formation, ☁ régime, ☁ voyage, ☁ mariage, ☁ spirituel, ☁ nouveau job, ☁ inaugurer, ☁ négocier, ☁ signer, ☁ creuser, ☁ construire, ☁ emménager, ☁ rénover

☼ 23-1	1-3	3-5	☼ 5-7	☁ 7-9	☼ 9-11	☼ 11-13	☼ 13-15	15-17	☼ 17-19	☁ 19-21	21-23

---

mardi

5 ✹
mars
lune 1 • j 25

Jour	Mois	An
戊	丙	甲
辰	寅	辰
❷	❺	❸
木	火	火

9 / 6 — 10 la marche

Accumulation

Effet boule de neige. Rester positif, confiant. Faire la fête.

☁子 rat, ☁丑 bœuf, ☁寅 tigre, ☁卯 lapin, ☁辰 dragon, ☁巳 serpent, ☁午 cheval, ☁未 chèvre, ☁申 singe, ☁酉 coq, ☁戌 chien, ☁亥 cochon

☁ formation, ☁ régime, ☁ voyage, ☁ mariage, ☁ spirituel, ☁ nouveau job, ☁ inaugurer, ☁ négocier, ☁ signer, ☁ creuser, ☁ construire, ☁ emménager, ☁ rénover

☁ 23-1	☼ 1-3	☼ 3-5	☁ 5-7	☼ 7-9	☼ 9-11	☼ 11-13	☼ 13-15	☼ 15-17	☼ 17-19	☁ 19-21	21-23

---

mercredi

6
mars
lune 1 • j 26

Jour	Mois	An
己	丁	甲
巳	卯	辰
❸	❺	❸
木	火	火

8 / 2 — 34 la puissance du grand

Accumulation

Effet boule de neige. Rester positif, confiant. Faire la fête.

子 rat, ☼丑 bœuf, ☁寅 tigre, ☁卯 lapin, 辰 dragon, ☼巳 serpent, 午 cheval, ☁未 chèvre, 申 singe, ☼酉 coq, 戌 chien, ☁亥 cochon

formation, régime, ☁ voyage, ☁ mariage, spirituel, nouveau job, ☼ inaugurer, négocier, signer, ☁ creuser, construire, emménager, ☁ rénover

☼ 23-1	☼ 1-3	3-5	☁ 5-7	☼ 7-9	☼ 9-11	☼ 11-13	☼ 13-15	☁ 15-17	☁ 17-19	19-21	☁ 21-23

jeudi

7 ◐

mars
lune 1 • j 27

☁ 子 rat
☁ 丑 bœuf
☼ 寅 tigre
卯 lapin
☁ 辰 dragon
巳 serpent
☼ 午 cheval
☼ 未 chèvre
☁ 申 singe
酉 coq
☼ 戌 chien
亥 cochon

Jour	Mois	An
庚	丁	甲
午	卯	辰
❹	❺	❸
土	火	火

Equilibrage

Tout est amené au point d'équilibre.

8
9

32
la durée

formation
régime
☼ voyage
☼ mariage
☼ spirituel
nouveau job
inaugurer
☼ négocier
signer
creuser
☼ construire
emménager
rénover

☁ 23-1	☼ 1-3	3-5	☼ 5-7	☼ 7-9	☁ 9-11	☼ 11-13	13-15	☼ 15-17	☼ 17-19	☁ 19-21	☁ 21-23

vendredi

☼ feng shui

8

mars
lune 1 • j 28

☁ 子 rat
☁ 丑 bœuf
寅 tigre
☼ 卯 lapin
辰 dragon
☁ 巳 serpent
☼ 午 cheval
☼ 未 chèvre
申 singe
☁ 酉 coq
☁ 戌 chien
☼ 亥 cochon

Jour	Mois	An
辛	丁	甲
未	卯	辰
❺	❺	❸
土	火	火

Stabilité

Tout va durer longtemps. S'occuper du long terme.

9
3

6
le conflit

☼ formation
☼ régime
voyage
☼ mariage
☼ spirituel
☼ nouveau job
☼ inaugurer
☼ négocier
☼ signer
☼ creuser
☼ construire
☼ emménager
☼ rénover

☁ 23-1	☁ 1-3	☼ 3-5	☼ 5-7	7-9	☼ 9-11	☼ 11-13	13-15	☼ 15-17	☁ 17-19	19-21	21-23

samedi

9

mars
lune 1 • j 29

☼ 子 rat
丑 bœuf
☁ 寅 tigre
卯 lapin
☼ 辰 dragon
巳 serpent
☁ 午 cheval
未 chèvre
☼ 申 singe
酉 coq
☁ 戌 chien
☁ 亥 cochon

Jour	Mois	An
壬	丁	甲
申	卯	辰
❻	❺	❸
金	火	火

Contrôle

Gérer le quotidien : persévérer, promouvoir, recadrer.

1
7

7
l'armée

formation
régime
☁ voyage
mariage
spirituel
☼ nouveau job
☼ inaugurer
négocier
signer
☼ creuser
construire
☁ emménager
☼ rénover

☼ 23-1	☼ 1-3	3-5	5-7	☼ 7-9	☼ 9-11	11-13	☼ 13-15	☁ 15-17	☁ 17-19	19-21	☁ 21-23

dimanche

10 ●

mars
lune 2 • j 1

子 rat
☼ 丑 bœuf
寅 tigre
☁ 卯 lapin
☼ 辰 dragon
☼ 巳 serpent
午 cheval
☁ 未 chèvre
申 singe
☼ 酉 coq
☁ 戌 chien
☁ 亥 cochon

Jour	Mois	An
癸	丁	甲
酉	卯	辰
❼	❹	❸
金	火	火

Destruction

S'isoler pour éviter conflits, ruptures.

2
7

53
le développement

formation
☁ régime
voyage
mariage
spirituel
nouveau job
inaugurer
négocier
signer
creuser
construire
emménager
rénover

23-1	☼ 1-3	☼ 3-5	☼ 5-7	☼ 7-9	☼ 9-11	☼ 11-13	☁ 13-15	15-17	☼ 17-19	☁ 19-21	☁ 21-23

Éphémérides

- ◐ le 14, premier croissant à 2:37
- ◐ le 17, premier quartier à 5:11

6 / 9 — 41 la diminution — *hexagramme du mois*

secteurs à éviter

☼ *favorable*
neutre
☁ *défavorable*

☁ 子 rat	formation
☁ 丑 bœuf	régime
☼ 寅 tigre	voyage
☼ 卯 lapin	mariage
☁ 辰 dragon	☼ spirituel
巳 serpent	☼ nouveau job
☼ 午 cheval	inaugurer
未 chèvre	☼ négocier
☁ 申 singe	signer
☁ 酉 coq	☼ creuser
☼ 戌 chien	☼ construire
亥 cochon	☼ emménager
	☼ rénover

lundi

☼ feng shui

11
mars
lune 2 • j 2

Jour	Mois	An
甲	丁	甲
戌	卯	辰
❽	❹	❸
火	火	火

7 / 2 — 39 l'obstacle

Péril

Adversité, terrain inconnu : on se sent en danger. Se détendre.

☼ 23-1	☼ 1-3	☼ 3-5	5-7	☁ 7-9	☼ 9-11	☁ 11-13	☼ 13-15	15-17	☁ 17-19	☼ 19-21	☼ 21-23

子 rat	formation
☁ 丑 bœuf	régime
☼ 寅 tigre	voyage
☼ 卯 lapin	☼ mariage
辰 dragon	spirituel
☁ 巳 serpent	nouveau job
午 cheval	inaugurer
☼ 未 chèvre	☼ négocier
☁ 申 singe	signer
☁ 酉 coq	creuser
戌 chien	☼ construire
☼ 亥 cochon	☼ emménager
	rénover

mardi

12
mars
lune 2 • j 3

Jour	Mois	An
乙	丁	甲
亥	卯	辰
❾	❹	❸
火	火	火

3 / 3 — 35 le progrès

Réussite

Atteindre son but, concrétiser, pacifier.

☼ 23-1	☼ 1-3	3-5	☁ 5-7	☼ 7-9	☁ 9-11	11-13	13-15	15-17	☁ 17-19	☼ 19-21	☼ 21-23

☼ 子 rat	☼ formation
☼ 丑 bœuf	régime
☁ 寅 tigre	voyage
☁ 卯 lapin	mariage
☼ 辰 dragon	spirituel
巳 serpent	nouveau job
☁ 午 cheval	inaugurer
☁ 未 chèvre	négocier
☼ 申 singe	☼ signer
酉 coq	creuser
☁ 戌 chien	construire
亥 cochon	emménager
	rénover

mercredi

13
mars
lune 2 • j 4

Jour	Mois	An
丙	丁	甲
子	卯	辰
❶	❹	❸
水	火	火

6 / 3 — 27 les commissures des lèvres

Moisson

Placé au milieu d'un champ, on récolte ce qu'il y pousse.

☼ 23-1	☼ 1-3	☼ 3-5	☼ 5-7	☁ 7-9	☁ 9-11	☁ 11-13	☁ 13-15	15-17	☼ 17-19	☼ 19-21	☼ 21-23

子 rat
丑 bœuf
寅 tigre
卯 lapin
辰 dragon
巳 serpent
午 cheval
未 chèvre
申 singe
酉 coq
戌 chien
亥 cochon

jeudi

14

mars
lune 2 • j 5

Jour	Mois	An
丁	丁	甲
丑	卯	辰
❷	❹	❸
水	火	火

Ouverture

Libération, disparition des obstacles. Ouvrir son espace et son cœur.

4
7
17
la suite

formation
régime
voyage
mariage
spirituel
nouveau job
inaugurer
négocier
signer
creuser
construire
emménager
rénover

23-1 · 1-3 · 3-5 · 5-7 · 7-9 · 9-11 · 11-13 · 13-15 · 15-17 · 17-19 · 19-21 · 21-23

子 rat
丑 bœuf
寅 tigre
卯 lapin
辰 dragon
巳 serpent
午 cheval
未 chèvre
申 singe
酉 coq
戌 chien
亥 cochon

vendredi

15

mars
lune 2 • j 6

Jour	Mois	An
戊	丁	甲
寅	卯	辰
❸	❹	❸
土	火	火

Terminaison

Esprit troublé. Ne rien entreprendre d'important. Repli.

8
6
55
abondance

formation
régime
voyage
mariage
spirituel
nouveau job
inaugurer
négocier
signer
creuser
construire
emménager
rénover

23-1 · 1-3 · 3-5 · 5-7 · 7-9 · 9-11 · 11-13 · 13-15 · 15-17 · 17-19 · 19-21 · 21-23

子 rat
丑 bœuf
寅 tigre
卯 lapin
辰 dragon
巳 serpent
午 cheval
未 chèvre
申 singe
酉 coq
戌 chien
亥 cochon

samedi

16

mars
lune 2 • j 7

Jour	Mois	An
己	丁	甲
卯	卯	辰
❹	❹	❸
土	火	火

Fondation

Poser la première pierre.

7
8
60
la limitation

formation
régime
voyage
mariage
spirituel
nouveau job
inaugurer
négocier
signer
creuser
construire
emménager
rénover

23-1 · 1-3 · 3-5 · 5-7 · 7-9 · 9-11 · 11-13 · 13-15 · 15-17 · 17-19 · 19-21 · 21-23

子 rat
丑 bœuf
寅 tigre
卯 lapin
辰 dragon
巳 serpent
午 cheval
未 chèvre
申 singe
酉 coq
戌 chien
亥 cochon

dimanche

17

mars
lune 2 • j 8

Jour	Mois	An
庚	丁	甲
辰	卯	辰
❺	❹	❸
金	火	火

Nettoyage

Nettoyer, ranger, se séparer de ce qui est usé, abimé, inutile.

1
9
11
la paix

formation
régime
voyage
mariage
spirituel
nouveau job
inaugurer
négocier
signer
creuser
construire
emménager
rénover

23-1 · 1-3 · 3-5 · 5-7 · 7-9 · 9-11 · 11-13 · 13-15 · 15-17 · 17-19 · 19-21 · 21-23

Éphémérides

⌖ le 20, milieu du printemps à 4:06
◐ le 20, lune gibbeuse croissante à 21:47

6
9
䷨
41
la diminution

hexagramme du mois

secteurs à éviter

☀ *favorable*
neutre
☁ *défavorable*

子 rat
☀ 丑 bœuf
☁ 寅 tigre
☁ 卯 lapin
辰 dragon
☀ 巳 serpent
午 cheval
☁ 未 chèvre
申 singe
☀ 酉 coq
戌 chien
☁ 亥 cochon

lundi

Jour	*Mois*	*An*
辛	丁	甲
巳	卯	辰
❻	❹	❸
金	火	火

18
mars
lune 2 • j 9

Accumulation

Effet boule de neige. Rester positif, confiant. Faire la fête.

3
7
䷍
14
le grand avoir

formation
régime
☁ voyage
☁ mariage
spirituel
nouveau job
☀ inaugurer
négocier
signer
☁ creuser
construire
emménager
☁ rénover

23-1	☀ 1-3	3-5	☁ 5-7	7-9	☀ 9-11	☀ 11-13	☀ 13-15	☁ 15-17	☁ 17-19	☀ 19-21	21-23

☁ 子 rat
☁ 丑 bœuf
☀ 寅 tigre
卯 lapin
☁ 辰 dragon
巳 serpent
☀ 午 cheval
☀ 未 chèvre
☁ 申 singe
酉 coq
☀ 戌 chien
亥 cochon

mardi

Jour	*Mois*	*An*
壬	丁	甲
午	卯	辰
❼	❹	❸
木	火	火

19
mars
lune 2 • j 10

Equilibrage

Tout est amené au point d'équilibre.

2
1
䷸
57
le doux

formation
régime
☀ voyage
☀ mariage
☀ spirituel
nouveau job
inaugurer
☀ négocier
signer
creuser
☀ construire
emménager
rénover

☁ 23-1	☀ 1-3	☁ 3-5	☀ 5-7	☀ 7-9	9-11	☀ 11-13	☀ 13-15	☁ 15-17	17-19	☁ 19-21	21-23

☁ 子 rat
☁ 丑 bœuf
寅 tigre
☀ 卯 lapin
辰 dragon
☁ 巳 serpent
☀ 午 cheval
☀ 未 chèvre
申 singe
☁ 酉 coq
☁ 戌 chien
☀ 亥 cochon

mercredi
☀ feng shui

Jour	*Mois*	*An*
癸	丁	甲
未	卯	辰
❽	❹	❸
木	火	火

20 ⌖◐
mars
lune 2 • j 11

Stabilité

Tout va durer longtemps. S'occuper du long terme.

4
8
䷮
47
l'accablement

☀ formation
☀ régime
voyage
☀ mariage
☀ spirituel
☀ nouveau job
☀ inaugurer
☀ négocier
☀ signer
☀ creuser
☀ construire
☀ emménager
☀ rénover

☁ 23-1	☁ 1-3	☀ 3-5	☀ 5-7	☀ 7-9	☀ 9-11	11-13	☁ 13-15	15-17	☁ 17-19	☀ 19-21	21-23

jeudi 21 mars

☼子 rat
丑 bœuf
☁寅 tigre
卯 lapin
☼辰 dragon
巳 serpent
☁午 cheval
未 chèvre
☼申 singe
酉 coq
☁戌 chien
☁亥 cochon

Jour	Mois	An
甲	丁	甲
申	卯	辰
❾	❹	❸
水	火	火

21
mars
lune 2 • j 12

Contrôle

Gérer le quotidien : persévérer, promouvoir, recadrer.

3
9
64
avant l'accomplissement

formation
régime
☁ voyage
mariage
spirituel
☼ nouveau job
☼ inaugurer
négocier
signer
☼ creuser
construire
☁ emménager
☼ rénover

☼23-1 ☼1-3 ☼3-5 5-7 ☼7-9 ☼9-11 ☁11-13 ☼13-15 ☁15-17 ☁17-19 ☼19-21 ☁21-23

vendredi 22 mars

子 rat
☼丑 bœuf
寅 tigre
☁卯 lapin
☼辰 dragon
☼巳 serpent
午 cheval
☁未 chèvre
申 singe
☼酉 coq
☁戌 chien
☁亥 cochon

Jour	Mois	An
乙	丁	甲
酉	卯	辰
❶	❹	❸
水	火	火

22
mars
lune 2 • j 13

Destruction

S'isoler pour éviter conflits, ruptures.

9
4
33
la retraite

formation
☁ régime
voyage
mariage
spirituel
nouveau job
inaugurer
négocier
signer
creuser
construire
emménager
rénover

☼23-1 ☼1-3 ☼3-5 ☼5-7 7-9 ☁9-11 11-13 ☁13-15 ☼15-17 ☼17-19 ☁19-21 ☼21-23

samedi 23 mars

☼ feng shui

☁子 rat
☁丑 bœuf
☁寅 tigre
☁卯 lapin
☁辰 dragon
☁巳 serpent
☁午 cheval
☁未 chèvre
☁申 singe
☁酉 coq
☁戌 chien
☁亥 cochon

Jour	Mois	An
丙	丁	甲
戌	卯	辰
❷	❹	❸
土	火	火

23
mars
lune 2 • j 14

Péril

Adversité, terrain inconnu : on se sent en danger. Se détendre.

6
1
52
la montagne

☁ formation
☁ régime
☁ voyage
☁ mariage
☁ spirituel
☁ nouveau job
☁ inaugurer
☁ négocier
☁ signer
☁ creuser
☁ construire
☁ emménager
☁ rénover

☼23-1 1-3 ☼3-5 5-7 ☁7-9 9-11 ☁11-13 ☁13-15 ☼15-17 ☼17-19 ☼19-21 ☼21-23

dimanche 24 mars

子 rat
☁丑 bœuf
☼寅 tigre
☼卯 lapin
辰 dragon
☁巳 serpent
午 cheval
☼未 chèvre
☁申 singe
☁酉 coq
戌 chien
☼亥 cochon

Jour	Mois	An
丁	丁	甲
亥	卯	辰
❸	❹	❸
土	火	火

24
mars
lune 2 • j 15

Réussite

Atteindre son but, concrétiser, pacifier.

8
8
16
l'enthousiasme

formation
régime
voyage
☼ mariage
spirituel
nouveau job
inaugurer
☼ négocier
signer
creuser
☼ construire
☼ emménager
rénover

23-1 ☼1-3 ☁3-5 ☁5-7 ☼7-9 ☁9-11 11-13 13-15 ☁15-17 ☼17-19 ☼19-21 ☼21-23

Semaine 13

Éphémérides

○ le 25, pleine lune à 8:01
◑ le 29, lune gibbeuse décroissante à 0:36

hexagramme du mois

6
9
41
la diminution

secteurs à éviter

☼ *favorable*
neutre
☁ *défavorable*

☼ 子 rat	☼ formation
☼ 丑 bœuf	régime
☁ 寅 tigre	voyage
☁ 卯 lapin	mariage
☼ 辰 dragon	spirituel
巳 serpent	nouveau job
☁ 午 cheval	inaugurer
☁ 未 chèvre	négocier
☼ 申 singe	☼ signer
酉 coq	creuser
☁ 戌 chien	construire
亥 cochon	emménager
	rénover

lundi

25 ○
mars
lune 2 • j 16

Jour	Mois	An
戊	丁	甲
子	卯	辰
❹	❹	❸
火	火	火

7
4
3
la difficulté initiale

Moisson

Placé au milieu d'un champ, on récolte ce qu'il y pousse.

☼ 23-1	☼ 1-3	☼ 3-5	☼ 5-7	☁ 7-9	☁ 9-11	☁ 11-13	☁ 13-15	☼ 15-17	☼ 17-19	☼ 19-21	☁ 21-23

☼ 子 rat	formation
☼ 丑 bœuf	régime
寅 tigre	voyage
☁ 卯 lapin	☼ mariage
辰 dragon	spirituel
☼ 巳 serpent	☼ nouveau job
☁ 午 cheval	☼ inaugurer
☁ 未 chèvre	négocier
申 singe	☼ signer
☼ 酉 coq	☁ creuser
戌 chien	construire
☁ 亥 cochon	☼ emménager
	rénover

mardi

26
mars
lune 2 • j 17

Jour	Mois	An
己	丁	甲
丑	卯	辰
❺	❹	❸
火	火	火

9
2
25
l'innocence

Ouverture

Libération, disparition des obstacles. Ouvrir son espace et son cœur.

☼ 23-1	☼ 1-3	☼ 3-5	☼ 5-7	7-9	☼ 9-11	☁ 11-13	☁ 13-15	☼ 15-17	☼ 17-19	☼ 19-21	☼ 21-23

☁ 子 rat	formation
丑 bœuf	régime
☼ 寅 tigre	voyage
卯 lapin	mariage
☁ 辰 dragon	spirituel
☁ 巳 serpent	nouveau job
☼ 午 cheval	inaugurer
未 chèvre	☼ négocier
☁ 申 singe	☼ signer
酉 coq	☼ creuser
☼ 戌 chien	construire
☼ 亥 cochon	emménager
	rénover

mercredi

27
mars
lune 2 • j 18

Jour	Mois	An
庚	丁	甲
寅	卯	辰
❻	❹	❸
木	火	火

3
1
30
le feu

Terminaison

Esprit troublé. Ne rien entreprendre d'important. Repli.

☁ 23-1	☼ 1-3	3-5	5-7	☼ 7-9	☁ 9-11	11-13	☼ 13-15	☼ 15-17	☁ 17-19	☁ 19-21	☼ 21-23

jeudi 28 mars

lune 2 • j 19

子 rat
丑 bœuf
寅 tigre
卯 lapin
辰 dragon
巳 serpent
午 cheval
未 chèvre
申 singe
酉 coq
戌 chien
亥 cochon

Jour	Mois	An
辛	丁	甲
卯	卯	辰
❼	❹	❸
木	火	火

Fondation

Poser la première pierre.

2
3
61
la vérité intérieure

formation
régime
voyage
mariage
spirituel
nouveau job
inaugurer
négocier
signer
creuser
construire
emménager
rénover

23-1 | 1-3 | 3-5 | 5-7 | 7-9 | 9-11 | 11-13 | 13-15 | 15-17 | 17-19 | 19-21 | 21-23

vendredi 29 mars ❍

lune 2 • j 20

子 rat
丑 bœuf
寅 tigre
卯 lapin
辰 dragon
巳 serpent
午 cheval
未 chèvre
申 singe
酉 coq
戌 chien
亥 cochon

Jour	Mois	An
壬	丁	甲
辰	卯	辰
❽	❹	❸
水	火	火

Nettoyage

Nettoyer, ranger, se séparer de ce qui est usé, abimé, inutile.

6
4
26
le pouvoir d'apprivoisement du grand

formation
régime
voyage
mariage
spirituel
nouveau job
inaugurer
négocier
signer
creuser
construire
emménager
rénover

23-1 | 1-3 | 3-5 | 5-7 | 7-9 | 9-11 | 11-13 | 13-15 | 15-17 | 17-19 | 19-21 | 21-23

samedi 30 mars

lune 2 • j 21

子 rat
丑 bœuf
寅 tigre
卯 lapin
辰 dragon
巳 serpent
午 cheval
未 chèvre
申 singe
酉 coq
戌 chien
亥 cochon

Jour	Mois	An
癸	丁	甲
巳	卯	辰
❾	❹	❸
水	火	火

Accumulation

Effet boule de neige. Rester positif, confiant. Faire la fête.

4
6
43
la percée

formation
régime
voyage
mariage
spirituel
nouveau job
inaugurer
négocier
signer
creuser
construire
emménager
rénover

23-1 | 1-3 | 3-5 | 5-7 | 7-9 | 9-11 | 11-13 | 13-15 | 15-17 | 17-19 | 19-21 | 21-23

dimanche 31 mars

lune 2 • j 22

子 rat
丑 bœuf
寅 tigre
卯 lapin
辰 dragon
巳 serpent
午 cheval
未 chèvre
申 singe
酉 coq
戌 chien
亥 cochon

Jour	Mois	An
甲	丁	甲
午	卯	辰
❶	❹	❸
金	火	火

Equilibrage

Tout est amené au point d'équilibre.

9
1
1
le ciel

formation
régime
voyage
mariage
spirituel
nouveau job
inaugurer
négocier
signer
creuser
construire
emménager
rénover

23-1 | 1-3 | 3-5 | 5-7 | 7-9 | 9-11 | 11-13 | 13-15 | 15-17 | 17-19 | 19-21 | 21-23

Semaine 14

Éphémérides

- ◑ le 2, dernier quartier à 5:15e
- ✹ le 4, entretien des tombes à 9:02e
- ◐ le 5, dernier croissant à 21:51e

	avant le 4 avril	à partir du 4 avril
hexagramme du mois	6 / 9 — 41 la diminution	9 / 6 — 10 la marche
secteurs à éviter		

☼ *favorable*
neutre
☁ *défavorable*

lundi 1 avril

lune 2 • j 23

☁ 子 rat, ☁ 丑 bœuf, ☁ 寅 tigre, ☁ 卯 lapin, ☁ 辰 dragon, ☁ 巳 serpent, ☁ 午 cheval, ☁ 未 chèvre, ☁ 申 singe, ☁ 酉 coq, ☁ 戌 chien, ☁ 亥 cochon

Jour	*Mois*	*An*
乙	丁	甲
未	卯	辰
❷	❹	❸
金	火	火

Stabilité

Tout va durer longtemps. S'occuper du long terme.

7 / 6 — 48 le puits

☁ formation, ☁ régime, ☁ voyage, ☁ mariage, ☁ spirituel, ☁ nouveau job, ☁ inaugurer, ☁ négocier, ☁ signer, ☁ creuser, ☁ construire, ☁ emménager, ☁ rénover

☁ 23-1	☁ 1-3	☼ 3-5	☼ 5-7	7-9	☁ 9-11	☁ 11-13	☁ 13-15	☼ 15-17	☁ 17-19	☼ 19-21	☼ 21-23

mardi 2 avril ◑

lune 2 • j 24

☼ 子 rat, 丑 bœuf, ☁ 寅 tigre, 卯 lapin, ☼ 辰 dragon, 巳 serpent, ☁ 午 cheval, 未 chèvre, ☼ 申 singe, 酉 coq, ☁ 戌 chien, ☁ 亥 cochon

Jour	*Mois*	*An*
丙	丁	甲
申	卯	辰
❸	❹	❸
火	火	火

Contrôle

Gérer le quotidien : persévérer, promouvoir, recadrer.

8 / 4 — 40 la libération

formation, régime, ☁ voyage, mariage, spirituel, ☼ nouveau job, ☼ inaugurer, négocier, signer, ☼ creuser, construire, ☁ emménager, ☼ rénover

☼ 23-1	☼ 1-3	☼ 3-5	5-7	☁ 7-9	9-11	11-13	☼ 13-15	15-17	17-19	☼ 19-21	☁ 21-23

mercredi 3 avril

lune 2 • j 25

子 rat, ☼ 丑 bœuf, 寅 tigre, ☁ 卯 lapin, ☼ 辰 dragon, ☼ 巳 serpent, 午 cheval, ☁ 未 chèvre, 申 singe, ☼ 酉 coq, ☁ 戌 chien, ☁ 亥 cochon

Jour	*Mois*	*An*
丁	丁	甲
酉	卯	辰
❹	❹	❸
火	火	火

Destruction

S'isoler pour éviter conflits, ruptures.

4 / 9 — 31 l'influence

formation, ☁ régime, voyage, mariage, spirituel, nouveau job, inaugurer, négocier, signer, creuser, construire, emménager, rénover

☼ 23-1	☼ 1-3	3-5	☼ 5-7	☁ 7-9	☁ 9-11	☼ 11-13	☼ 13-15	15-17	☼ 17-19	☁ 19-21	☼ 21-23

子 rat
丑 bœuf
寅 tigre
卯 lapin
辰 dragon
巳 serpent
午 cheval
未 chèvre
申 singe
酉 coq
戌 chien
亥 cochon

jeudi

feng shui

4

avril

lune 2 • j 26

Jour	Mois	An
戊	丁	甲
戌	卯	辰
5	4	3
木	火	火

Péril

Adversité, terrain inconnu : on se sent en danger. Se détendre.

1
6

15
l'humilité

formation
régime
voyage
mariage
spirituel
nouveau job
inaugurer
négocier
signer
creuser
construire
emménager
rénover

23-1 | 1-3 | 3-5 | 5-7 | 7-9 | 9-11 | 11-13 | 13-15 | 15-17 | 17-19 | 19-21 | 21-23

子 rat
丑 bœuf
寅 tigre
卯 lapin
辰 dragon
巳 serpent
午 cheval
未 chèvre
申 singe
酉 coq
戌 chien
亥 cochon

vendredi

feng shui

5

avril

lune 2 • j 27

Jour	Mois	An
己	戊	甲
亥	辰	辰
6	4	3
木	木	火

Péril

Adversité, terrain inconnu : on se sent en danger. Se détendre.

2
2

20
la contemplation

formation
régime
voyage
mariage
spirituel
nouveau job
inaugurer
négocier
signer
creuser
construire
emménager
rénover

23-1 | 1-3 | 3-5 | 5-7 | 7-9 | 9-11 | 11-13 | 13-15 | 15-17 | 17-19 | 19-21 | 21-23

子 rat
丑 bœuf
寅 tigre
卯 lapin
辰 dragon
巳 serpent
午 cheval
未 chèvre
申 singe
酉 coq
戌 chien
亥 cochon

samedi

feng shui

6

avril

lune 2 • j 28

Jour	Mois	An
庚	戊	甲
子	辰	辰
7	4	3
土	木	火

Réussite

Atteindre son but, concrétiser, pacifier.

2
9

42
l'augmentation

formation
régime
voyage
mariage
spirituel
nouveau job
inaugurer
négocier
signer
creuser
construire
emménager
rénover

23-1 | 1-3 | 3-5 | 5-7 | 7-9 | 9-11 | 11-13 | 13-15 | 15-17 | 17-19 | 19-21 | 21-23

子 rat
丑 bœuf
寅 tigre
卯 lapin
辰 dragon
巳 serpent
午 cheval
未 chèvre
申 singe
酉 coq
戌 chien
亥 cochon

dimanche

7

avril

lune 2 • j 29

Jour	Mois	An
辛	戊	甲
丑	辰	辰
8	4	3
土	木	火

Moisson

Placé au milieu d'un champ, on récolte ce qu'il y pousse.

1
3

36
l'obscurcissement de la lumière

formation
régime
voyage
mariage
spirituel
nouveau job
inaugurer
négocier
signer
creuser
construire
emménager
rénover

23-1 | 1-3 | 3-5 | 5-7 | 7-9 | 9-11 | 11-13 | 13-15 | 15-17 | 17-19 | 19-21 | 21-23

Semaine 15

Éphémérides

- ● le 8, nouvelle lune à 20:22e
- ◐ le 12, premier croissant à 12:57e

hexagramme du mois

9
6

10
la marche

secteurs à éviter

☼ *favorable*
neutre
☁ *défavorable*

---

lundi 8 ●

☼ feng shui

avril
lune 2 • j 30

☁ 子 rat
丑 bœuf
☼ 寅 tigre
卯 lapin
☁ 辰 dragon
☁ 巳 serpent
☼ 午 cheval
未 chèvre
☁ 申 singe
酉 coq
☼ 戌 chien
☼ 亥 cochon

Jour	*Mois*	*An*
壬	戊	甲
寅	辰	辰
❾	❹	❸
金	木	火

Ouverture

Libération, disparition des obstacles. Ouvrir son espace et son cœur.

9
7

13
la communauté avec les hommes

☼ formation
☼ régime
☼ voyage
☼ mariage
☼ spirituel
☼ nouveau job
☼ inaugurer
☼ négocier
☼ signer
creuser
☼ construire
☼ emménager
☼ rénover

☼ 23-1 · ☼ 1-3 · ☁ 3-5 · 5-7 · ☼ 7-9 · ☁ 9-11 · 11-13 · ☼ 13-15 · ☁ 15-17 · ☁ 17-19 · ☼ 19-21 · ☼ 21-23

---

mardi 9

avril
lune 3 • j 1

☁ 子 rat
☁ 丑 bœuf
寅 tigre
☼ 卯 lapin
☁ 辰 dragon
☁ 巳 serpent
午 cheval
☼ 未 chèvre
申 singe
☁ 酉 coq
☼ 戌 chien
☼ 亥 cochon

Jour	*Mois*	*An*
癸	戊	甲
卯	辰	辰
❶	❸	❸
金	木	火

Terminaison

Esprit troublé. Ne rien entreprendre d'important. Repli.

8
7

54
l'épousée

formation
régime
voyage
mariage
spirituel
nouveau job
inaugurer
négocier
signer
creuser
construire
emménager
rénover

23-1 · ☁ 1-3 · ☼ 3-5 · ☼ 5-7 · ☁ 7-9 · ☼ 9-11 · ☼ 11-13 · ☼ 13-15 · 15-17 · 17-19 · 19-21 · ☁ 21-23

---

mercredi 10

avril
lune 3 • j 2

☁ 子 rat
☁ 丑 bœuf
☁ 寅 tigre
☁ 卯 lapin
☁ 辰 dragon
☁ 巳 serpent
☁ 午 cheval
☁ 未 chèvre
☁ 申 singe
☁ 酉 coq
☁ 戌 chien
☁ 亥 cochon

Jour	*Mois*	*An*
甲	戊	甲
辰	辰	辰
❷	❸	❸
火	木	火

Fondation

Poser la première pierre.

3
2

38
l'opposition

☁ formation
☁ régime
☁ voyage
☁ mariage
☁ spirituel
☁ nouveau job
☁ inaugurer
☁ négocier
☁ signer
☁ creuser
☁ construire
☁ emménager
☁ rénover

☁ 23-1 · ☼ 1-3 · ☼ 3-5 · ☁ 5-7 · ☼ 7-9 · ☼ 9-11 · ☁ 11-13 · ☼ 13-15 · 15-17 · ☼ 17-19 · ☁ 19-21 · ☼ 21-23

子 rat
丑 bœuf
寅 tigre
卯 lapin
辰 dragon
巳 serpent
午 cheval
未 chèvre
申 singe
酉 coq
戌 chien
亥 cochon

jeudi

11
avril
lune 3 • j 3

Jour	Mois	An
乙	戊	甲
巳	辰	辰
❸	❸	❸
火	木	火

Nettoyage

Nettoyer, ranger, se séparer de ce qui est usé, abimé, inutile.

7
3
5
l'attente

formation
régime
voyage
mariage
spirituel
nouveau job
inaugurer
négocier
signer
creuser
construire
emménager
rénover

23-1	1-3	3-5	5-7	7-9	9-11	11-13	13-15	15-17	17-19	19-21	21-23

子 rat
丑 bœuf
寅 tigre
卯 lapin
辰 dragon
巳 serpent
午 cheval
未 chèvre
申 singe
酉 coq
戌 chien
亥 cochon

vendredi

12 ◐
avril
lune 3 • j 4

Jour	Mois	An
丙	戊	甲
午	辰	辰
❹	❸	❸
水	木	火

Accumulation

Effet boule de neige. Rester positif, confiant. Faire la fête.

4
3
28
la prépondérance du grand

formation
régime
voyage
mariage
spirituel
nouveau job
inaugurer
négocier
signer
creuser
construire
emménager
rénover

23-1	1-3	3-5	5-7	7-9	9-11	11-13	13-15	15-17	17-19	19-21	21-23

子 rat
丑 bœuf
寅 tigre
卯 lapin
辰 dragon
巳 serpent
午 cheval
未 chèvre
申 singe
酉 coq
戌 chien
亥 cochon

samedi

13
avril
lune 3 • j 5

Jour	Mois	An
丁	戊	甲
未	辰	辰
❺	❸	❸
水	木	火

Equilibrage

Tout est amené au point d'équilibre.

6
7
18
le travail sur ce qui est corrompu

formation
régime
voyage
mariage
spirituel
nouveau job
inaugurer
négocier
signer
creuser
construire
emménager
rénover

23-1	1-3	3-5	5-7	7-9	9-11	11-13	13-15	15-17	17-19	19-21	21-23

子 rat
丑 bœuf
寅 tigre
卯 lapin
辰 dragon
巳 serpent
午 cheval
未 chèvre
申 singe
酉 coq
戌 chien
亥 cochon

dimanche

14
avril
lune 3 • j 6

Jour	Mois	An
戊	戊	甲
申	辰	辰
❻	❸	❸
土	木	火

Stabilité

Tout va durer longtemps. S'occuper du long terme.

2
6
59
la dispersion

formation
régime
voyage
mariage
spirituel
nouveau job
inaugurer
négocier
signer
creuser
construire
emménager
rénover

23-1	1-3	3-5	5-7	7-9	9-11	11-13	13-15	15-17	17-19	19-21	21-23

Semaine 16

Éphémérides

- ◐ le 15, premier quartier à 21:14e
- ◐ le 19, lune gibbeuse croissante à 13:49e
- ⌗ le 19, pluie pour le grain à 15:59e

hexagramme du mois : 9 / 6 — 10 la marche

secteurs à éviter

☀ *favorable*
neutre
☁ *défavorable*

---

lundi 15 avril ◐

lune 3 • j 7

- 子 rat
- ☀ 丑 bœuf
- 寅 tigre
- ☁ 卯 lapin
- ☀ 辰 dragon
- ☀ 巳 serpent
- 午 cheval
- ☁ 未 chèvre
- 申 singe
- ☀ 酉 coq
- ☁ 戌 chien
- ☁ 亥 cochon

Jour	*Mois*	*An*
己	戊	甲
酉	辰	辰
7	3	3
土	木	火

3 / 8 — 56 le voyageur

Contrôle

Gérer le quotidien : persévérer, promouvoir, recadrer.

- formation
- régime
- ☁ voyage
- mariage
- spirituel
- ☀ nouveau job
- ☀ inaugurer
- négocier
- signer
- ☀ creuser
- construire
- ☁ emménager
- ☀ rénover

☀ 23-1	☀ 1-3	☀ 3-5	☀ 5-7	7-9	9-11	☀ 11-13	☀ 13-15	15-17	17-19	☁ 19-21	21-23

---

mardi 16 avril

lune 3 • j 8

- ☁ 子 rat
- ☁ 丑 bœuf
- ☀ 寅 tigre
- ☀ 卯 lapin
- ☁ 辰 dragon
- 巳 serpent
- ☀ 午 cheval
- 未 chèvre
- ☁ 申 singe
- ☁ 酉 coq
- ☀ 戌 chien
- 亥 cochon

Jour	*Mois*	*An*
庚	戊	甲
戌	辰	辰
8	3	3
金	木	火

9 / 9 — 12 la stagnation

Destruction

S'isoler pour éviter conflits, ruptures.

- formation
- régime
- voyage
- mariage
- spirituel
- nouveau job
- inaugurer
- négocier
- signer
- creuser
- construire
- emménager
- rénover

☁ 23-1	☀ 1-3	3-5	☁ 5-7	☁ 7-9	☀ 9-11	11-13	13-15	☀ 15-17	17-19	☁ 19-21	☀ 21-23

---

mercredi 17 avril

☀ feng shui

lune 3 • j 9

- 子 rat
- ☁ 丑 bœuf
- ☀ 寅 tigre
- ☀ 卯 lapin
- 辰 dragon
- ☁ 巳 serpent
- 午 cheval
- ☀ 未 chèvre
- ☁ 申 singe
- ☁ 酉 coq
- 戌 chien
- ☀ 亥 cochon

Jour	*Mois*	*An*
辛	戊	甲
亥	辰	辰
9	3	3
金	木	火

7 / 7 — 8 l'union

Péril

Adversité, terrain inconnu : on se sent en danger. Se détendre.

- formation
- régime
- ☁ voyage
- ☁ mariage
- ☀ spirituel
- nouveau job
- inaugurer
- négocier
- signer
- ☀ creuser
- construire
- emménager
- rénover

23-1	☀ 1-3	3-5	☁ 5-7	7-9	☀ 9-11	☀ 11-13	☀ 13-15	☁ 15-17	☁ 17-19	☀ 19-21	☀ 21-23

jeudi 18 avril
lune 3 • j 10

☼ 子 rat
☼ 丑 bœuf
☁ 寅 tigre
☁ 卯 lapin
☼ 辰 dragon
巳 serpent
☁ 午 cheval
☁ 未 chèvre
☼ 申 singe
酉 coq
☁ 戌 chien
亥 cochon

Jour	Mois	An
壬	戊	甲
子	辰	辰
❶	❸	❸
木	木	火

Réussite
Atteindre son but, concrétiser, pacifier.

8
1
䷲
51
l'ébranlement

formation
régime
voyage
☼ mariage
spirituel
nouveau job
inaugurer
☼ négocier
signer
creuser
☼ construire
☼ emménager
rénover

☼ 23-1	☼ 1-3	☁ 3-5	5-7	7-9	9-11	☁ 11-13	☁ 13-15	☁ 15-17	☼ 17-19	☼ 19-21	21-23

vendredi 19 avril ◐ ⌖
lune 3 • j 11

☁ 子 rat
☁ 丑 bœuf
☁ 寅 tigre
☁ 卯 lapin
☁ 辰 dragon
☁ 巳 serpent
☁ 午 cheval
☁ 未 chèvre
☁ 申 singe
☁ 酉 coq
☁ 戌 chien
☁ 亥 cochon

Jour	Mois	An
癸	戊	甲
丑	辰	辰
❷	❸	❸
木	木	火

Moisson
Placé au milieu d'un champ, on récolte ce qu'il y pousse.

6
8
䷕
22
la grâce

☁ formation
☁ régime
☁ voyage
☁ mariage
☁ spirituel
☁ nouveau job
☁ inaugurer
☁ négocier
☁ signer
☁ creuser
☁ construire
☁ emménager
☁ rénover

☁ 23-1	☼ 1-3	3-5	☼ 5-7	☼ 7-9	☼ 9-11	☁ 11-13	☁ 13-15	☼ 15-17	☼ 17-19	☼ 19-21	☼ 21-23

samedi 20 avril
lune 3 • j 12

☁ 子 rat
丑 bœuf
☼ 寅 tigre
卯 lapin
☁ 辰 dragon
☁ 巳 serpent
☼ 午 cheval
未 chèvre
☁ 申 singe
酉 coq
☼ 戌 chien
☼ 亥 cochon

Jour	Mois	An
甲	戊	甲
寅	辰	辰
❸	❸	❸
水	木	火

Ouverture
Libération, disparition des obstacles. Ouvrir son espace et son cœur.

7
9
䷾
63
après l'accomplissement

formation
régime
voyage
☼ mariage
spirituel
☼ nouveau job
☼ inaugurer
négocier
☼ signer
☁ creuser
construire
☼ emménager
rénover

23-1	☼ 1-3	☼ 3-5	5-7	☼ 7-9	☁ 9-11	☁ 11-13	☼ 13-15	15-17	☁ 17-19	☼ 19-21	☼ 21-23

dimanche 21 avril
lune 3 • j 13

☁ 子 rat
☁ 丑 bœuf
寅 tigre
☼ 卯 lapin
☁ 辰 dragon
☁ 巳 serpent
午 cheval
☼ 未 chèvre
申 singe
☁ 酉 coq
☼ 戌 chien
☼ 亥 cochon

Jour	Mois	An
乙	戊	甲
卯	辰	辰
❹	❸	❸
水	木	火

Terminaison
Esprit troublé. Ne rien entreprendre d'important. Repli.

1
4
䷒
19
l'approche

formation
régime
voyage
mariage
spirituel
nouveau job
inaugurer
négocier
signer
creuser
construire
emménager
rénover

☼ 23-1	1-3	☼ 3-5	☼ 5-7	☁ 7-9	☁ 9-11	11-13	☼ 13-15	☼ 15-17	17-19	19-21	21-23

Semaine 17

Éphémérides

○ le 24, pleine lune à 1:50e
◑ le 27, lune gibbeuse décroissante à 18:25e

9
6
䷉
10
la marche

hexagramme du mois

secteurs à éviter

☼ *favorable*
neutre
☁ *défavorable*

lundi 22 avril

lune 3 • j 14

☼子 rat
丑 bœuf
☁寅 tigre
☁卯 lapin
☼辰 dragon
巳 serpent
☁午 cheval
未 chèvre
☼申 singe
☼酉 coq
☁戌 chien
亥 cochon

Jour	*Mois*	*An*
丙	戊	甲
辰	辰	辰
❺	❸	❸
土	木	火

Fondation

Poser la première pierre.

4
1
䷹
58
le lac

formation
régime
☼ voyage
mariage
☼ spirituel
☼ nouveau job
inaugurer
☼ négocier
signer
☁ creuser
☼ construire
emménager
rénover

23-1	1-3	☼3-5	☁5-7	☁7-9	9-11	☼11-13	13-15	☼15-17	☼17-19	☁19-21	☼21-23

mardi 23 avril

☼feng shui

lune 3 • j 15

子 rat
☼丑 bœuf
☁寅 tigre
☁卯 lapin
辰 dragon
☼巳 serpent
午 cheval
☁未 chèvre
申 singe
☼酉 coq
戌 chien
☁亥 cochon

Jour	*Mois*	*An*
丁	戊	甲
巳	辰	辰
❻	❸	❸
土	木	火

Nettoyage

Nettoyer, ranger, se séparer de ce qui est usé, abimé, inutile.

2
8
䷈
9
le pouvoir d'apprivoisement du petit

☼ formation
☼ régime
voyage
mariage
☼ spirituel
nouveau job
inaugurer
☼ négocier
☼ signer
☼ creuser
☼ construire
emménager
☼ rénover

☁23-1	☼1-3	☁3-5	☁5-7	☼7-9	☼9-11	☼11-13	☼13-15	☁15-17	☼17-19	☼19-21	☼21-23

mercredi 24 avril ○

lune 3 • j 16

☁子 rat
☁丑 bœuf
☼寅 tigre
卯 lapin
☁辰 dragon
巳 serpent
☼午 cheval
☼未 chèvre
☁申 singe
酉 coq
☼戌 chien
亥 cochon

Jour	*Mois*	*An*
戊	戊	甲
午	辰	辰
❼	❸	❸
火	木	火

Accumulation

Effet boule de neige. Rester positif, confiant. Faire la fête.

3
4
䷱
50
le chaudron

formation
☁ régime
voyage
☁ mariage
☼ spirituel
nouveau job
☼ inaugurer
négocier
signer
creuser
construire
emménager
☁ rénover

☁23-1	1-3	3-5	☼5-7	☼7-9	☁9-11	☼11-13	☼13-15	☼15-17	☼17-19	☁19-21	☁21-23

☁ 子 rat
☁ 丑 bœuf
寅 tigre
☼ 卯 lapin
辰 dragon
☁ 巳 serpent
☼ 午 cheval
☼ 未 chèvre
申 singe
☁ 酉 coq
☁ 戌 chien
☼ 亥 cochon

jeudi

25
avril
lune 3 • j 17

Jour	Mois	An
己	戊	甲
未	辰	辰
8	3	3
火	木	火

1
2

46
la poussée vers le haut

Equilibrage

Tout est amené au point d'équilibre.

☁ formation
☁ régime
☼ voyage
☼ mariage
spirituel
nouveau job
☁ inaugurer
☼ négocier
☁ signer
creuser
☼ construire
emménager
rénover

☁ 23-1 · ☁ 1-3 · ☼ 3-5 · ☼ 5-7 · ☼ 7-9 · ☼ 9-11 · 11-13 · ☼ 13-15 · ☼ 15-17 · ☁ 17-19 · ☼ 19-21 · ☼ 21-23

☼ 子 rat
丑 bœuf
☁ 寅 tigre
卯 lapin
☼ 辰 dragon
巳 serpent
☁ 午 cheval
未 chèvre
☼ 申 singe
酉 coq
☁ 戌 chien
☁ 亥 cochon

vendredi

26
avril
lune 3 • j 18

Jour	Mois	An
庚	戊	甲
申	辰	辰
9	3	3
木	木	火

7
1

29
l'insondable

Stabilité

Tout va durer longtemps. S'occuper du long terme.

formation
régime
☁ voyage
☼ mariage
spirituel
nouveau job
☼ inaugurer
négocier
☼ signer
creuser
☼ construire
emménager
rénover

☁ 23-1 · ☼ 1-3 · ☼ 3-5 · 5-7 · ☼ 7-9 · ☼ 9-11 · ☼ 11-13 · ☼ 13-15 · 15-17 · ☁ 17-19 · ☁ 19-21 · ☁ 21-23

子 rat
☼ 丑 bœuf
寅 tigre
☁ 卯 lapin
☼ 辰 dragon
☼ 巳 serpent
午 cheval
☁ 未 chèvre
申 singe
☼ 酉 coq
☁ 戌 chien
☁ 亥 cochon

samedi

27 ☽
avril
lune 3 • j 19

Jour	Mois	An
辛	戊	甲
酉	辰	辰
1	3	3
木	木	火

8
3

62
la prépondérance du petit

Contrôle

Gérer le quotidien : persévérer, promouvoir, recadrer.

formation
régime
☁ voyage
mariage
spirituel
☼ nouveau job
☼ inaugurer
négocier
signer
☼ creuser
construire
☁ emménager
☼ rénover

23-1 · ☼ 1-3 · ☼ 3-5 · ☼ 5-7 · ☁ 7-9 · ☼ 9-11 · ☼ 11-13 · ☼ 13-15 · 15-17 · ☁ 17-19 · ☁ 19-21 · 21-23

☁ 子 rat
☁ 丑 bœuf
☁ 寅 tigre
☁ 卯 lapin
☁ 辰 dragon
☁ 巳 serpent
☁ 午 cheval
☁ 未 chèvre
☁ 申 singe
☁ 酉 coq
☁ 戌 chien
☁ 亥 cochon

dimanche

28
avril
lune 3 • j 20

Jour	Mois	An
壬	戊	甲
戌	辰	辰
2	3	3
水	木	火

4
4

45
le rassemblement

Destruction

S'isoler pour éviter conflits, ruptures.

☁ formation
☁ régime
☁ voyage
☁ mariage
☁ spirituel
☁ nouveau job
☁ inaugurer
☁ négocier
☁ signer
☁ creuser
☁ construire
☁ emménager
☁ rénover

☼ 23-1 · 1-3 · 3-5 · 5-7 · 7-9 · ☼ 9-11 · ☁ 11-13 · ☼ 13-15 · ☁ 15-17 · 17-19 · ☼ 19-21 · ☼ 21-23

Semaine 18

Éphémérides

- ◑ le 1, dernier quartier à 13:28e
- ✷ le 5, début de l'été à 2:10e
- ◐ le 5, dernier croissant à 6:03e

hexagramme du mois

avant le 5 mai	à partir du 5 mai
9 / 6 	8 / 2 
10 la marche	34 la puissance du grand

secteurs à éviter

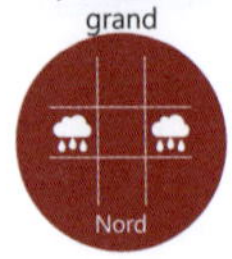

☼ *favorable*
neutre
☁ *défavorable*

---

lundi 29 avril

☼ feng shui

lune 3 • j 21

☁ 子 rat
☁ 丑 bœuf
☁ 寅 tigre
☁ 卯 lapin
☁ 辰 dragon
☁ 巳 serpent
☁ 午 cheval
☁ 未 chèvre
☁ 申 singe
☁ 酉 coq
☁ 戌 chien
☁ 亥 cochon

Jour	*Mois*	*An*
癸	戊	甲
亥	辰	辰
❸	❸	❸
水	木	火

6 / 6 
23
l'éclatement

Péril

Adversité, terrain inconnu : on se sent en danger. Se détendre.

☁ formation
☁ régime
☁ voyage
☁ mariage
☁ spirituel
☁ nouveau job
☁ inaugurer
☁ négocier
☁ signer
☁ creuser
☁ construire
☁ emménager
☁ rénover

☁ 23-1	☼ 1-3	3-5	☼ 5-7	☼ 7-9	☼ 9-11	☼ 11-13	☼ 13-15	☁ 15-17	17-19	☼ 19-21	☼ 21-23

---

mardi 30 avril

lune 3 • j 22

☼ 子 rat
☼ 丑 bœuf
☁ 寅 tigre
☁ 卯 lapin
☼ 辰 dragon
巳 serpent
☁ 午 cheval
☁ 未 chèvre
☼ 申 singe
酉 coq
☁ 戌 chien
亥 cochon

Jour	*Mois*	*An*
甲	戊	甲
子	辰	辰
❹	❸	❸
金	木	火

1 / 1 
2
le réceptif

Réussite

Atteindre son but, concrétiser, pacifier.

formation
régime
voyage
☼ mariage
spirituel
nouveau job
inaugurer
☼ négocier
signer
☁ creuser
☼ construire
☼ emménager
rénover

☼ 23-1	☼ 1-3	☼ 3-5	☼ 5-7	☁ 7-9	☁ 9-11	☁ 11-13	☁ 13-15	15-17	☼ 17-19	☼ 19-21	☁ 21-23

---

mercredi 1 mai ◑

☼ feng shui

lune 3 • j 23

☼ 子 rat
☼ 丑 bœuf
寅 tigre
☁ 卯 lapin
辰 dragon
☼ 巳 serpent
☁ 午 cheval
☁ 未 chèvre
申 singe
☼ 酉 coq
戌 chien
☁ 亥 cochon

Jour	*Mois*	*An*
乙	戊	甲
丑	辰	辰
❺	❸	❸
金	木	火

3 / 6 
21
mordre au travers

Moisson

Placé au milieu d'un champ, on récolte ce qu'il y pousse.

☼ formation
☼ régime
☼ voyage
☼ mariage
☼ spirituel
☼ nouveau job
☼ inaugurer
☼ négocier
☼ signer
☼ creuser
☼ construire
☼ emménager
☼ rénover

☼ 23-1	☼ 1-3	☼ 3-5	☼ 5-7	7-9	☁ 9-11	☁ 11-13	☁ 13-15	☼ 15-17	☼ 17-19	19-21	☼ 21-23

jeudi 2 mai

lune 3 • j 24

🌧子 rat
丑 bœuf
☼寅 tigre
卯 lapin
🌧辰 dragon
🌧巳 serpent
☼午 cheval
未 chèvre
🌧申 singe
酉 coq
☼戌 chien
☼亥 cochon

Jour	Mois	An
丙	戊	甲
寅	辰	辰
6	3	3
火	木	火

Ouverture

Libération, disparition des obstacles. Ouvrir son espace et son cœur.

2
4
37
la famille

formation
régime
voyage
☼ mariage
spirituel
☼ nouveau job
☼ inaugurer
négocier
☼ signer
🌧 creuser
construire
☼ emménager
rénover

☼23-1 ☼1-3 3-5 5-7 🌧7-9 🌧9-11 11-13 ☼13-15 ☼15-17 17-19 ☼19-21 ☼21-23

vendredi 3 mai

lune 3 • j 25

🌧子 rat
🌧丑 bœuf
寅 tigre
☼卯 lapin
🌧辰 dragon
🌧巳 serpent
午 cheval
☼未 chèvre
申 singe
🌧酉 coq
☼戌 chien
☼亥 cochon

Jour	Mois	An
丁	戊	甲
卯	辰	辰
7	3	3
火	木	火

Terminaison

Esprit troublé. Ne rien entreprendre d'important. Repli.

6
9
41
la diminution

formation
régime
voyage
mariage
spirituel
nouveau job
inaugurer
négocier
signer
creuser
construire
emménager
rénover

☼23-1 1-3 3-5 ☼5-7 🌧7-9 ☼9-11 ☼11-13 ☼13-15 15-17 ☼17-19 🌧19-21 21-23

samedi 4 mai

lune 3 • j 26

🌧子 rat
🌧丑 bœuf
🌧寅 tigre
🌧卯 lapin
🌧辰 dragon
🌧巳 serpent
🌧午 cheval
🌧未 chèvre
🌧申 singe
🌧酉 coq
🌧戌 chien
🌧亥 cochon

Jour	Mois	An
戊	戊	甲
辰	辰	辰
8	3	3
木	木	火

Fondation

Poser la première pierre.

9
6
10
la marche

🌧 formation
🌧 régime
🌧 voyage
🌧 mariage
🌧 spirituel
🌧 nouveau job
🌧 inaugurer
🌧 négocier
🌧 signer
🌧 creuser
🌧 construire
🌧 emménager
🌧 rénover

🌧23-1 ☼1-3 ☼3-5 🌧5-7 ☼7-9 ☼9-11 ☼11-13 ☼13-15 ☼15-17 ☼17-19 🌧19-21 21-23

dimanche 5 mai

lune 3 • j 27

子 rat
☼丑 bœuf
🌧寅 tigre
🌧卯 lapin
辰 dragon
☼巳 serpent
午 cheval
🌧未 chèvre
申 singe
☼酉 coq
戌 chien
🌧亥 cochon

Jour	Mois	An
己	戊	甲
巳	辰	辰
9	3	3
木	木	火

Nettoyage

Nettoyer, ranger, se séparer de ce qui est usé, abimé, inutile.

8
2
34
la puissance du grand

formation
☼ régime
🌧 voyage
🌧 mariage
☼ spirituel
🌧 nouveau job
🌧 inaugurer
négocier
signer
☼ creuser
construire
emménager
☼ rénover

☼23-1 ☼1-3 3-5 🌧5-7 ☼7-9 ☼9-11 ☼11-13 ☼13-15 🌧15-17 🌧17-19 19-21 🌧21-23

Éphémérides

● le 8, nouvelle lune à 5:23e
◐ le 11, premier croissant à 21:58e

hexagramme du mois

8
2
34
la puissance du grand

secteurs à éviter

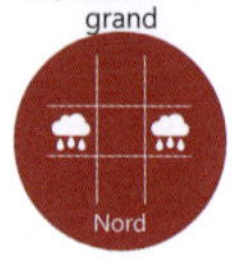

☼ *favorable*
neutre
☁ *défavorable*

---

lundi

☼ feng shui

6
mai
lune 3 • j 28

	Jour	Mois	An
	庚	己	甲
	午	巳	辰
	❶	❸	❸
	土	木	火

Nettoyage

Nettoyer, ranger, se séparer de ce qui est usé, abimé, inutile.

8
9
32
la durée

- ☁ 子 rat
- ☁ 丑 bœuf
- ☼ 寅 tigre
- 卯 lapin
- ☁ 辰 dragon
- 巳 serpent
- ☼ 午 cheval
- ☼ 未 chèvre
- ☁ 申 singe
- 酉 coq
- ☼ 戌 chien
- 亥 cochon

- ☼ formation
- ☼ régime
- voyage
- mariage
- ☼ spirituel
- nouveau job
- inaugurer
- ☼ négocier
- ☼ signer
- ☼ creuser
- ☼ construire
- emménager
- ☼ rénover

☁ 23-1	☼ 1-3	3-5	☼ 5-7	☼ 7-9	☁ 9-11	☼ 11-13	13-15	☼ 15-17	☼ 17-19	☁ 19-21	☁ 21-23

---

mardi

7
mai
lune 3 • j 29

	Jour	Mois	An
	辛	己	甲
	未	巳	辰
	❷	❸	❸
	土	木	火

Accumulation

Effet boule de neige. Rester positif, confiant. Faire la fête.

9
3
6
le conflit

- ☁ 子 rat
- ☁ 丑 bœuf
- 寅 tigre
- ☼ 卯 lapin
- 辰 dragon
- ☁ 巳 serpent
- ☼ 午 cheval
- ☼ 未 chèvre
- 申 singe
- ☁ 酉 coq
- ☁ 戌 chien
- ☼ 亥 cochon

- formation
- régime
- voyage
- ☁ mariage
- spirituel
- nouveau job
- inaugurer
- négocier
- ☁ signer
- creuser
- construire
- emménager
- ☁ rénover

☁ 23-1	☁ 1-3	☼ 3-5	☼ 5-7	7-9	☼ 9-11	☼ 11-13	13-15	☼ 15-17	☁ 17-19	19-21	21-23

---

mercredi

8 ●
mai
lune 4 • j 1

	Jour	Mois	An
	壬	己	甲
	申	巳	辰
	❸	❷	❸
	金	木	火

Equilibrage

Tout est amené au point d'équilibre.

1
7
7
l'armée

- ☼ 子 rat
- 丑 bœuf
- ☁ 寅 tigre
- 卯 lapin
- ☼ 辰 dragon
- 巳 serpent
- ☁ 午 cheval
- 未 chèvre
- ☼ 申 singe
- 酉 coq
- ☁ 戌 chien
- ☁ 亥 cochon

- formation
- régime
- ☼ voyage
- ☼ mariage
- ☼ spirituel
- nouveau job
- inaugurer
- ☼ négocier
- signer
- creuser
- ☼ construire
- emménager
- rénover

☼ 23-1	☼ 1-3	3-5	5-7	☼ 7-9	☼ 9-11	11-13	☼ 13-15	☁ 15-17	☁ 17-19	19-21	☁ 21-23

子 rat
丑 bœuf
寅 tigre
卯 lapin
辰 dragon
巳 serpent
午 cheval
未 chèvre
申 singe
酉 coq
戌 chien
亥 cochon

jeudi

9
mai
lune 4 • j 2

2
7
53
le développement

Jour	Mois	An
癸	己	甲
酉	巳	辰
❹	❷	❸
金	木	火

Stabilité

Tout va durer longtemps. S'occuper du long terme.

formation
régime
voyage
mariage
spirituel
nouveau job
inaugurer
négocier
signer
creuser
construire
emménager
rénover

23-1 | 1-3 | 3-5 | 5-7 | 7-9 | 9-11 | 11-13 | 13-15 | 15-17 | 17-19 | 19-21 | 21-23

子 rat
丑 bœuf
寅 tigre
卯 lapin
辰 dragon
巳 serpent
午 cheval
未 chèvre
申 singe
酉 coq
戌 chien
亥 cochon

vendredi

10
mai
lune 4 • j 3

7
2
39
l'obstacle

Jour	Mois	An
甲	己	甲
戌	巳	辰
❺	❷	❸
火	木	火

Contrôle

Gérer le quotidien : persévérer, promouvoir, recadrer.

formation
régime
voyage
mariage
spirituel
nouveau job
inaugurer
négocier
signer
creuser
construire
emménager
rénover

23-1 | 1-3 | 3-5 | 5-7 | 7-9 | 9-11 | 11-13 | 13-15 | 15-17 | 17-19 | 19-21 | 21-23

子 rat
丑 bœuf
寅 tigre
卯 lapin
辰 dragon
巳 serpent
午 cheval
未 chèvre
申 singe
酉 coq
戌 chien
亥 cochon

samedi

11
mai
lune 4 • j 4

3
3
35
le progrès

Jour	Mois	An
乙	己	甲
亥	巳	辰
❻	❷	❸
火	木	火

Destruction

S'isoler pour éviter conflits, ruptures.

formation
régime
voyage
mariage
spirituel
nouveau job
inaugurer
négocier
signer
creuser
construire
emménager
rénover

23-1 | 1-3 | 3-5 | 5-7 | 7-9 | 9-11 | 11-13 | 13-15 | 15-17 | 17-19 | 19-21 | 21-23

子 rat
丑 bœuf
寅 tigre
卯 lapin
辰 dragon
巳 serpent
午 cheval
未 chèvre
申 singe
酉 coq
戌 chien
亥 cochon

dimanche

feng shui

12
mai
lune 4 • j 5

6
3
27
les commissures des lèvres

Jour	Mois	An
丙	己	甲
子	巳	辰
❼	❷	❸
水	木	火

Péril

Adversité, terrain inconnu : on se sent en danger. Se détendre.

formation
régime
voyage
mariage
spirituel
nouveau job
inaugurer
négocier
signer
creuser
construire
emménager
rénover

23-1 | 1-3 | 3-5 | 5-7 | 7-9 | 9-11 | 11-13 | 13-15 | 15-17 | 17-19 | 19-21 | 21-23

Éphémérides

◐ le 15, premier quartier à 13:49e
◐ le 19, lune gibbeuse croissante à 6:24e

8
2
34
la puissance du grand

hexagramme du mois

Nord

secteurs à éviter

favorable
neutre
défavorable

子 rat
丑 bœuf
寅 tigre
卯 lapin
辰 dragon
巳 serpent
午 cheval
未 chèvre
申 singe
酉 coq
戌 chien
亥 cochon

lundi

13
mai
lune 4 • j 6

Jour	*Mois*	*An*
丁	己	甲
丑	巳	辰
❽	❷	❸
水	木	火

Réussite

Atteindre son but, concrétiser, pacifier.

4
7
17
la suite

formation
régime
voyage
mariage
spirituel
nouveau job
inaugurer
négocier
signer
creuser
construire
emménager
rénover

23-1 | 1-3 | 3-5 | 5-7 | 7-9 | 9-11 | 11-13 | 13-15 | 15-17 | 17-19 | 19-21 | 21-23

子 rat
丑 bœuf
寅 tigre
卯 lapin
辰 dragon
巳 serpent
午 cheval
未 chèvre
申 singe
酉 coq
戌 chien
亥 cochon

mardi

14
mai
lune 4 • j 7

Jour	*Mois*	*An*
戊	己	甲
寅	巳	辰
❾	❷	❸
土	木	火

Moisson

Placé au milieu d'un champ, on récolte ce qu'il y pousse.

8
6
55
abondance

formation
régime
voyage
mariage
spirituel
nouveau job
inaugurer
négocier
signer
creuser
construire
emménager
rénover

23-1 | 1-3 | 3-5 | 5-7 | 7-9 | 9-11 | 11-13 | 13-15 | 15-17 | 17-19 | 19-21 | 21-23

子 rat
丑 bœuf
寅 tigre
卯 lapin
辰 dragon
巳 serpent
午 cheval
未 chèvre
申 singe
酉 coq
戌 chien
亥 cochon

mercredi
feng shui

15 ◐
mai
lune 4 • j 8

Jour	*Mois*	*An*
己	己	甲
卯	巳	辰
❶	❷	❸
土	木	火

Ouverture

Libération, disparition des obstacles. Ouvrir son espace et son cœur.

7
8
60
la limitation

formation
régime
voyage
mariage
spirituel
nouveau job
inaugurer
négocier
signer
creuser
construire
emménager
rénover

23-1 | 1-3 | 3-5 | 5-7 | 7-9 | 9-11 | 11-13 | 13-15 | 15-17 | 17-19 | 19-21 | 21-23

jeudi 16 mai
lune 4 • j 9

☼子 rat
丑 bœuf
☁寅 tigre
☁卯 lapin
☼辰 dragon
巳 serpent
☁午 cheval
未 chèvre
☼申 singe
☼酉 coq
☁戌 chien
亥 cochon

Jour	*Mois*	*An*
庚	己	甲
辰	巳	辰
❷	❷	❸
金	木	火

Terminaison

Esprit troublé. Ne rien entreprendre d'important. Repli.

1
9
11
la paix

☁ formation
☁ régime
voyage
mariage
☼ spirituel
nouveau job
☁ inaugurer
négocier
☁ signer
creuser
construire
emménager
rénover

☁23-1	☼1-3	☼3-5	☁5-7	☼7-9	☼9-11	☼11-13	13-15	15-17	☼17-19	☁19-21	☼21-23

vendredi 17 mai
lune 4 • j 10

子 rat
☼丑 bœuf
☁寅 tigre
☁卯 lapin
辰 dragon
☼巳 serpent
午 cheval
☁未 chèvre
申 singe
☼酉 coq
戌 chien
☁亥 cochon

Jour	*Mois*	*An*
辛	己	甲
巳	巳	辰
❸	❷	❸
金	木	火

Fondation

Poser la première pierre.

3
7
14
le grand avoir

formation
régime
voyage
mariage
spirituel
☼ nouveau job
inaugurer
☼ négocier
signer
☁ creuser
☼ construire
emménager
rénover

23-1	☼1-3	3-5	☁5-7	7-9	☼9-11	☼11-13	☼13-15	☁15-17	☁17-19	☼19-21	21-23

samedi 18 mai
lune 4 • j 11

☁子 rat
☁丑 bœuf
☼寅 tigre
卯 lapin
☁辰 dragon
巳 serpent
☼午 cheval
☼未 chèvre
☁申 singe
酉 coq
☼戌 chien
亥 cochon

Jour	*Mois*	*An*
壬	己	甲
午	巳	辰
❹	❷	❸
木	木	火

Nettoyage

Nettoyer, ranger, se séparer de ce qui est usé, abimé, inutile.

2
1
57
le doux

formation
☼ régime
☁ voyage
☁ mariage
☼ spirituel
☁ nouveau job
☁ inaugurer
négocier
signer
☼ creuser
construire
☁ emménager
☼ rénover

☁23-1	☼1-3	☁3-5	☼5-7	☼7-9	9-11	☼11-13	☼13-15	☁15-17	17-19	☁19-21	21-23

dimanche 19 ◐ mai
lune 4 • j 12

☁子 rat
☁丑 bœuf
寅 tigre
☼卯 lapin
辰 dragon
☁巳 serpent
☼午 cheval
☼未 chèvre
申 singe
☁酉 coq
☁戌 chien
☼亥 cochon

Jour	*Mois*	*An*
癸	己	甲
未	巳	辰
❺	❷	❸
木	木	火

Accumulation

Effet boule de neige. Rester positif, confiant. Faire la fête.

4
8
47
l'accablement

formation
régime
voyage
☁ mariage
☼ spirituel
nouveau job
inaugurer
négocier
☁ signer
creuser
construire
emménager
☁ rénover

☁23-1	☁1-3	☼3-5	☼5-7	☼7-9	☼9-11	11-13	☁13-15	15-17	☁17-19	☼19-21	21-23

Éphémérides

⌗ le 20, grain mûr à 14:59e
◯ le 23, pleine lune à 15:54e

☼ *favorable*
neutre
☁ *défavorable*

hexagramme du mois

8
2

34
la puissance du grand

secteurs à éviter

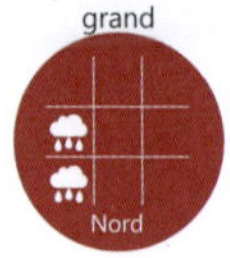

☁ 子 rat
☁ 丑 bœuf
☁ 寅 tigre
☁ 卯 lapin
☁ 辰 dragon
☁ 巳 serpent
☁ 午 cheval
☁ 未 chèvre
☁ 申 singe
☁ 酉 coq
☁ 戌 chien
☁ 亥 cochon

lundi

Jour	Mois	An
甲	己	甲
申	巳	辰
❻	❷	❸
水	木	火

20 ⌗
mai
lune 4 • j 13

Equilibrage

Tout est amené au point d'équilibre.

3
9

64
avant l'accomplissement

☁ formation
☁ régime
☁ voyage
☁ mariage
☁ spirituel
☁ nouveau job
☁ inaugurer
☁ négocier
☁ signer
☁ creuser
☁ construire
☁ emménager
☁ rénover

☼ 23-1 | ☼ 1-3 | ☼ 3-5 | 5-7 | ☼ 7-9 | ☼ 9-11 | ☁ 11-13 | ☼ 13-15 | ☁ 15-17 | ☁ 17-19 | ☼ 19-21 | ☁ 21-23

子 rat
☼ 丑 bœuf
寅 tigre
☁ 卯 lapin
☼ 辰 dragon
☼ 巳 serpent
午 cheval
☁ 未 chèvre
申 singe
☼ 酉 coq
☁ 戌 chien
☁ 亥 cochon

mardi

Jour	Mois	An
乙	己	甲
酉	巳	辰
❼	❷	❸
水	木	火

21
mai
lune 4 • j 14

Stabilité

Tout va durer longtemps. S'occuper du long terme.

9
4

33
la retraite

formation
régime
☁ voyage
mariage
spirituel
nouveau job
☼ inaugurer
négocier
☼ signer
creuser
☼ construire
☁ emménager
☁ rénover

☼ 23-1 | ☼ 1-3 | ☼ 3-5 | ☼ 5-7 | 7-9 | ☁ 9-11 | 11-13 | ☁ 13-15 | ☼ 15-17 | ☼ 17-19 | ☁ 19-21 | ☼ 21-23

☁ 子 rat
☁ 丑 bœuf
☁ 寅 tigre
☁ 卯 lapin
☁ 辰 dragon
☁ 巳 serpent
☁ 午 cheval
☁ 未 chèvre
☁ 申 singe
☁ 酉 coq
☁ 戌 chien
☁ 亥 cochon

mercredi

Jour	Mois	An
丙	己	甲
戌	巳	辰
❽	❷	❸
土	木	火

22
mai
lune 4 • j 15

Contrôle

Gérer le quotidien : persévérer, promouvoir, recadrer.

6
1

52
la montagne

☁ formation
☁ régime
☁ voyage
☁ mariage
☁ spirituel
☁ nouveau job
☁ inaugurer
☁ négocier
☁ signer
☁ creuser
☁ construire
☁ emménager
☁ rénover

☼ 23-1 | 1-3 | ☼ 3-5 | 5-7 | ☁ 7-9 | 9-11 | ☁ 11-13 | ☁ 13-15 | ☼ 15-17 | ☼ 17-19 | ☼ 19-21 | ☼ 21-23

子 rat
丑 bœuf
寅 tigre
卯 lapin
辰 dragon
巳 serpent
午 cheval
未 chèvre
申 singe
酉 coq
戌 chien
亥 cochon

jeudi

23 mai

lune 4 • j 16

Jour	Mois	An
丁	己	甲
亥	巳	辰
9	2	3
土	木	火

Destruction

S'isoler pour éviter conflits, ruptures.

8
8
16
l'enthousiasme

formation
régime
voyage
mariage
spirituel
nouveau job
inaugurer
négocier
signer
creuser
construire
emménager
rénover

23-1 · 1-3 · 3-5 · 5-7 · 7-9 · 9-11 · 11-13 · 13-15 · 15-17 · 17-19 · 19-21 · 21-23

子 rat
丑 bœuf
寅 tigre
卯 lapin
辰 dragon
巳 serpent
午 cheval
未 chèvre
申 singe
酉 coq
戌 chien
亥 cochon

vendredi

feng shui

24 mai

lune 4 • j 17

Jour	Mois	An
戊	己	甲
子	巳	辰
1	2	3
火	木	火

Péril

Adversité, terrain inconnu : on se sent en danger. Se détendre.

7
4
3
la difficulté initiale

formation
régime
voyage
mariage
spirituel
nouveau job
inaugurer
négocier
signer
creuser
construire
emménager
rénover

23-1 · 1-3 · 3-5 · 5-7 · 7-9 · 9-11 · 11-13 · 13-15 · 15-17 · 17-19 · 19-21 · 21-23

子 rat
丑 bœuf
寅 tigre
卯 lapin
辰 dragon
巳 serpent
午 cheval
未 chèvre
申 singe
酉 coq
戌 chien
亥 cochon

samedi

feng shui

25 mai

lune 4 • j 18

Jour	Mois	An
己	己	甲
丑	巳	辰
2	2	3
火	木	火

Réussite

Atteindre son but, concrétiser, pacifier.

9
2
25
l'innocence

formation
régime
voyage
mariage
spirituel
nouveau job
inaugurer
négocier
signer
creuser
construire
emménager
rénover

23-1 · 1-3 · 3-5 · 5-7 · 7-9 · 9-11 · 11-13 · 13-15 · 15-17 · 17-19 · 19-21 · 21-23

子 rat
丑 bœuf
寅 tigre
卯 lapin
辰 dragon
巳 serpent
午 cheval
未 chèvre
申 singe
酉 coq
戌 chien
亥 cochon

dimanche

26 mai

lune 4 • j 19

Jour	Mois	An
庚	己	甲
寅	巳	辰
3	2	3
木	木	火

Moisson

Placé au milieu d'un champ, on récolte ce qu'il y pousse.

3
1
30
le feu

formation
régime
voyage
mariage
spirituel
nouveau job
inaugurer
négocier
signer
creuser
construire
emménager
rénover

23-1 · 1-3 · 3-5 · 5-7 · 7-9 · 9-11 · 11-13 · 13-15 · 15-17 · 17-19 · 19-21 · 21-23

Semaine 22

Éphémérides

◑ le 27, lune gibbeuse décroissante à 8:29e
◐ le 30, dernier quartier à 19:13e

8
2
34
la puissance du grand

hexagramme du mois

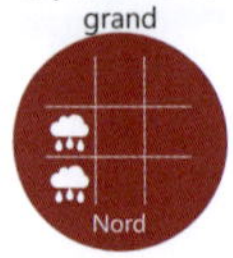

secteurs à éviter

☼ *favorable*
neutre
☁ *défavorable*

---

lundi

☼ feng shui

27 ◑
mai
lune 4 • j 20

☁ 子 rat
☁ 丑 bœuf
寅 tigre
☼ 卯 lapin
☁ 辰 dragon
☁ 巳 serpent
午 cheval
☼ 未 chèvre
申 singe
☁ 酉 coq
☼ 戌 chien
☼ 亥 cochon

Jour	*Mois*	*An*
辛	己	甲
卯	巳	辰
❹	❷	❸
木	木	火

Ouverture

Libération, disparition des obstacles. Ouvrir son espace et son cœur.

2
3
61
la vérité intérieure

☼ formation
régime
☼ voyage
☼ mariage
☼ spirituel
☼ nouveau job
☼ inaugurer
☼ négocier
☼ signer
creuser
☼ construire
☼ emménager
☼ rénover

☼ 23-1	1-3	☼ 3-5	☼ 5-7	☁ 7-9	☼ 9-11	☼ 11-13	☼ 13-15	15-17	☁ 17-19	19-21	☁ 21-23

---

mardi

28
mai
lune 4 • j 21

☼ 子 rat
丑 bœuf
☁ 寅 tigre
☁ 卯 lapin
☼ 辰 dragon
巳 serpent
☁ 午 cheval
未 chèvre
☼ 申 singe
☼ 酉 coq
☁ 戌 chien
亥 cochon

Jour	*Mois*	*An*
壬	己	甲
辰	巳	辰
❺	❷	❸
水	木	火

Terminaison

Esprit troublé. Ne rien entreprendre d'important. Repli.

6
4
26
le pouvoir d'apprivoisement du grand

☁ formation
☁ régime
voyage
mariage
spirituel
nouveau job
☁ inaugurer
négocier
☁ signer
creuser
construire
emménager
rénover

☁ 23-1	☼ 1-3	☼ 3-5	☁ 5-7	☼ 7-9	☼ 9-11	☼ 11-13	13-15	☁ 15-17	☼ 17-19	☁ 19-21	☼ 21-23

---

mercredi

29
mai
lune 4 • j 22

子 rat
☼ 丑 bœuf
☁ 寅 tigre
☁ 卯 lapin
辰 dragon
☼ 巳 serpent
午 cheval
☁ 未 chèvre
申 singe
☼ 酉 coq
戌 chien
☁ 亥 cochon

Jour	*Mois*	*An*
癸	己	甲
巳	巳	辰
❻	❷	❸
水	木	火

Fondation

Poser la première pierre.

4
6
43
la percée

formation
régime
voyage
mariage
spirituel
☼ nouveau job
☼ inaugurer
☼ négocier
signer
☁ creuser
☼ construire
emménager
rénover

☁ 23-1	☼ 1-3	☁ 3-5	☼ 5-7	☼ 7-9	☼ 9-11	11-13	13-15	☁ 15-17	17-19	☼ 19-21	☁ 21-23

☁子 rat
☁丑 bœuf
☼寅 tigre
卯 lapin
☁辰 dragon
巳 serpent
☼午 cheval
☼未 chèvre
☁申 singe
酉 coq
☼戌 chien
亥 cochon

jeudi

☼ feng shui

Jour	Mois	An
甲	己	甲
午	巳	辰
❼	❷	❸
金	木	火

30 ◑

mai

lune 4 • j 23

Nettoyage

Nettoyer, ranger, se séparer de ce qui est usé, abimé, inutile.

9
1

1
le ciel

☼ formation
☼ régime
voyage
mariage
☼ spirituel
nouveau job
inaugurer
☼ négocier
☼ signer
☼ creuser
☼ construire
emménager
☼ rénover

☁23-1 ☼1-3 ☼3-5 ☼5-7 ☼7-9 ☁9-11 ☁11-13 ☼13-15 ☼15-17 ☼17-19 ☁19-21 21-23

☁子 rat
☁丑 bœuf
寅 tigre
☼卯 lapin
辰 dragon
☁巳 serpent
☼午 cheval
☼未 chèvre
申 singe
☁酉 coq
☁戌 chien
☼亥 cochon

vendredi

Jour	Mois	An
乙	己	甲
未	巳	辰
❽	❷	❸
金	木	火

31

mai

lune 4 • j 24

Accumulation

Effet boule de neige. Rester positif, confiant. Faire la fête.

7
6

48
le puits

formation
régime
voyage
☁ mariage
☼ spirituel
nouveau job
inaugurer
négocier
☁ signer
creuser
construire
emménager
☁ rénover

☁23-1 ☁1-3 ☼3-5 ☼5-7 7-9 ☁9-11 ☁11-13 ☁13-15 ☼15-17 ☁17-19 ☼19-21 ☼21-23

☼子 rat
丑 bœuf
☁寅 tIgre
卯 lapin
☼辰 dragon
巳 serpent
☁午 cheval
未 chèvre
☼申 singe
酉 coq
☁戌 chien
☁亥 cochon

samedi

Jour	Mois	An
丙	己	甲
申	巳	辰
❾	❷	❸
火	木	火

1

juin

lune 4 • j 25

Equilibrage

Tout est amené au point d'équilibre.

8
4

40
la libération

formation
régime
☼ voyage
☼ mariage
spirituel
nouveau job
inaugurer
☼ négocier
signer
creuser
☼ construire
emménager
rénover

☼23-1 ☼1-3 ☼3-5 5-7 ☁7-9 9-11 11-13 ☼13-15 15-17 17-19 ☼19-21 ☁21-23

子 rat
☼丑 bœuf
寅 tigre
☁卯 lapin
☼辰 dragon
☼巳 serpent
午 cheval
☁未 chèvre
申 singe
☼酉 coq
☁戌 chien
☁亥 cochon

dimanche

Jour	Mois	An
丁	己	甲
酉	巳	辰
❶	❷	❸
火	木	火

2

juin

lune 4 • j 26

Stabilité

Tout va durer longtemps. S'occuper du long terme.

4
9

31
l'influence

formation
régime
☁ voyage
mariage
spirituel
nouveau job
☼ inaugurer
négocier
☼ signer
creuser
☼ construire
☁ emménager
☁ rénover

☼23-1 ☼1-3 3-5 ☼5-7 ☁7-9 ☁9-11 ☼11-13 ☼13-15 15-17 ☼17-19 ☁19-21 ☼21-23

Éphémérides

- ◐ le 3, dernier croissant à 11:49e
- ✷ le 5, grains dans les oreilles à 6:09e
- ● le 6, nouvelle lune à 14:38e

	avant le 5 juin	à partir du 5 juin
hexagramme du mois	8 / 2 — 34 la puissance du grand	8 / 9 — 32 la durée
secteurs à éviter	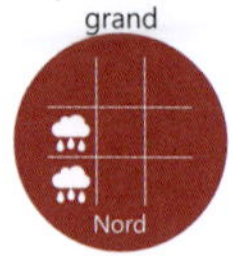	

☼ *favorable*
neutre
☁ *défavorable*

lundi 3 juin ◐

lune 4 • j 27

☁子 rat
☁丑 bœuf
☼寅 tigre
☼卯 lapin
☁辰 dragon
巳 serpent
☼午 cheval
未 chèvre
☁申 singe
☁酉 coq
☼戌 chien
亥 cochon

Jour	*Mois*	*An*
戊	己	甲
戌	巳	辰
❷	❷	❸
木	木	火

1 / 6 — 15 l'humilité

Contrôle

Gérer le quotidien : persévérer, promouvoir, recadrer.

formation
régime
☁ voyage
mariage
spirituel
☼ nouveau job
☼ inaugurer
négocier
signer
☼ creuser
construire
☁ emménager
☼ rénover

☼23-1	1-3	☼3-5	☼5-7	☁7-9	9-11	☁11-13	☼13-15	☼15-17	17-19	19-21	☼21-23

mardi 4 juin

lune 4 • j 28

子 rat
☁丑 bœuf
☼寅 tigre
☼卯 lapin
辰 dragon
☁巳 serpent
午 cheval
☼未 chèvre
☁申 singe
☁酉 coq
戌 chien
☼亥 cochon

Jour	*Mois*	*An*
己	己	甲
亥	巳	辰
❸	❷	❸
木	木	火

2 / 2 — 20 la contemplation

Destruction

S'isoler pour éviter conflits, ruptures.

formation
régime
voyage
mariage
☼ spirituel
nouveau job
inaugurer
négocier
signer
creuser
construire
emménager
rénover

☼23-1	☼1-3	☼3-5	☁5-7	7-9	☁9-11	☼11-13	☼13-15	☁15-17	☁17-19	☼19-21	☼21-23

mercredi 5 juin ✷

☼ feng shui

lune 4 • j 29

☼子 rat
☼丑 bœuf
☁寅 tigre
☁卯 lapin
☼辰 dragon
巳 serpent
☁午 cheval
☁未 chèvre
☼申 singe
酉 coq
☁戌 chien
亥 cochon

Jour	*Mois*	*An*
庚	己	甲
子	巳	辰
❹	❷	❸
土	木	火

2 / 9 — 42 l'augmentation

Péril

Adversité, terrain inconnu : on se sent en danger. Se détendre.

☼ formation
☼ régime
voyage
mariage
☼ spirituel
☼ nouveau job
☼ inaugurer
☼ négocier
☼ signer
☼ creuser
☼ construire
☼ emménager
☼ rénover

☁23-1	☼1-3	☼3-5	☼5-7	☁7-9	☁9-11	☼11-13	☁13-15	☼15-17	☼17-19	☁19-21	21-23

jeudi

feng shui

6

juin

lune 5 • j 1

子 rat
丑 bœuf
寅 tigre
卯 lapin
辰 dragon
巳 serpent
午 cheval
未 chèvre
申 singe
酉 coq
戌 chien
亥 cochon

Jour	Mois	An
辛	庚	甲
丑	午	辰
5	1	3
土	土	火

1
3

36
l'obscurcissement de la lumière

Péril

Adversité, terrain inconnu : on se sent en danger. Se détendre.

formation
régime
voyage
mariage
spirituel
nouveau job
inaugurer
négocier
signer
creuser
construire
emménager
rénover

23-1 | 1-3 | 3-5 | 5-7 | 7-9 | 9-11 | 11-13 | 13-15 | 15-17 | 17-19 | 19-21 | 21-23

vendredi

7

juin

lune 5 • j 2

子 rat
丑 bœuf
寅 tigre
卯 lapin
辰 dragon
巳 serpent
午 cheval
未 chèvre
申 singe
酉 coq
戌 chien
亥 cochon

Jour	Mois	An
壬	庚	甲
寅	午	辰
6	1	3
金	土	火

9
7

13
la communauté avec les hommes

Réussite

Atteindre son but, concrétiser, pacifier.

formation
régime
voyage
mariage
spirituel
nouveau job
inaugurer
négocier
signer
creuser
construire
emménager
rénover

23-1 | 1-3 | 3-5 | 5-7 | 7-9 | 9-11 | 11-13 | 13-15 | 15-17 | 17-19 | 19-21 | 21-23

samedi

8

juin

lune 5 • j 3

子 rat
丑 bœuf
寅 tigre
卯 lapin
辰 dragon
巳 serpent
午 cheval
未 chèvre
申 singe
酉 coq
戌 chien
亥 cochon

Jour	Mois	An
癸	庚	甲
卯	午	辰
7	1	3
金	土	火

8
7

54
l'épousée

Moisson

Placé au milieu d'un champ, on récolte ce qu'il y pousse.

formation
régime
voyage
mariage
spirituel
nouveau job
inaugurer
négocier
signer
creuser
construire
emménager
rénover

23-1 | 1-3 | 3-5 | 5-7 | 7-9 | 9-11 | 11-13 | 13-15 | 15-17 | 17-19 | 19-21 | 21-23

dimanche

9

juin

lune 5 • j 4

子 rat
丑 bœuf
寅 tigre
卯 lapin
辰 dragon
巳 serpent
午 cheval
未 chèvre
申 singe
酉 coq
戌 chien
亥 cochon

Jour	Mois	An
甲	庚	甲
辰	午	辰
8	1	3
火	土	火

3
2

38
l'opposition

Ouverture

Libération, disparition des obstacles. Ouvrir son espace et son cœur.

formation
régime
voyage
mariage
spirituel
nouveau job
inaugurer
négocier
signer
creuser
construire
emménager
rénover

23-1 | 1-3 | 3-5 | 5-7 | 7-9 | 9-11 | 11-13 | 13-15 | 15-17 | 17-19 | 19-21 | 21-23

Éphémérides

◐ le 10, premier croissant à 7:14e
◐ le 14, premier quartier à 7:19e

8
9
32
la durée

hexagramme du mois

☼ *favorable*
neutre
☁ *défavorable*

secteurs à éviter

---

lundi 10 juin ◐

☼ feng shui

lune 5 • j 5

- 子 rat
- ☼ 丑 bœuf
- ☁ 寅 tigre
- ☁ 卯 lapin
- 辰 dragon
- ☼ 巳 serpent
- 午 cheval
- ☁ 未 chèvre
- 申 singe
- ☼ 酉 coq
- 戌 chien
- ☁ 亥 cochon

Jour	Mois	An
乙	庚	甲
巳	午	辰
❾	❶	❸
火	土	火

Terminaison

Esprit troublé. Ne rien entreprendre d'important. Repli.

7
3
5
l'attente

- ☼ formation
- ☼ régime
- voyage
- ☼ mariage
- ☼ spirituel
- ☼ nouveau job
- inaugurer
- ☼ négocier
- signer
- ☼ creuser
- ☼ construire
- ☼ emménager
- ☼ rénover

☼ 23-1 | ☼ 1-3 | ☁ 3-5 | ☁ 5-7 | ☼ 7-9 | 9-11 | 11-13 | 13-15 | ☼ 15-17 | 17-19 | ☼ 19-21 | ☼ 21-23

---

mardi 11 juin

lune 5 • j 6

- ☁ 子 rat
- ☁ 丑 bœuf
- ☼ 寅 tigre
- 卯 lapin
- ☁ 辰 dragon
- 巳 serpent
- ☼ 午 cheval
- ☼ 未 chèvre
- ☁ 申 singe
- 酉 coq
- ☼ 戌 chien
- 亥 cochon

Jour	Mois	An
丙	庚	甲
午	午	辰
❶	❶	❸
水	土	火

Fondation

Poser la première pierre.

4
3
28
la prépondérance du grand

- formation
- régime
- ☼ voyage
- mariage
- spirituel
- ☼ nouveau job
- inaugurer
- ☼ négocier
- signer
- ☁ creuser
- ☼ construire
- emménager
- rénover

☼ 23-1 | ☼ 1-3 | ☁ 3-5 | ☼ 5-7 | ☁ 7-9 | ☁ 9-11 | ☼ 11-13 | 13-15 | ☼ 15-17 | ☼ 17-19 | 19-21 | ☼ 21-23

---

mercredi 12 juin

lune 5 • j 7

- ☁ 子 rat
- ☁ 丑 bœuf
- 寅 tigre
- ☼ 卯 lapin
- 辰 dragon
- ☁ 巳 serpent
- ☼ 午 cheval
- ☼ 未 chèvre
- 申 singe
- ☁ 酉 coq
- ☁ 戌 chien
- ☼ 亥 cochon

Jour	Mois	An
丁	庚	甲
未	午	辰
❷	❶	❸
水	土	火

Nettoyage

Nettoyer, ranger, se séparer de ce qui est usé, abimé, inutile.

6
7
18
le travail sur ce qui est corrompu

- formation
- ☼ régime
- ☁ voyage
- ☁ mariage
- ☼ spirituel
- ☁ nouveau job
- ☁ inaugurer
- négocier
- ☁ signer
- ☼ creuser
- construire
- ☁ emménager
- ☼ rénover

☁ 23-1 | ☁ 1-3 | ☁ 3-5 | ☁ 5-7 | ☼ 7-9 | ☼ 9-11 | 11-13 | 13-15 | ☼ 15-17 | ☼ 17-19 | ☼ 19-21 | ☼ 21-23

jeudi 13 juin
lune 5 • j 8

子 rat
丑 bœuf
寅 tigre
卯 lapin
辰 dragon
巳 serpent
午 cheval
未 chèvre
申 singe
酉 coq
戌 chien
亥 cochon

Jour	Mois	An
戊	庚	甲
申	午	辰
3	1	3
土	土	火

2 6 — 59 la dispersion

Accumulation

Effet boule de neige. Rester positif, confiant. Faire la fête.

formation
régime
voyage
mariage
spirituel
nouveau job
inaugurer
négocier
signer
creuser
construire
emménager
rénover

23-1 | 1-3 | 3-5 | 5-7 | 7-9 | 9-11 | 11-13 | 13-15 | 15-17 | 17-19 | 19-21 | 21-23

vendredi 14 juin ◐
lune 5 • j 9

子 rat
丑 bœuf
寅 tigre
卯 lapin
辰 dragon
巳 serpent
午 cheval
未 chèvre
申 singe
酉 coq
戌 chien
亥 cochon

Jour	Mois	An
己	庚	甲
酉	午	辰
4	1	3
土	土	火

3 8 — 56 le voyageur

Equilibrage

Tout est amené au point d'équilibre.

formation
régime
voyage
mariage
spirituel
nouveau job
inaugurer
négocier
signer
creuser
construire
emménager
rénover

23-1 | 1-3 | 3-5 | 5-7 | 7-9 | 9-11 | 11-13 | 13-15 | 15-17 | 17-19 | 19-21 | 21-23

samedi 15 juin
feng shui

lune 5 • j 10

子 rat
丑 bœuf
寅 tigre
卯 lapin
辰 dragon
巳 serpent
午 cheval
未 chèvre
申 singe
酉 coq
戌 chien
亥 cochon

Jour	Mois	An
庚	庚	甲
戌	午	辰
5	1	3
金	土	火

9 9 — 12 la stagnation

Stabilité

Tout va durer longtemps. S'occuper du long terme.

formation
régime
voyage
mariage
spirituel
nouveau job
inaugurer
négocier
signer
creuser
construire
emménager
rénover

23-1 | 1-3 | 3-5 | 5-7 | 7-9 | 9-11 | 11-13 | 13-15 | 15-17 | 17-19 | 19-21 | 21-23

dimanche 16 juin
lune 5 • j 11

子 rat
丑 bœuf
寅 tigre
卯 lapin
辰 dragon
巳 serpent
午 cheval
未 chèvre
申 singe
酉 coq
戌 chien
亥 cochon

Jour	Mois	An
辛	庚	甲
亥	午	辰
6	1	3
金	土	火

7 7 — 8 l'union

Contrôle

Gérer le quotidien : persévérer, promouvoir, recadrer.

formation
régime
voyage
mariage
spirituel
nouveau job
inaugurer
négocier
signer
creuser
construire
emménager
rénover

23-1 | 1-3 | 3-5 | 5-7 | 7-9 | 9-11 | 11-13 | 13-15 | 15-17 | 17-19 | 19-21 | 21-23

Semaine 25

Éphémérides

- ◐ le 17, lune gibbeuse croissante à 23:55e
- ⌖ le 20, solstice d'été à 22:51e
- ○ le 22, pleine lune à 3:09e

hexagramme du mois : 8 / 9 — 32, la durée

secteurs à éviter

☼ *favorable*
neutre
☁ *défavorable*

---

lundi — 17 juin ◐

lune 5 • j 12

☁子 rat, ☁丑 bœuf, ☁寅 tigre, ☁卯 lapin, ☁辰 dragon, ☁巳 serpent, ☁午 cheval, ☁未 chèvre, ☁申 singe, ☁酉 coq, ☁戌 chien, ☁亥 cochon

Jour	*Mois*	*An*
壬	庚	甲
子	午	辰
❼	❶	❸
木	土	火

Destruction

S'isoler pour éviter conflits, ruptures.

8 / 1 — 51, l'ébranlement

☁ formation, ☁ régime, ☁ voyage, ☁ mariage, ☁ spirituel, ☁ nouveau job, ☁ inaugurer, ☁ négocier, ☁ signer, ☁ creuser, ☁ construire, ☁ emménager, ☁ rénover

☼23-1 ☼1-3 ☁3-5 5-7 7-9 9-11 ☁11-13 ☁13-15 ☁15-17 ☼17-19 ☼19-21 21-23

---

mardi — 18 juin

☼ feng shui

lune 5 • j 13

☁子 rat, ☁丑 bœuf, ☁寅 tigre, ☁卯 lapin, ☁辰 dragon, ☁巳 serpent, ☁午 cheval, ☁未 chèvre, ☁申 singe, ☁酉 coq, ☁戌 chien, ☁亥 cochon

Jour	*Mois*	*An*
癸	庚	甲
丑	午	辰
❽	❶	❸
木	土	火

Péril

Adversité, terrain inconnu : on se sent en danger. Se détendre.

6 / 8 — 22, la grâce

☁ formation, ☁ régime, ☁ voyage, ☁ mariage, ☁ spirituel, ☁ nouveau job, ☁ inaugurer, ☁ négocier, ☁ signer, ☁ creuser, ☁ construire, ☁ emménager, ☁ rénover

☁23-1 ☼1-3 3-5 ☼5-7 ☼7-9 ☼9-11 ☁11-13 ☁13-15 ☼15-17 ☼17-19 ☼19-21 ☼21-23

---

mercredi — 19 juin

☼ feng shui

lune 5 • j 14

☁子 rat, 丑 bœuf, ☼寅 tigre, 卯 lapin, ☁辰 dragon, ☁巳 serpent, ☼午 cheval, 未 chèvre, ☁申 singe, 酉 coq, ☼戌 chien, ☼亥 cochon

Jour	*Mois*	*An*
甲	庚	甲
寅	午	辰
❾	❶	❸
水	土	火

Réussite

Atteindre son but, concrétiser, pacifier.

7 / 9 — 63, après l'accomplissement

☼ formation, ☼ régime, ☼ voyage, ☼ mariage, ☼ spirituel, ☼ nouveau job, ☼ inaugurer, ☼ négocier, ☼ signer, ☼ creuser, ☼ construire, ☼ emménager, ☼ rénover

23-1 ☼1-3 ☼3-5 5-7 ☼7-9 ☁9-11 ☁11-13 ☼13-15 15-17 ☁17-19 ☼19-21 ☼21-23

子 rat
丑 bœuf
寅 tigre
卯 lapin
辰 dragon
巳 serpent
午 cheval
未 chèvre
申 singe
酉 coq
戌 chien
亥 cochon

jeudi

20

juin

lune 5 • j 15

Jour	Mois	An
乙	庚	甲
卯	午	辰
❶❾	❶	❸
水	土	火

Moisson

Placé au milieu d'un champ, on récolte ce qu'il y pousse.

1
4

19
l'approche

formation
régime
voyage
mariage
spirituel
nouveau job
inaugurer
négocier
signer
creuser
construire
emménager
rénover

23-1 | 1-3 | 3-5 | 5-7 | 7-9 | 9-11 | 11-13 | 13-15 | 15-17 | 17-19 | 19-21 | 21-23

子 rat
丑 bœuf
寅 tigre
卯 lapin
辰 dragon
巳 serpent
午 cheval
未 chèvre
申 singe
酉 coq
戌 chien
亥 cochon

vendredi

feng shui

21

juin

lune 5 • j 16

Jour	Mois	An
丙	庚	甲
辰	午	辰
❽	❶	❸
土	土	火

Ouverture

Libération, disparition des obstacles. Ouvrir son espace et son cœur.

4
1

58
le lac

formation
régime
voyage
mariage
spirituel
nouveau job
inaugurer
négocier
signer
creuser
construire
emménager
rénover

23-1 | 1-3 | 3-5 | 5-7 | 7-9 | 9-11 | 11-13 | 13-15 | 15-17 | 17-19 | 19-21 | 21-23

子 rat
丑 bœuf
寅 tigre
卯 lapin
辰 dragon
巳 serpent
午 cheval
未 chèvre
申 singe
酉 coq
戌 chien
亥 cochon

samedi

22

juin

lune 5 • j 17

Jour	Mois	An
丁	庚	甲
巳	午	辰
❼	❶	❸
土	土	火

Terminaison

Esprit troublé. Ne rien entreprendre d'important. Repli.

2
8

9
le pouvoir d'apprivoisement du petit

formation
régime
voyage
mariage
spirituel
nouveau job
inaugurer
négocier
signer
creuser
construire
emménager
rénover

23-1 | 1-3 | 3-5 | 5-7 | 7-9 | 9-11 | 11-13 | 13-15 | 15-17 | 17-19 | 19-21 | 21-23

子 rat
丑 bœuf
寅 tigre
卯 lapin
辰 dragon
巳 serpent
午 cheval
未 chèvre
申 singe
酉 coq
戌 chien
亥 cochon

dimanche

23

juin

lune 5 • j 18

Jour	Mois	An
戊	庚	甲
午	午	辰
❻	❶	❸
火	土	火

Fondation

Poser la première pierre.

3
4

50
le chaudron

formation
régime
voyage
mariage
spirituel
nouveau job
inaugurer
négocier
signer
creuser
construire
emménager
rénover

23-1 | 1-3 | 3-5 | 5-7 | 7-9 | 9-11 | 11-13 | 13-15 | 15-17 | 17-19 | 19-21 | 21-23

Semaine 26

Éphémérides

◑ le 25, lune gibbeuse décroissante à 19:44e
◑ le 28, dernier quartier à 23:54e

8
9
32
la durée

hexagramme du mois

☼ *favorable*
neutre
☁ *défavorable*

secteurs à éviter

☁子 rat
☁丑 bœuf
寅 tigre
☼卯 lapin
辰 dragon
☁巳 serpent
☼午 cheval
☼未 chèvre
申 singe
☁酉 coq
☁戌 chien
☼亥 cochon

lundi

Jour	*Mois*	*An*
己	庚	甲
未	午	辰
❺	❶	❸
火	土	火

24
juin
lune 5 • j 19

Nettoyage

Nettoyer, ranger, se séparer de ce qui est usé, abimé, inutile.

1
2
46
la poussée vers le haut

formation
☼ régime
☁ voyage
☁ mariage
☼ spirituel
☁ nouveau job
☁ inaugurer
négocier
☁ signer
☼ creuser
construire
☁ emménager
☼ rénover

☁23-1	☁1-3	☼3-5	☼5-7	☼7-9	☼9-11	11-13	☼13-15	☼15-17	☁17-19	☼19-21	☼21-23

☼子 rat
丑 bœuf
☁寅 tigre
卯 lapin
☼辰 dragon
巳 serpent
☁午 cheval
未 chèvre
☼申 singe
酉 coq
☁戌 chien
☁亥 cochon

mardi

Jour	*Mois*	*An*
庚	庚	甲
申	午	辰
❹	❶	❸
木	土	火

25 ◑
juin
lune 5 • j 20

Accumulation

Effet boule de neige. Rester positif, confiant. Faire la fête.

7
1
29
l'insondable

formation
régime
voyage
☁ mariage
spirituel
nouveau job
☼ inaugurer
négocier
signer
creuser
construire
emménager
☁ rénover

☁23-1	☼1-3	☼3-5	5-7	☼7-9	☼9-11	☼11-13	☼13-15	15-17	☁17-19	☁19-21	☁21-23

子 rat
☼丑 bœuf
寅 tigre
☁卯 lapin
☼辰 dragon
☼巳 serpent
午 cheval
☁未 chèvre
申 singe
☼酉 coq
☁戌 chien
☁亥 cochon

mercredi

Jour	*Mois*	*An*
辛	庚	甲
酉	午	辰
❸	❶	❸
木	土	火

26
juin
lune 5 • j 21

Equilibrage

Tout est amené au point d'équilibre.

8
3
62
la prépondérance du petit

formation
régime
☼ voyage
☼ mariage
☼ spirituel
nouveau job
inaugurer
☼ négocier
signer
creuser
☼ construire
emménager
rénover

23-1	☼1-3	☼3-5	☼5-7	☁7-9	☼9-11	☼11-13	☼13-15	15-17	☁17-19	☁19-21	21-23

子 rat
丑 bœuf
寅 tigre
卯 lapin
辰 dragon
巳 serpent
午 cheval
未 chèvre
申 singe
酉 coq
戌 chien
亥 cochon

jeudi

27

juin

lune 5 • j 22

Jour	Mois	An
壬	庚	甲
戌	午	辰
❷	❶	❸
水	土	火

4
4

45

le rassemblement

Stabilité

Tout va durer longtemps. S'occuper du long terme.

formation
régime
voyage
mariage
spirituel
nouveau job
inaugurer
négocier
signer
creuser
construire
emménager
rénover

23-1 · 1-3 · 3-5 · 5-7 · 7-9 · 9-11 · 11-13 · 13-15 · 15-17 · 17-19 · 19-21 · 21-23

子 rat
丑 bœuf
寅 tigre
卯 lapin
辰 dragon
巳 serpent
午 cheval
未 chèvre
申 singe
酉 coq
戌 chien
亥 cochon

vendredi

28 ◑

juin

lune 5 • j 23

Jour	Mois	An
癸	庚	甲
亥	午	辰
❶	❶	❸
水	土	火

6
6

23

l'éclatement

Contrôle

Gérer le quotidien : persévérer, promouvoir, recadrer.

formation
régime
voyage
mariage
spirituel
nouveau job
inaugurer
négocier
signer
creuser
construire
emménager
rénover

23-1 · 1-3 · 3-5 · 5-7 · 7-9 · 9-11 · 11-13 · 13-15 · 15-17 · 17-19 · 19-21 · 21-23

子 rat
丑 bœuf
寅 tigre
卯 lapin
辰 dragon
巳 serpent
午 cheval
未 chèvre
申 singe
酉 coq
戌 chien
亥 cochon

samedi

29

juin

lune 5 • j 24

Jour	Mois	An
甲	庚	甲
子	午	辰
❾	❶	❸
金	土	火

1
1

2

le réceptif

Destruction

S'isoler pour éviter conflits, ruptures.

formation
régime
voyage
mariage
spirituel
nouveau job
inaugurer
négocier
signer
creuser
construire
emménager
rénover

23-1 · 1-3 · 3-5 · 5-7 · 7-9 · 9-11 · 11-13 · 13-15 · 15-17 · 17-19 · 19-21 · 21-23

子 rat
丑 bœuf
寅 tigre
卯 lapin
辰 dragon
巳 serpent
午 cheval
未 chèvre
申 singe
酉 coq
戌 chien
亥 cochon

dimanche

feng shui

30

juin

lune 5 • j 25

Jour	Mois	An
乙	庚	甲
丑	午	辰
❽	❶	❸
金	土	火

3
6

21

mordre au travers

Péril

Adversité, terrain inconnu : on se sent en danger. Se détendre.

formation
régime
voyage
mariage
spirituel
nouveau job
inaugurer
négocier
signer
creuser
construire
emménager
rénover

23-1 · 1-3 · 3-5 · 5-7 · 7-9 · 9-11 · 11-13 · 13-15 · 15-17 · 17-19 · 19-21 · 21-23

Semaine 27

Éphémérides

- ◐ le 2, dernier croissant à 16:30e
- ● le 6, nouvelle lune à 0:58e
- ✹ le 6, début de la chaleur à 16:20e

	avant le 6 juillet	à partir du 6 juillet
hexagramme du mois	8 / 9 — 32 la durée	9 / 3 — 6 le conflit
secteurs à éviter		

☀ *favorable*
neutre
☁ *défavorable*

---

lundi 1 juillet

☀ feng shui

lune 5 • j 26

☁ 子 rat	丑 bœuf	☀ 寅 tigre	卯 lapin	☁ 辰 dragon	☁ 巳 serpent	☀ 午 cheval	未 chèvre	☁ 申 singe	酉 coq	☀ 戌 chien	☀ 亥 cochon

Jour	*Mois*	*An*
丙	庚	甲
寅	午	辰
❼	❶	❸
火	土	火

Réussite

Atteindre son but, concrétiser, pacifier.

2 / 4 — 37 la famille

☀ formation, ☀ régime, ☀ voyage, ☀ mariage, ☀ spirituel, ☀ nouveau job, ☀ inaugurer, ☀ négocier, ☀ signer, ☀ creuser, ☀ construire, ☀ emménager, ☀ rénover

☀ 23-1	☀ 1-3	3-5	5-7	☁ 7-9	☁ 9-11	11-13	☀ 13-15	☀ 15-17	17-19	☀ 19-21	☀ 21-23

---

mardi 2 juillet ◐

lune 5 • j 27

☁ 子 rat	☁ 丑 bœuf	寅 tigre	☀ 卯 lapin	☁ 辰 dragon	☁ 巳 serpent	午 cheval	☀ 未 chèvre	申 singe	☁ 酉 coq	☀ 戌 chien	☀ 亥 cochon

Jour	*Mois*	*An*
丁	庚	甲
卯	午	辰
❻	❶	❸
火	土	火

Moisson

Placé au milieu d'un champ, on récolte ce qu'il y pousse.

6 / 9 — 41 la diminution

☀ formation, régime, voyage, mariage, ☀ spirituel, nouveau job, inaugurer, négocier, ☀ signer, creuser, construire, emménager, rénover

☀ 23-1	1-3	3-5	☀ 5-7	☁ 7-9	☀ 9-11	☀ 11-13	☀ 13-15	15-17	☀ 17-19	☁ 19-21	21-23

---

mercredi 3 juillet

lune 5 • j 28

☀ 子 rat	丑 bœuf	☁ 寅 tigre	☁ 卯 lapin	☀ 辰 dragon	巳 serpent	☁ 午 cheval	未 chèvre	☀ 申 singe	☀ 酉 coq	☁ 戌 chien	亥 cochon

Jour	*Mois*	*An*
戊	庚	甲
辰	午	辰
❺	❶	❸
木	土	火

Ouverture

Libération, disparition des obstacles. Ouvrir son espace et son cœur.

9 / 6 — 10 la marche

formation, régime, voyage, ☀ mariage, spirituel, ☀ nouveau job, ☀ inaugurer, négocier, ☀ signer, ☁ creuser, construire, ☀ emménager, rénover

☁ 23-1	☀ 1-3	☀ 3-5	☁ 5-7	☀ 7-9	☀ 9-11	☀ 11-13	☀ 13-15	☀ 15-17	☀ 17-19	☁ 19-21	21-23

子 rat
☼丑 bœuf
☁寅 tigre
☁卯 lapin
辰 dragon
☼巳 serpent
午 cheval
☁未 chèvre
申 singe
☼酉 coq
戌 chien
☁亥 cochon

jeudi

4
juillet
lune 5 • j 29

Jour	Mois	An
己	庚	甲
巳	午	辰
❹	❶	❸
木	土	火

Terminaison

Esprit troublé. Ne rien entreprendre d'important. Repli.

8
2
34
la puissance du grand

formation
régime
☁ voyage
mariage
spirituel
nouveau job
inaugurer
négocier
signer
creuser
construire
emménager
rénover

☼23-1 ☼1-3 3-5 ☁5-7 ☼7-9 ☼9-11 ☼11-13 ☼13-15 ☁15-17 ☁17-19 19-21 ☁21-23

☁子 rat
☁丑 bœuf
☼寅 tigre
卯 lapin
☁辰 dragon
巳 serpent
☼午 cheval
☼未 chèvre
☁申 singe
酉 coq
☼戌 chien
亥 cochon

vendredi

5
juillet
lune 5 • j 30

Jour	Mois	An
庚	庚	甲
午	午	辰
❸	❶	❸
土	土	火

Fondation

Poser la première pierre.

8
9
32
la durée

formation
régime
☼ voyage
mariage
spirituel
☼ nouveau job
inaugurer
☼ négocier
signer
☁ creuser
☼ construire
emménager
rénover

☁23-1 ☼1-3 3-5 ☼5-7 ☼7-9 ☁9-11 ☼11-13 13-15 ☼15-17 ☼17-19 ☁19-21 ☁21-23

☁子 rat
☁丑 bœuf
寅 tigre
☼卯 lapin
辰 dragon
☁巳 serpent
☼午 cheval
☼未 chèvre
申 singe
☁酉 coq
☁戌 chien
☼亥 cochon

samedi

6
juillet
lune 6 • j 1

Jour	Mois	An
辛	庚	甲
未	午	辰
❷	❾	❸
土	土	火

Nettoyage

Nettoyer, ranger, se séparer de ce qui est usé, abimé, inutile.

9
3
6
le conflit

formation
☼ régime
☁ voyage
☁ mariage
☼ spirituel
☁ nouveau job
☁ inaugurer
négocier
☁ signer
☼ creuser
construire
☁ emménager
☼ rénover

☁23-1 ☁1-3 ☼3-5 ☼5-7 7-9 ☼9-11 ☼11-13 13-15 ☼15-17 ☁17-19 19-21 21-23

☼子 rat
丑 bœuf
☁寅 tigre
卯 lapin
☼辰 dragon
巳 serpent
☁午 cheval
未 chèvre
☼申 singe
酉 coq
☁戌 chien
☁亥 cochon

dimanche
☼ feng shui

7
juillet
lune 6 • j 2

Jour	Mois	An
壬	辛	甲
申	未	辰
❶	❾	❸
金	土	火

Nettoyage

Nettoyer, ranger, se séparer de ce qui est usé, abimé, inutile.

1
7
7
l'armée

☼ formation
☼ régime
voyage
mariage
☼ spirituel
nouveau job
inaugurer
☼ négocier
☼ signer
☼ creuser
☼ construire
emménager
☼ rénover

☼23-1 ☼1-3 3-5 5-7 ☼7-9 ☼9-11 11-13 ☼13-15 ☁15-17 ☁17-19 19-21 ☁21-23

Semaine 28

Éphémérides

- ◑ le 9, premier croissant à 17:34e
- ◐ le 14, premier quartier à 0:49e

9
3
6
le conflit

hexagramme du mois

secteurs à éviter

☼ *favorable*
neutre
☁ *défavorable*

子 rat
☼ 丑 bœuf
寅 tigre
☁ 卯 lapin
☼ 辰 dragon
☼ 巳 serpent
午 cheval
☁ 未 chèvre
申 singe
☼ 酉 coq
☁ 戌 chien
☁ 亥 cochon

lundi

8
juillet
lune 6 • j 3

Jour	*Mois*	*An*
癸	辛	甲
酉	未	辰
❾	❾	❸
金	土	火

Accumulation

Effet boule de neige. Rester positif, confiant. Faire la fête.

2
7
53
le développement

formation
☁ régime
voyage
☁ mariage
spirituel
nouveau job
☼ inaugurer
négocier
signer
creuser
construire
emménager
☁ rénover

23-1	☼ 1-3	☼ 3-5	☼ 5-7	☼ 7-9	☼ 9-11	☼ 11-13	☁ 13-15	15-17	☼ 17-19	☁ 19-21	☁ 21-23

☁ 子 rat
☁ 丑 bœuf
☼ 寅 tigre
☼ 卯 lapin
☁ 辰 dragon
巳 serpent
☼ 午 cheval
未 chèvre
☁ 申 singe
☁ 酉 coq
☼ 戌 chien
亥 cochon

mardi

9 ◑
juillet
lune 6 • j 4

Jour	*Mois*	*An*
甲	辛	甲
戌	未	辰
❽	❾	❸
火	土	火

Equilibrage

Tout est amené au point d'équilibre.

7
2
39
l'obstacle

☁ formation
☁ régime
☼ voyage
☼ mariage
spirituel
nouveau job
☁ inaugurer
☼ négocier
☁ signer
creuser
☼ construire
emménager
rénover

☼ 23-1	☼ 1-3	☼ 3-5	5-7	☁ 7-9	☼ 9-11	☁ 11-13	☼ 13-15	15-17	☁ 17-19	☼ 19-21	☼ 21-23

子 rat
☁ 丑 bœuf
☼ 寅 tigre
☼ 卯 lapin
辰 dragon
☁ 巳 serpent
午 cheval
☼ 未 chèvre
☁ 申 singe
☁ 酉 coq
戌 chien
☼ 亥 cochon

mercredi
☼ feng shui

10
juillet
lune 6 • j 5

Jour	*Mois*	*An*
乙	辛	甲
亥	未	辰
❼	❾	❸
火	土	火

Stabilité

Tout va durer longtemps. S'occuper du long terme.

3
3
35
le progrès

☼ formation
☼ régime
voyage
☼ mariage
☼ spirituel
☼ nouveau job
☼ inaugurer
☼ négocier
☼ signer
☼ creuser
☼ construire
☼ emménager
☼ rénover

☼ 23-1	☼ 1-3	3-5	☁ 5-7	☼ 7-9	☁ 9-11	11-13	13-15	15-17	☁ 17-19	☼ 19-21	☼ 21-23

☀ 子 rat
☀ 丑 bœuf
🌧 寅 tigre
🌧 卯 lapin
☀ 辰 dragon
巳 serpent
🌧 午 cheval
🌧 未 chèvre
☀ 申 singe
酉 coq
🌧 戌 chien
亥 cochon

jeudi

☀ feng shui

11

juillet

lune 6 • j 6

Jour	*Mois*	*An*
丙	辛	甲
子	未	辰
❻	❾	❸
水	土	火

Contrôle

Gérer le quotidien : persévérer, promouvoir, recadrer.

6
3

27
les commissures des lèvres

☀ formation
☀ régime
voyage
☀ mariage
☀ spirituel
☀ nouveau job
☀ inaugurer
☀ négocier
☀ signer
☀ creuser
☀ construire
emménager
☀ rénover

☀ 23-1	☀ 1-3	☀ 3-5	☀ 5-7	🌧 7-9	🌧 9-11	🌧 11-13	🌧 13-15	15-17	☀ 17-19	☀ 19-21	☀ 21-23

🌧 子 rat
🌧 丑 bœuf
🌧 寅 tigre
🌧 卯 lapin
🌧 辰 dragon
🌧 巳 serpent
🌧 午 cheval
🌧 未 chèvre
🌧 申 singe
🌧 酉 coq
🌧 戌 chien
🌧 亥 cochon

vendredi

12

juillet

lune 6 • j 7

Jour	*Mois*	*An*
丁	辛	甲
丑	未	辰
❺	❾	❸
水	土	火

Destruction

S'isoler pour éviter conflits, ruptures.

4
7

17
la suite

🌧 formation
🌧 régime
🌧 voyage
🌧 mariage
🌧 spirituel
🌧 nouveau job
🌧 inaugurer
🌧 négocier
🌧 signer
🌧 creuser
🌧 construire
🌧 emménager
🌧 rénover

23-1	☀ 1-3	3-5	🌧 5-7	7-9	☀ 9-11	🌧 11-13	🌧 13-15	15-17	☀ 17-19	☀ 19-21	☀ 21-23

🌧 子 rat
丑 bœuf
☀ 寅 tigre
卯 lapin
🌧 辰 dragon
🌧 巳 serpent
☀ 午 cheval
未 chèvre
🌧 申 singe
酉 coq
☀ 戌 chien
☀ 亥 cochon

samedi

☀ feng shui

13

juillet

lune 6 • j 8

Jour	*Mois*	*An*
戊	辛	甲
寅	未	辰
❹	❾	❸
土	土	火

Péril

Adversité, terrain inconnu : on se sent en danger. Se détendre.

8
6

55
abondance

formation
régime
🌧 voyage
🌧 mariage
☀ spirituel
nouveau job
inaugurer
négocier
signer
☀ creuser
construire
emménager
rénover

23-1	☀ 1-3	3-5	☀ 5-7	☀ 7-9	🌧 9-11	11-13	☀ 13-15	☀ 15-17	🌧 17-19	19-21	21-23

🌧 子 rat
🌧 丑 bœuf
寅 tigre
☀ 卯 lapin
🌧 辰 dragon
🌧 巳 serpent
午 cheval
☀ 未 chèvre
申 singe
🌧 酉 coq
☀ 戌 chien
☀ 亥 cochon

dimanche

14 ◐

juillet

lune 6 • j 9

Jour	*Mois*	*An*
己	辛	甲
卯	未	辰
❸	❾	❸
土	土	火

Réussite

Atteindre son but, concrétiser, pacifier.

7
8

60
la limitation

formation
régime
voyage
☀ mariage
spirituel
nouveau job
inaugurer
☀ négocier
signer
creuser
☀ construire
☀ emménager
rénover

☀ 23-1	1-3	☀ 3-5	☀ 5-7	🌧 7-9	☀ 9-11	☀ 11-13	☀ 13-15	🌧 15-17	🌧 17-19	19-21	🌧 21-23

Éphémérides

◐ le 17, lune gibbeuse croissante à 17:25e
○ le 21, pleine lune à 12:18e

9
3
6
le conflit

hexagramme du mois

secteurs à éviter

☼ *favorable*
neutre
☁ *défavorable*

☼ 子 rat
丑 bœuf
☁ 寅 tigre
☁ 卯 lapin
☼ 辰 dragon
巳 serpent
☁ 午 cheval
未 chèvre
☼ 申 singe
☼ 酉 coq
☁ 戌 chien
亥 cochon

lundi

15
juillet
lune 6 • j 10

Jour	*Mois*	*An*
庚	辛	甲
辰	未	辰
❷	❾	❸
金	土	火

Moisson

Placé au milieu d'un champ, on récolte ce qu'il y pousse.

1
9
11
la paix

☼ formation
régime
voyage
mariage
spirituel
nouveau job
inaugurer
négocier
☼ signer
creuser
construire
emménager
rénover

☁ 23-1 · ☼ 1-3 · ☼ 3-5 · ☁ 5-7 · ☼ 7-9 · ☼ 9-11 · ☼ 11-13 · 13-15 · 15-17 · ☼ 17-19 · ☁ 19-21 · ☼ 21-23

子 rat
☼ 丑 bœuf
☁ 寅 tigre
☁ 卯 lapin
辰 dragon
☼ 巳 serpent
午 cheval
☁ 未 chèvre
申 singe
☼ 酉 coq
戌 chien
☁ 亥 cochon

mardi

16
juillet
lune 6 • j 11

Jour	*Mois*	*An*
辛	辛	甲
巳	未	辰
❶	❾	❸
金	土	火

Ouverture

Libération, disparition des obstacles. Ouvrir son espace et son cœur.

3
7
14
le grand avoir

formation
régime
☁ voyage
☼ mariage
spirituel
☼ nouveau job
☼ inaugurer
négocier
☼ signer
☁ creuser
construire
☼ emménager
rénover

23-1 · ☼ 1-3 · 3-5 · ☁ 5-7 · 7-9 · ☼ 9-11 · ☼ 11-13 · ☼ 13-15 · ☁ 15-17 · ☁ 17-19 · ☼ 19-21 · 21-23

☁ 子 rat
☁ 丑 bœuf
☼ 寅 tigre
卯 lapin
☁ 辰 dragon
巳 serpent
☼ 午 cheval
☼ 未 chèvre
☁ 申 singe
酉 coq
☼ 戌 chien
亥 cochon

mercredi

17 ◐
juillet
lune 6 • j 12

Jour	*Mois*	*An*
壬	辛	甲
午	未	辰
❾	❾	❸
木	土	火

Terminaison

Esprit troublé. Ne rien entreprendre d'important. Repli.

2
1
57
le doux

formation
régime
voyage
mariage
spirituel
nouveau job
inaugurer
négocier
signer
☼ creuser
construire
emménager
rénover

☁ 23-1 · ☼ 1-3 · ☁ 3-5 · ☼ 5-7 · ☼ 7-9 · 9-11 · ☼ 11-13 · ☼ 13-15 · ☁ 15-17 · 17-19 · ☁ 19-21 · 21-23

jeudi

18
juillet
lune 6 • j 13

☁子 rat
☁丑 bœuf
寅 tigre
☼卯 lapin
辰 dragon
☁巳 serpent
☼午 cheval
☼未 chèvre
申 singe
☁酉 coq
☁戌 chien
☼亥 cochon

Jour	*Mois*	*An*
癸	辛	甲
未	未	辰
8	9	3
木	土	火

4
8
䷮
47
l'accablement

Fondation

Poser la première pierre.

formation
régime
☼ voyage
☼ mariage
spirituel
☼ nouveau job
☁ inaugurer
☼ négocier
☁ signer
☁ creuser
☼ construire
emménager
rénover

☁23-1	☁1-3	☼3-5	☼5-7	☼7-9	☼9-11	11-13	☁13-15	15-17	☁17-19	☼19-21	21-23

vendredi
☼feng shui

19
juillet
lune 6 • j 14

☼子 rat
丑 bœuf
☁寅 tigre
卯 lapin
☼辰 dragon
巳 serpent
☁午 cheval
未 chèvre
☼申 singe
酉 coq
☁戌 chien
☁亥 cochon

Jour	*Mois*	*An*
甲	辛	甲
申	未	辰
7	9	3
水	土	火

3
9
䷿
64
avant
l'accomplissement

Nettoyage

Nettoyer, ranger, se séparer de ce qui est usé, abimé, inutile.

☼ formation
☼ régime
voyage
mariage
☼ spirituel
nouveau job
inaugurer
☼ négocier
☼ signer
☼ creuser
☼ construire
emménager
☼ rénover

☼23-1	☼1-3	☼3-5	5-7	☼7-9	☼9-11	☁11-13	☼13-15	☁15-17	☁17-19	☼19-21	☁21-23

samedi

20
juillet
lune 6 • j 15

子 rat
☼丑 bœuf
寅 tigre
☁卯 lapin
☼辰 dragon
☼巳 serpent
午 cheval
☁未 chèvre
申 singe
☼酉 coq
☁戌 chien
☁亥 cochon

Jour	*Mois*	*An*
乙	辛	甲
酉	未	辰
6	9	3
水	土	火

9
4
䷠
33
la retraite

Accumulation

Effet boule de neige. Rester positif, confiant. Faire la fête.

formation
☁ régime
voyage
☁ mariage
spirituel
nouveau job
☼ inaugurer
négocier
signer
creuser
construire
emménager
☁ rénover

☼23-1	☼1-3	☼3-5	☼5-7	7-9	☁9-11	11-13	☁13-15	☼15-17	☼17-19	☁19-21	☼21-23

dimanche

21 ○
juillet
lune 6 • j 16

☁子 rat
☁丑 bœuf
☼寅 tigre
☼卯 lapin
☁辰 dragon
巳 serpent
☼午 cheval
未 chèvre
☁申 singe
☁酉 coq
☼戌 chien
亥 cochon

Jour	*Mois*	*An*
丙	辛	甲
戌	未	辰
5	9	3
土	土	火

6
1
䷳
52
la montagne

Equilibrage

Tout est amené au point d'équilibre.

☁ formation
☁ régime
☼ voyage
☼ mariage
spirituel
nouveau job
☁ inaugurer
☼ négocier
☁ signer
creuser
☼ construire
emménager
rénover

☼23-1	1-3	☼3-5	5-7	☁7-9	9-11	☁11-13	☁13-15	☼15-17	☼17-19	☼19-21	☼21-23

Semaine 30

Éphémérides

- ⌖ le 22, grande chaleur à 9:44e
- ◑ le 25, lune gibbeuse décroissante à 4:53e
- ◐ le 28, dernier quartier à 4:52e

hexagramme du mois

9
3
6
le conflit

secteurs à éviter

☼ *favorable*
neutre
☁ *défavorable*

---

lundi 22 juillet

☼ feng shui

lune 6 • j 17

- 子 rat
- ☁ 丑 bœuf
- ☼ 寅 tigre
- ☼ 卯 lapin
- 辰 dragon
- ☁ 巳 serpent
- 午 cheval
- ☼ 未 chèvre
- ☁ 申 singe
- ☁ 酉 coq
- 戌 chien
- ☼ 亥 cochon

Jour	Mois	An
丁	辛	甲
亥	未	辰
❹	❾	❸
土	土	火

Stabilité

Tout va durer longtemps. S'occuper du long terme.

8
8
16
l'enthousiasme

- ☼ formation
- ☼ régime
- voyage
- ☼ mariage
- ☼ spirituel
- ☼ nouveau job
- ☼ inaugurer
- ☼ négocier
- ☼ signer
- ☼ creuser
- ☼ construire
- ☼ emménager
- ☼ rénover

23-1 | ☼ 1-3 | ☁ 3-5 | ☁ 5-7 | ☼ 7-9 | ☁ 9-11 | 11-13 | 13-15 | ☁ 15-17 | ☼ 17-19 | ☼ 19-21 | ☼ 21-23

---

mardi 23 juillet

lune 6 • j 18

- ☼ 子 rat
- ☼ 丑 bœuf
- ☁ 寅 tigre
- ☁ 卯 lapin
- ☼ 辰 dragon
- 巳 serpent
- ☁ 午 cheval
- ☁ 未 chèvre
- ☼ 申 singe
- 酉 coq
- ☁ 戌 chien
- 亥 cochon

Jour	Mois	An
戊	辛	甲
子	未	辰
❸	❾	❸
火	土	火

Contrôle

Gérer le quotidien : persévérer, promouvoir, recadrer.

7
4
3
la difficulté initiale

- formation
- régime
- ☁ voyage
- mariage
- spirituel
- ☼ nouveau job
- ☼ inaugurer
- négocier
- signer
- ☼ creuser
- construire
- ☁ emménager
- ☼ rénover

☼ 23-1 | ☼ 1-3 | ☼ 3-5 | ☼ 5-7 | ☁ 7-9 | ☁ 9-11 | ☁ 11-13 | ☁ 13-15 | ☼ 15-17 | ☼ 17-19 | ☼ 19-21 | ☁ 21-23

---

mercredi 24 juillet

lune 6 • j 19

- ☼ 子 rat
- ☼ 丑 bœuf
- 寅 tigre
- ☁ 卯 lapin
- 辰 dragon
- ☼ 巳 serpent
- ☁ 午 cheval
- ☁ 未 chèvre
- 申 singe
- ☼ 酉 coq
- 戌 chien
- ☁ 亥 cochon

Jour	Mois	An
己	辛	甲
丑	未	辰
❷	❾	❸
火	土	火

Destruction

S'isoler pour éviter conflits, ruptures.

9
2
25
l'innocence

- formation
- régime
- voyage
- mariage
- spirituel
- nouveau job
- inaugurer
- négocier
- signer
- creuser
- construire
- emménager
- rénover

☼ 23-1 | ☼ 1-3 | ☼ 3-5 | ☼ 5-7 | 7-9 | ☼ 9-11 | ☁ 11-13 | ☁ 13-15 | ☼ 15-17 | ☼ 17-19 | ☼ 19-21 | ☼ 21-23

☁子 rat
丑 bœuf
☼寅 tigre
卯 lapin
☁辰 dragon
☁巳 serpent
☼午 cheval
未 chèvre
☁申 singe
酉 coq
☼戌 chien
☼亥 cochon

jeudi

☼ feng shui

Jour	Mois	An
庚	辛	甲
寅	未	辰
❶	❾	❸
木	土	火

25 ◑

juillet
lune 6 • j 20

Péril

Adversité, terrain inconnu : on se sent en danger. Se détendre.

3
1
30
le feu

formation
régime
☁ voyage
☁ mariage
☼ spirituel
nouveau job
inaugurer
négocier
signer
☼ creuser
construire
emménager
rénover

☁23-1	☼1-3	3-5	5-7	☼7-9	☁9-11	11-13	☼13-15	☼15-17	☁17-19	☁19-21	☼21-23

☁子 rat
☁丑 bœuf
寅 tigre
☼卯 lapin
☁辰 dragon
☁巳 serpent
午 cheval
☼未 chèvre
申 singe
☁酉 coq
☼戌 chien
☼亥 cochon

vendredi

☼ feng shui

Jour	Mois	An
辛	辛	甲
卯	未	辰
❾	❾	❸
木	土	火

26

juillet
lune 6 • j 21

Réussite

Atteindre son but, concrétiser, pacifier.

2
3
61
la vérité intérieure

☼ formation
☼ régime
☼ voyage
☼ mariage
☼ spirituel
☼ nouveau job
☼ inaugurer
☼ négocier
☼ signer
☼ creuser
☼ construire
☼ emménager
☼ rénover

☼23-1	1-3	☼3-5	☼5-7	☁7-9	☼9-11	☼11-13	☼13-15	15-17	☁17-19	19-21	☁21-23

☼子 rat
丑 bœuf
☁寅 tigre
☁卯 lapin
☼辰 dragon
巳 serpent
☁午 cheval
未 chèvre
☼申 singe
☼酉 coq
☁戌 chien
亥 cochon

samedi

Jour	Mois	An
壬	辛	甲
辰	未	辰
❽	❾	❸
水	土	火

27

juillet
lune 6 • j 22

Moisson

Placé au milieu d'un champ, on récolte ce qu'il y pousse.

6
4
26
le pouvoir d'apprivoisement du grand

☼ formation
régime
voyage
mariage
spirituel
nouveau job
inaugurer
négocier
☼ signer
creuser
construire
emménager
rénover

☁23-1	☼1-3	☼3-5	☁5-7	☼7-9	☼9-11	☼11-13	13-15	☁15-17	☼17-19	☁19-21	☼21-23

子 rat
☼丑 bœuf
☁寅 tigre
☁卯 lapin
辰 dragon
☼巳 serpent
午 cheval
☁未 chèvre
申 singe
☼酉 coq
戌 chien
☁亥 cochon

dimanche

Jour	Mois	An
癸	辛	甲
巳	未	辰
❼	❾	❸
水	土	火

28 ◐

juillet
lune 6 • j 23

Ouverture

Libération, disparition des obstacles. Ouvrir son espace et son cœur.

4
6
43
la percée

formation
régime
☁ voyage
☼ mariage
spirituel
☼ nouveau job
☼ inaugurer
négocier
☼ signer
☁ creuser
construire
☼ emménager
rénover

☁23-1	☼1-3	☁3-5	☼5-7	☼7-9	☼9-11	11-13	13-15	☁15-17	17-19	☼19-21	☁21-23

Éphémérides

- le 31, dernier croissant à 21:28e
- le 4, nouvelle lune à 13:14e

hexagramme du mois

9
3
6
le conflit

secteurs à éviter

☼ *favorable*
neutre
☂ *défavorable*

---

lundi 29 juillet

lune 6 • j 24

☂ 子 rat
☂ 丑 bœuf
☼ 寅 tigre
卯 lapin
☂ 辰 dragon
巳 serpent
☼ 午 cheval
☼ 未 chèvre
☂ 申 singe
酉 coq
☼ 戌 chien
亥 cochon

Jour	Mois	An
甲	辛	甲
午	未	辰
6	9	3
金	土	火

Terminaison

Esprit troublé. Ne rien entreprendre d'important. Repli.

9
1
1
le ciel

formation
régime
voyage
mariage
spirituel
nouveau job
inaugurer
négocier
signer
☼ creuser
construire
emménager
rénover

☂ 23-1	☼ 1-3	☼ 3-5	☼ 5-7	☼ 7-9	☂ 9-11	☂ 11-13	☼ 13-15	☼ 15-17	☼ 17-19	☂ 19-21	21-23

---

mardi 30 juillet

lune 6 • j 25

☂ 子 rat
☂ 丑 bœuf
☂ 寅 tigre
☂ 卯 lapin
☂ 辰 dragon
☂ 巳 serpent
☂ 午 cheval
☂ 未 chèvre
☂ 申 singe
☂ 酉 coq
☂ 戌 chien
☂ 亥 cochon

Jour	Mois	An
乙	辛	甲
未	未	辰
5	9	3
金	土	火

Fondation

Poser la première pierre.

7
6
48
le puits

☂ formation
☂ régime
☂ voyage
☂ mariage
☂ spirituel
☂ nouveau job
☂ inaugurer
☂ négocier
☂ signer
☂ creuser
☂ construire
☂ emménager
☂ rénover

☂ 23-1	☂ 1-3	☼ 3-5	☼ 5-7	7-9	☂ 9-11	☂ 11-13	☂ 13-15	☼ 15-17	☂ 17-19	☼ 19-21	☼ 21-23

---

mercredi 31 juillet

lune 6 • j 26

☼ 子 rat
丑 bœuf
☂ 寅 tigre
卯 lapin
☼ 辰 dragon
巳 serpent
☂ 午 cheval
未 chèvre
☼ 申 singe
酉 coq
☂ 戌 chien
☂ 亥 cochon

Jour	Mois	An
丙	辛	甲
申	未	辰
4	9	3
火	土	火

Nettoyage

Nettoyer, ranger, se séparer de ce qui est usé, abimé, inutile.

8
4
40
la libération

formation
☼ régime
☂ voyage
☂ mariage
☼ spirituel
☂ nouveau job
☂ inaugurer
négocier
signer
☼ creuser
construire
☂ emménager
☼ rénover

☼ 23-1	☼ 1-3	☼ 3-5	5-7	☂ 7-9	9-11	11-13	☼ 13-15	15-17	17-19	☼ 19-21	☂ 21-23

jeudi

1
août
lune 6 • j 27

- 子 rat
- ☼ 丑 bœuf
- 寅 tigre
- ☁ 卯 lapin
- ☼ 辰 dragon
- ☼ 巳 serpent
- 午 cheval
- ☁ 未 chèvre
- 申 singe
- ☼ 酉 coq
- ☁ 戌 chien
- ☁ 亥 cochon

Jour	*Mois*	*An*
丁	辛	甲
酉	未	辰
❸	❾	❸
火	土	火

Accumulation

Effet boule de neige. Rester positif, confiant. Faire la fête.

4
9
31
l'influence

- formation
- ☁ régime
- voyage
- ☁ mariage
- spirituel
- nouveau job
- ☼ inaugurer
- négocier
- signer
- creuser
- construire
- emménager
- ☁ rénover

☼ 23-1 | ☼ 1-3 | 3-5 | ☼ 5-7 | ☁ 7-9 | ☁ 9-11 | ☼ 11-13 | ☼ 13-15 | 15-17 | ☼ 17-19 | ☁ 19-21 | ☼ 21-23

vendredi

2
août
lune 6 • j 28

- ☁ 子 rat
- ☁ 丑 bœuf
- ☼ 寅 tigre
- ☼ 卯 lapin
- ☁ 辰 dragon
- 巳 serpent
- ☼ 午 cheval
- 未 chèvre
- ☁ 申 singe
- ☁ 酉 coq
- ☼ 戌 chien
- 亥 cochon

Jour	*Mois*	*An*
戊	辛	甲
戌	未	辰
❷	❾	❸
木	土	火

Equilibrage

Tout est amené au point d'équilibre.

1
6
15
l'humilité

- ☁ formation
- ☁ régime
- ☼ voyage
- ☼ mariage
- spirituel
- nouveau job
- ☁ inaugurer
- ☼ négocier
- ☁ signer
- creuser
- ☼ construire
- emménager
- rénover

☼ 23-1 | 1-3 | ☼ 3-5 | ☼ 5-7 | ☁ 7-9 | 9-11 | ☁ 11-13 | ☼ 13-15 | ☼ 15-17 | 17-19 | 19-21 | ☼ 21-23

samedi
☼ feng shui

3
août
lune 6 • j 29

- 子 rat
- ☁ 丑 bœuf
- ☼ 寅 tigre
- ☼ 卯 lapin
- 辰 dragon
- ☁ 巳 serpent
- 午 cheval
- ☼ 未 chèvre
- ☁ 申 singe
- ☁ 酉 coq
- 戌 chien
- ☼ 亥 cochon

Jour	*Mois*	*An*
己	辛	甲
亥	未	辰
❶	❾	❸
木	土	火

Stabilité

Tout va durer longtemps. S'occuper du long terme.

2
2
20
la contemplation

- ☼ formation
- ☼ régime
- voyage
- ☼ mariage
- ☼ spirituel
- ☼ nouveau job
- ☼ inaugurer
- ☼ négocier
- ☼ signer
- ☼ creuser
- ☼ construire
- ☼ emménager
- ☼ rénover

☼ 23-1 | ☼ 1-3 | ☼ 3-5 | ☁ 5-7 | 7-9 | ☁ 9-11 | ☼ 11-13 | ☼ 13-15 | ☁ 15-17 | ☁ 17-19 | ☼ 19-21 | ☼ 21-23

dimanche

4
août
lune 7 • j 1

- ☼ 子 rat
- ☼ 丑 bœuf
- ☁ 寅 tigre
- ☁ 卯 lapin
- ☼ 辰 dragon
- 巳 serpent
- ☁ 午 cheval
- ☁ 未 chèvre
- ☼ 申 singe
- 酉 coq
- ☁ 戌 chien
- 亥 cochon

Jour	*Mois*	*An*
庚	辛	甲
子	未	辰
❾	❽	❸
土	土	火

Contrôle

Gérer le quotidien : persévérer, promouvoir, recadrer.

2
9
42
l'augmentation

- formation
- régime
- ☁ voyage
- mariage
- spirituel
- ☼ nouveau job
- ☼ inaugurer
- négocier
- signer
- ☼ creuser
- construire
- ☁ emménager
- ☼ rénover

☁ 23-1 | ☼ 1-3 | ☼ 3-5 | ☼ 5-7 | ☁ 7-9 | ☁ 9-11 | ☼ 11-13 | ☁ 13-15 | ☼ 15-17 | ☼ 17-19 | ☁ 19-21 | 21-23

Semaine 32

Éphémérides

- ✸ le 7, début de l'automne à 2:09e
- ◐ le 8, premier croissant à 5:49e

	avant le 7 août	à partir du 7 août
hexagramme du mois	9 / 3 — 6 le conflit	1 / 7 — 7 l'armée
secteurs à éviter		

☼ *favorable*
neutre
🌧 *défavorable*

---

lundi

5 août
lune 7 • j 2

子 rat ☼	丑 bœuf ☼	寅 tigre	卯 lapin 🌧	辰 dragon	巳 serpent ☼	午 cheval 🌧	未 chèvre 🌧	申 singe	酉 coq ☼	戌 chien	亥 cochon 🌧

Jour	Mois	An
辛	辛	甲
丑	未	辰
❽	❽	❸
土	土	火

1 / 3 — 36 l'obscurcissement de la lumière

Destruction

S'isoler pour éviter conflits, ruptures.

formation, régime, voyage, mariage, spirituel, nouveau job, inaugurer, négocier, signer, creuser, construire, emménager, rénover

23-1	☼ 1-3	☼ 3-5	☼ 5-7	🌧 7-9	☼ 9-11	🌧 11-13	🌧 13-15	☼ 15-17	🌧 17-19	☼ 19-21	☼ 21-23

---

mardi

☼ feng shui

6 août
lune 7 • j 3

子 rat 🌧	丑 bœuf	寅 tigre ☼	卯 lapin	辰 dragon 🌧	巳 serpent 🌧	午 cheval ☼	未 chèvre	申 singe 🌧	酉 coq	戌 chien ☼	亥 cochon ☼

Jour	Mois	An
壬	辛	甲
寅	未	辰
❼	❽	❸
金	土	火

9 / 7 — 13 la communauté avec les hommes

Péril

Adversité, terrain inconnu : on se sent en danger. Se détendre.

formation, régime, 🌧 voyage, 🌧 mariage, ☼ spirituel, nouveau job, inaugurer, négocier, signer, ☼ creuser, construire, emménager, rénover

☼ 23-1	☼ 1-3	🌧 3-5	5-7	☼ 7-9	🌧 9-11	11-13	☼ 13-15	🌧 15-17	🌧 17-19	☼ 19-21	☼ 21-23

---

mercredi

7 ✸ août
lune 7 • j 4

子 rat 🌧	丑 bœuf 🌧	寅 tigre	卯 lapin ☼	辰 dragon 🌧	巳 serpent 🌧	午 cheval	未 chèvre ☼	申 singe	酉 coq 🌧	戌 chien ☼	亥 cochon ☼

Jour	Mois	An
癸	辛	甲
卯	未	辰
❻	❽	❸
金	土	火

8 / 7 — 54 l'épousée

Réussite

Atteindre son but, concrétiser, pacifier.

formation, régime, voyage, ☼ mariage, spirituel, nouveau job, inaugurer, ☼ négocier, signer, creuser, ☼ construire, ☼ emménager, rénover

23-1	🌧 1-3	☼ 3-5	☼ 5-7	🌧 7-9	☼ 9-11	☼ 11-13	☼ 13-15	15-17	17-19	19-21	🌧 21-23

jeudi — 8 août ◐

lune 7 • j 5

☼子 rat
丑 bœuf
🌧寅 tigre
🌧卯 lapin
☼辰 dragon
巳 serpent
🌧午 cheval
未 chèvre
☼申 singe
☼酉 coq
🌧戌 chien
亥 cochon

Jour	Mois	An
甲	壬	甲
辰	申	辰
❺	❽	❸
火	金	火

Réussite

Atteindre son but, concrétiser, pacifier.

3
2
38
l'opposition

formation
régime
voyage
☼ mariage
spirituel
nouveau job
🌧 inaugurer
☼ négocier
🌧 signer
creuser
☼ construire
☼ emménager
rénover

🌧23-1 ☼1-3 ☼3-5 🌧5-7 ☼7-9 ☼9-11 🌧11-13 ☼13-15 15-17 ☼17-19 🌧19-21 ☼21-23

vendredi — 9 août

lune 7 • j 6

子 rat
☼丑 bœuf
🌧寅 tigre
🌧卯 lapin
辰 dragon
☼巳 serpent
午 cheval
🌧未 chèvre
申 singe
☼酉 coq
戌 chien
🌧亥 cochon

Jour	Mois	An
乙	壬	甲
巳	申	辰
❹	❽	❸
火	金	火

Moisson

Placé au milieu d'un champ, on récolte ce qu'il y pousse.

7
3
5
l'attente

☼ formation
régime
🌧 voyage
mariage
spirituel
nouveau job
🌧 inaugurer
négocier
signer
creuser
construire
emménager
rénover

☼23-1 ☼1-3 🌧3-5 🌧5-7 ☼7-9 9-11 11-13 13-15 ☼15-17 17-19 ☼19-21 ☼21-23

samedi — 10 août

☼ feng shui

lune 7 • j 7

🌧子 rat
🌧丑 bœuf
☼寅 tigre
卯 lapin
🌧辰 dragon
巳 serpent
☼午 cheval
☼未 chèvre
🌧申 singe
酉 coq
☼戌 chien
亥 cochon

Jour	Mois	An
丙	壬	甲
午	申	辰
❸	❽	❸
水	金	火

Ouverture

Libération, disparition des obstacles. Ouvrir son espace et son cœur.

4
3
28
la prépondérance du grand

☼ formation
régime
☼ voyage
☼ mariage
☼ spirituel
☼ nouveau job
☼ inaugurer
☼ négocier
☼ signer
creuser
☼ construire
☼ emménager
☼ rénover

☼23-1 ☼1-3 🌧3-5 ☼5-7 🌧7-9 🌧9-11 ☼11-13 13-15 ☼15-17 ☼17-19 19-21 ☼21-23

dimanche — 11 août

lune 7 • j 8

🌧子 rat
🌧丑 bœuf
寅 tigre
☼卯 lapin
辰 dragon
🌧巳 serpent
☼午 cheval
☼未 chèvre
申 singe
🌧酉 coq
🌧戌 chien
☼亥 cochon

Jour	Mois	An
丁	壬	甲
未	申	辰
❷	❽	❸
水	金	火

Terminaison

Esprit troublé. Ne rien entreprendre d'important. Repli.

6
7
18
le travail sur ce qui est corrompu

🌧 formation
🌧 régime
voyage
mariage
spirituel
nouveau job
🌧 inaugurer
négocier
🌧 signer
creuser
construire
emménager
rénover

🌧23-1 🌧1-3 🌧3-5 🌧5-7 ☼7-9 ☼9-11 11-13 13-15 ☼15-17 ☼17-19 ☼19-21 ☼21-23

Semaine 33

Éphémérides

◐ le 12, premier quartier à 17:19e
◐ le 16, lune gibbeuse croissante à 9:55e

hexagramme du mois

1
7
7
l'armée

secteurs à éviter

☀ *favorable*
neutre
🌧 *défavorable*

☀ 子 rat
丑 bœuf
🌧 寅 tigre
卯 lapin
☀ 辰 dragon
巳 serpent
🌧 午 cheval
未 chèvre
☀ 申 singe
酉 coq
🌧 戌 chien
🌧 亥 cochon

lundi

12 ◐ août
lune 7 • j 9

Jour	*Mois*	*An*
戊	壬	甲
申	申	辰
❶	❽	❸
土	金	火

Fondation

Poser la première pierre.

2
6
59
la dispersion

formation
régime
☀ voyage
mariage
spirituel
☀ nouveau job
inaugurer
☀ négocier
signer
🌧 creuser
☀ construire
emménager
rénover

23-1	☀ 1-3	3-5	5-7	☀ 7-9	☀ 9-11	11-13	☀ 13-15	☀ 15-17	🌧 17-19	19-21	🌧 21-23

子 rat
☀ 丑 bœuf
寅 tigre
🌧 卯 lapin
☀ 辰 dragon
☀ 巳 serpent
午 cheval
🌧 未 chèvre
申 singe
☀ 酉 coq
🌧 戌 chien
🌧 亥 cochon

mardi

13 août
lune 7 • j 10

Jour	*Mois*	*An*
己	壬	甲
酉	申	辰
❾	❽	❸
土	金	火

Nettoyage

Nettoyer, ranger, se séparer de ce qui est usé, abimé, inutile.

3
8
56
le voyageur

formation
☀ régime
🌧 voyage
🌧 mariage
☀ spirituel
🌧 nouveau job
🌧 inaugurer
négocier
signer
☀ creuser
construire
🌧 emménager
☀ rénover

☀ 23-1	☀ 1-3	☀ 3-5	☀ 5-7	7-9	9-11	☀ 11-13	☀ 13-15	15-17	17-19	🌧 19-21	21-23

🌧 子 rat
🌧 丑 bœuf
☀ 寅 tigre
☀ 卯 lapin
🌧 辰 dragon
巳 serpent
☀ 午 cheval
未 chèvre
🌧 申 singe
🌧 酉 coq
☀ 戌 chien
亥 cochon

mercredi

14 août
lune 7 • j 11

Jour	*Mois*	*An*
庚	壬	甲
戌	申	辰
❽	❽	❸
金	金	火

Accumulation

Effet boule de neige. Rester positif, confiant. Faire la fête.

9
9
12
la stagnation

formation
régime
voyage
🌧 mariage
spirituel
nouveau job
☀ inaugurer
négocier
signer
creuser
construire
emménager
🌧 rénover

🌧 23-1	☀ 1-3	3-5	🌧 5-7	🌧 7-9	☀ 9-11	11-13	13-15	☀ 15-17	17-19	🌧 19-21	☀ 21-23

子 rat
丑 bœuf
寅 tigre
卯 lapin
辰 dragon
巳 serpent
午 cheval
未 chèvre
申 singe
酉 coq
戌 chien
亥 cochon

jeudi

15
août
lune 7 • j 12

Jour	Mois	An
辛	壬	甲
亥	申	辰
❼	❽	❸
金	金	火

Equilibrage

Tout est amené au point d'équilibre.

7
7
8
l'union

formation
régime
voyage
mariage
spirituel
nouveau job
inaugurer
négocier
signer
creuser
construire
emménager
rénover

23-1 | 1-3 | 3-5 | 5-7 | 7-9 | 9-11 | 11-13 | 13-15 | 15-17 | 17-19 | 19-21 | 21-23

子 rat
丑 bœuf
寅 tigre
卯 lapin
辰 dragon
巳 serpent
午 cheval
未 chèvre
申 singe
酉 coq
戌 chien
亥 cochon

vendredi

16 ◐
août
lune 7 • j 13

Jour	Mois	An
壬	壬	甲
子	申	辰
❻	❽	❸
木	金	火

Stabilité

Tout va durer longtemps. S'occuper du long terme.

8
1
51
l'ébranlement

formation
régime
voyage
mariage
spirituel
nouveau job
inaugurer
négocier
signer
creuser
construire
emménager
rénover

23-1 | 1-3 | 3-5 | 5-7 | 7-9 | 9-11 | 11-13 | 13-15 | 15-17 | 17-19 | 19-21 | 21-23

子 rat
丑 bœuf
寅 tigre
卯 lapin
辰 dragon
巳 serpent
午 cheval
未 chèvre
申 singe
酉 coq
戌 chien
亥 cochon

samedi

17
août
lune 7 • j 14

Jour	Mois	An
癸	壬	甲
丑	申	辰
❺	❽	❸
木	金	火

Contrôle

Gérer le quotidien : persévérer, promouvoir, recadrer.

6
8
22
la grâce

formation
régime
voyage
mariage
spirituel
nouveau job
inaugurer
négocier
signer
creuser
construire
emménager
rénover

23-1 | 1-3 | 3-5 | 5-7 | 7-9 | 9-11 | 11-13 | 13-15 | 15-17 | 17-19 | 19-21 | 21-23

子 rat
丑 bœuf
寅 tigre
卯 lapin
辰 dragon
巳 serpent
午 cheval
未 chèvre
申 singe
酉 coq
戌 chien
亥 cochon

dimanche

18
août
lune 7 • j 15

Jour	Mois	An
甲	壬	甲
寅	申	辰
❹	❽	❸
水	金	火

Destruction

S'isoler pour éviter conflits, ruptures.

7
9
63
après
l'accomplissement

formation
régime
voyage
mariage
spirituel
nouveau job
inaugurer
négocier
signer
creuser
construire
emménager
rénover

23-1 | 1-3 | 3-5 | 5-7 | 7-9 | 9-11 | 11-13 | 13-15 | 15-17 | 17-19 | 19-21 | 21-23

Semaine 34

Éphémérides

◯ le 19, pleine lune à 20:26e
⌖ le 22, fin de la chaleur à 16:55e
◑ le 23, lune gibbeuse décroissante à 13:02e

hexagramme du mois

1
7

7
l'armée

secteurs à éviter

☼ *favorable*
neutre
☁ *défavorable*

---

lundi 19 août ◯

☼ feng shui

lune 7 • j 16

Jour	Mois	An
乙	壬	甲
卯	申	辰
❸	❽	❸
水	金	火

Péril

Adversité, terrain inconnu : on se sent en danger. Se détendre.

1
4

19
l'approche

☁ 子 rat
☁ 丑 bœuf
☁ 寅 tigre
☁ 卯 lapin
☁ 辰 dragon
☁ 巳 serpent
☁ 午 cheval
☁ 未 chèvre
☁ 申 singe
☁ 酉 coq
☁ 戌 chien
☁ 亥 cochon

☁ formation
☁ régime
☁ voyage
☁ mariage
☁ spirituel
☁ nouveau job
☁ inaugurer
☁ négocier
☁ signer
☁ creuser
☁ construire
☁ emménager
☁ rénover

☼ 23-1 · 1-3 · ☼ 3-5 · ☼ 5-7 · ☁ 7-9 · ☁ 9-11 · 11-13 · ☼ 13-15 · ☼ 15-17 · 17-19 · 19-21 · 21-23

---

mardi 20 août

lune 7 • j 17

Jour	Mois	An
丙	壬	甲
辰	申	辰
❷	❽	❸
土	金	火

Réussite

Atteindre son but, concrétiser, pacifier.

4
1

58
le lac

☼ 子 rat
丑 bœuf
☁ 寅 tigre
☁ 卯 lapin
☼ 辰 dragon
巳 serpent
☁ 午 cheval
未 chèvre
☼ 申 singe
☼ 酉 coq
☁ 戌 chien
亥 cochon

formation
régime
voyage
☼ mariage
spirituel
nouveau job
inaugurer
☼ négocier
signer
creuser
☼ construire
☼ emménager
rénover

23-1 · 1-3 · ☼ 3-5 · ☁ 5-7 · ☁ 7-9 · 9-11 · ☼ 11-13 · 13-15 · ☼ 15-17 · ☼ 17-19 · ☁ 19-21 · ☼ 21-23

---

mercredi 21 août

lune 7 • j 18

Jour	Mois	An
丁	壬	甲
巳	申	辰
❶	❽	❸
土	金	火

Moisson

Placé au milieu d'un champ, on récolte ce qu'il y pousse.

2
8

9
le pouvoir d'apprivoisement du petit

子 rat
☼ 丑 bœuf
☁ 寅 tigre
☁ 卯 lapin
辰 dragon
☼ 巳 serpent
午 cheval
☁ 未 chèvre
申 singe
☼ 酉 coq
戌 chien
☁ 亥 cochon

☼ formation
régime
☁ voyage
mariage
spirituel
nouveau job
inaugurer
négocier
☼ signer
creuser
construire
emménager
rénover

☁ 23-1 · ☼ 1-3 · ☁ 3-5 · ☁ 5-7 · ☼ 7-9 · ☼ 9-11 · ☼ 11-13 · ☼ 13-15 · ☁ 15-17 · ☼ 17-19 · ☼ 19-21 · ☼ 21-23

jeudi 22 août ⌖

☼ feng shui

lune 7 • j 19

☁子 rat
☁丑 bœuf
☼寅 tigre
卯 lapin
☁辰 dragon
巳 serpent
☼午 cheval
☼未 chèvre
☁申 singe
酉 coq
☼戌 chien
亥 cochon

Jour	Mois	An
戊	壬	甲
午	申	辰
9	8	3
火	金	火

3
4
50
le chaudron

Ouverture

Libération, disparition des obstacles. Ouvrir son espace et son cœur.

☼ formation
régime
☼ voyage
☼ mariage
☼ spirituel
☼ nouveau job
☼ inaugurer
☼ négocier
☼ signer
creuser
☼ construire
☼ emménager
☼ rénover

☁23-1	1-3	3-5	☼5-7	☼7-9	☁9-11	☼11-13	☼13-15	☼15-17	☼17-19	☁19-21	☁21-23

vendredi 23 août ☽

lune 7 • j 20

☁子 rat
☁丑 bœuf
寅 tigre
☼卯 lapin
辰 dragon
☁巳 serpent
☼午 cheval
☼未 chèvre
申 singe
☁酉 coq
☁戌 chien
☼亥 cochon

Jour	Mois	An
己	壬	甲
未	申	辰
8	8	3
火	金	火

1
2
46
la poussée vers le haut

Terminaison

Esprit troublé. Ne rien entreprendre d'important. Repli.

☁ formation
☁ régime
voyage
mariage
spirituel
nouveau job
☁ inaugurer
négocier
☁ signer
creuser
construire
emménager
rénover

☁23-1	☁1-3	☼3-5	☼5-7	☼7-9	☼9-11	11-13	☼13-15	☼15-17	☁17-19	☼19-21	☼21-23

samedi 24 août

lune 7 • j 21

☼子 rat
丑 bœuf
☁寅 tigre
卯 lapin
☼辰 dragon
巳 serpent
☁午 cheval
未 chèvre
☼申 singe
酉 coq
☁戌 chien
☁亥 cochon

Jour	Mois	An
庚	壬	甲
申	申	辰
7	8	3
木	金	火

7
1
29
l'insondable

Fondation

Poser la première pierre.

formation
régime
☼ voyage
mariage
spirituel
☼ nouveau job
inaugurer
☼ négocier
signer
☁ creuser
☼ construire
emménager
rénover

☁23-1	☼1-3	☼3-5	5-7	☼7-9	☼9-11	☼11-13	☼13-15	15-17	☁17-19	☁19-21	☁21-23

dimanche 25 août

lune 7 • j 22

☁子 rat
☁丑 bœuf
☁寅 tigre
☁卯 lapin
☁辰 dragon
☁巳 serpent
☁午 cheval
☁未 chèvre
☁申 singe
☁酉 coq
☁戌 chien
☁亥 cochon

Jour	Mois	An
辛	壬	甲
酉	申	辰
6	8	3
木	金	火

8
3
62
la prépondérance du petit

Nettoyage

Nettoyer, ranger, se séparer de ce qui est usé, abîmé, inutile.

☁ formation
☁ régime
☁ voyage
☁ mariage
☁ spirituel
☁ nouveau job
☁ inaugurer
☁ négocier
☁ signer
☁ creuser
☁ construire
☁ emménager
☁ rénover

23-1	☼1-3	☼3-5	☼5-7	☁7-9	☼9-11	☼11-13	☼13-15	15-17	☁17-19	☁19-21	21-23

Éphémérides

◑ le 26, dernier quartier à 11:27e
◐ le 30, dernier croissant à 4:02e

hexagramme du mois

1
7 ䷆
7
l'armée

secteurs à éviter

☼ *favorable*
neutre
☁ *défavorable*

☁ 子 rat
☁ 丑 bœuf
☼ 寅 tigre
☼ 卯 lapin
☁ 辰 dragon
巳 serpent
☼ 午 cheval
未 chèvre
☁ 申 singe
☁ 酉 coq
☼ 戌 chien
亥 cochon

lundi

26 ◑
août
lune 7 • j 23

Jour	*Mois*	*An*
壬	壬	甲
戌	申	辰
5	8	3
水	金	火

Accumulation

Effet boule de neige. Rester positif, confiant. Faire la fête.

4
4 ䷬
45
le rassemblement

formation
régime
voyage
☁ mariage
spirituel
nouveau job
☼ inaugurer
négocier
signer
creuser
construire
emménager
☁ rénover

☼ 23-1	1-3	3-5	5-7	7-9	☼ 9-11	☁ 11-13	☼ 13-15	☁ 15-17	17-19	☼ 19-21	☼ 21-23

子 rat
☁ 丑 bœuf
☼ 寅 tigre
☼ 卯 lapin
辰 dragon
☁ 巳 serpent
午 cheval
☼ 未 chèvre
☁ 申 singe
☁ 酉 coq
戌 chien
☼ 亥 cochon

mardi

27
août
lune 7 • j 24

Jour	*Mois*	*An*
癸	壬	甲
亥	申	辰
4	8	3
水	金	火

Equilibrage

Tout est amené au point d'équilibre.

6
6 ䷖
23
l'éclatement

formation
régime
☼ voyage
☼ mariage
☼ spirituel
nouveau job
inaugurer
☼ négocier
signer
creuser
☼ construire
emménager
rénover

☁ 23-1	☼ 1-3	3-5	☼ 5-7	☼ 7-9	☼ 9-11	☼ 11-13	☼ 13-15	☁ 15-17	17-19	☼ 19-21	☼ 21-23

☼ 子 rat
☼ 丑 bœuf
☁ 寅 tigre
☁ 卯 lapin
☼ 辰 dragon
巳 serpent
☁ 午 cheval
☁ 未 chèvre
☼ 申 singe
酉 coq
☁ 戌 chien
亥 cochon

mercredi

28
août
lune 7 • j 25

Jour	*Mois*	*An*
甲	壬	甲
子	申	辰
3	8	3
金	金	火

Stabilité

Tout va durer longtemps. S'occuper du long terme.

1
1 ䷁
2
le réceptif

formation
régime
☁ voyage
☼ mariage
spirituel
nouveau job
☼ inaugurer
négocier
☼ signer
creuser
☼ construire
emménager
rénover

☼ 23-1	☼ 1-3	☼ 3-5	☼ 5-7	☁ 7-9	☁ 9-11	☁ 11-13	☁ 13-15	15-17	☼ 17-19	☼ 19-21	☁ 21-23

子 rat
丑 bœuf
寅 tigre
卯 lapin
辰 dragon
巳 serpent
午 cheval
未 chèvre
申 singe
酉 coq
戌 chien
亥 cochon

jeudi

29

août

lune 7 • j 26

Jour	Mois	An
乙	壬	甲
丑	申	辰
❷	❽	❸
金	金	火

3
6
21
mordre au travers

Contrôle

Gérer le quotidien : persévérer, promouvoir, recadrer.

formation
régime
voyage
mariage
spirituel
nouveau job
inaugurer
négocier
signer
creuser
construire
emménager
rénover

23-1 1-3 3-5 5-7 7-9 9-11 11-13 13-15 15-17 17-19 19-21 21-23

子 rat
丑 bœuf
寅 tigre
卯 lapin
辰 dragon
巳 serpent
午 cheval
未 chèvre
申 singe
酉 coq
戌 chien
亥 cochon

vendredi

30

août

lune 7 • j 27

Jour	Mois	An
丙	壬	甲
寅	申	辰
❶	❽	❸
火	金	火

2
4
37
la famille

Destruction

S'isoler pour éviter conflits, ruptures.

formation
régime
voyage
mariage
spirituel
nouveau job
inaugurer
négocier
signer
creuser
construire
emménager
rénover

23-1 1-3 3-5 5-7 7-9 9-11 11-13 13-15 15-17 17-19 19-21 21-23

子 rat
丑 bœuf
寅 tigre
卯 lapin
辰 dragon
巳 serpent
午 cheval
未 chèvre
申 singe
酉 coq
戌 chien
亥 cochon

samedi

feng shui

31

août

lune 7 • j 28

Jour	Mois	An
丁	壬	甲
卯	申	辰
❾	❽	❸
火	金	火

6
9
41
la diminution

Péril

Adversité, terrain inconnu : on se sent en danger. Se détendre.

formation
régime
voyage
mariage
spirituel
nouveau job
inaugurer
négocier
signer
creuser
construire
emménager
rénover

23-1 1-3 3-5 5-7 7-9 9-11 11-13 13-15 15-17 17-19 19-21 21-23

子 rat
丑 bœuf
寅 tigre
卯 lapin
辰 dragon
巳 serpent
午 cheval
未 chèvre
申 singe
酉 coq
戌 chien
亥 cochon

dimanche

1

septembre

lune 7 • j 29

Jour	Mois	An
戊	壬	甲
辰	申	辰
❽	❽	❸
木	金	火

9
6
10
la marche

Réussite

Atteindre son but, concrétiser, pacifier.

formation
régime
voyage
mariage
spirituel
nouveau job
inaugurer
négocier
signer
creuser
construire
emménager
rénover

23-1 1-3 3-5 5-7 7-9 9-11 11-13 13-15 15-17 17-19 19-21 21-23

Semaine 36

Éphémérides

- ● le 3, nouvelle lune à 3:56e
- ◐ le 6, premier croissant à 20:32e
- ✸ le 7, rosée blanche à 5:11e

	avant le 7 septembre	à partir du 7 septembre
hexagramme du mois	1 / 7  7 l'armée	2 / 7  53 le développement
secteurs à éviter		

☼ *favorable*
neutre
☁ *défavorable*

☼ 23-1 ...

lundi 2 septembre
lune 7 • j 30

子 rat · ☼ 丑 bœuf · ☁ 寅 tigre · ☁ 卯 lapin · 辰 dragon · ☼ 巳 serpent · 午 cheval · ☁ 未 chèvre · 申 singe · ☼ 酉 coq · 戌 chien · ☁ 亥 cochon

Jour	Mois	An
己	壬	甲
巳	申	辰
❼	❽	❸
木	金	火

Moisson
Placé au milieu d'un champ, on récolte ce qu'il y pousse.

8 / 2  34 la puissance du grand

☼ formation · régime · ☁ voyage · mariage · spirituel · nouveau job · inaugurer · négocier · ☼ signer · creuser · construire · emménager · rénover

☼ 23-1	☼ 1-3	3-5	☁ 5-7	☼ 7-9	☼ 9-11	☼ 11-13	☼ 13-15	☁ 15-17	☁ 17-19	19-21	☁ 21-23

---

mardi 3 septembre ●
lune 8 • j 1

☁ 子 rat · ☁ 丑 bœuf · ☼ 寅 tigre · 卯 lapin · ☁ 辰 dragon · 巳 serpent · ☼ 午 cheval · ☼ 未 chèvre · ☁ 申 singe · 酉 coq · ☼ 戌 chien · 亥 cochon

Jour	Mois	An
庚	壬	甲
午	申	辰
❻	❼	❸
土	金	火

Ouverture
Libération, disparition des obstacles. Ouvrir son espace et son cœur.

8 / 9  32 la durée

formation · ☁ régime · voyage · ☼ mariage · spirituel · ☼ nouveau job · ☼ inaugurer · négocier · ☼ signer · ☁ creuser · construire · ☼ emménager · rénover

☁ 23-1	☼ 1-3	3-5	☼ 5-7	☼ 7-9	☁ 9-11	☼ 11-13	13-15	☼ 15-17	☼ 17-19	☁ 19-21	☁ 21-23

---

mercredi 4 septembre
lune 8 • j 2

☁ 子 rat · ☁ 丑 bœuf · 寅 tigre · ☼ 卯 lapin · 辰 dragon · ☁ 巳 serpent · ☼ 午 cheval · ☼ 未 chèvre · 申 singe · ☁ 酉 coq · ☁ 戌 chien · ☼ 亥 cochon

Jour	Mois	An
辛	壬	甲
未	申	辰
❺	❼	❸
土	金	火

Terminaison
Esprit troublé. Ne rien entreprendre d'important. Repli.

9 / 3  6 le conflit

☁ formation · ☁ régime · voyage · mariage · spirituel · nouveau job · ☁ inaugurer · négocier · ☁ signer · creuser · construire · emménager · rénover

☁ 23-1	☁ 1-3	☼ 3-5	☼ 5-7	7-9	☼ 9-11	☼ 11-13	13-15	☼ 15-17	☁ 17-19	19-21	21-23

jeudi 5 septembre

lune 8 • j 3

子 rat
丑 bœuf
寅 tigre
卯 lapin
辰 dragon
巳 serpent
午 cheval
未 chèvre
申 singe
酉 coq
戌 chien
亥 cochon

Jour	Mois	An
壬	壬	甲
申	申	辰
4	7	3
金	金	火

Fondation

Poser la première pierre.

1
7
7
l'armée

formation
régime
voyage
mariage
spirituel
nouveau job
inaugurer
négocier
signer
creuser
construire
emménager
rénover

23-1 | 1-3 | 3-5 | 5-7 | 7-9 | 9-11 | 11-13 | 13-15 | 15-17 | 17-19 | 19-21 | 21-23

---

vendredi 6 septembre

lune 8 • j 4

子 rat
丑 bœuf
寅 tigre
卯 lapin
辰 dragon
巳 serpent
午 cheval
未 chèvre
申 singe
酉 coq
戌 chien
亥 cochon

Jour	Mois	An
癸	壬	甲
酉	申	辰
3	7	3
金	金	火

Nettoyage

Nettoyer, ranger, se séparer de ce qui est usé, abimé, inutile.

2
7
53
le développement

formation
régime
voyage
mariage
spirituel
nouveau job
inaugurer
négocier
signer
creuser
construire
emménager
rénover

23-1 | 1-3 | 3-5 | 5-7 | 7-9 | 9-11 | 11-13 | 13-15 | 15-17 | 17-19 | 19-21 | 21-23

---

samedi 7 septembre

lune 8 • j 5

子 rat
丑 bœuf
寅 tigre
卯 lapin
辰 dragon
巳 serpent
午 cheval
未 chèvre
申 singe
酉 coq
戌 chien
亥 cochon

Jour	Mois	An
甲	壬	甲
戌	申	辰
2	7	3
火	金	火

Accumulation

Effet boule de neige. Rester positif, confiant. Faire la fête.

7
2
39
l'obstacle

formation
régime
voyage
mariage
spirituel
nouveau job
inaugurer
négocier
signer
creuser
construire
emménager
rénover

23-1 | 1-3 | 3-5 | 5-7 | 7-9 | 9-11 | 11-13 | 13-15 | 15-17 | 17-19 | 19-21 | 21-23

---

dimanche 8 septembre

feng shui

lune 8 • j 6

子 rat
丑 bœuf
寅 tigre
卯 lapin
辰 dragon
巳 serpent
午 cheval
未 chèvre
申 singe
酉 coq
戌 chien
亥 cochon

Jour	Mois	An
乙	癸	甲
亥	酉	辰
1	7	3
火	金	火

Accumulation

Effet boule de neige. Rester positif, confiant. Faire la fête.

3
3
35
le progrès

formation
régime
voyage
mariage
spirituel
nouveau job
inaugurer
négocier
signer
creuser
construire
emménager
rénover

23-1 | 1-3 | 3-5 | 5-7 | 7-9 | 9-11 | 11-13 | 13-15 | 15-17 | 17-19 | 19-21 | 21-23

Semaine 37

Éphémérides

◐ le 11, premier quartier à 8:06e
◐ le 15, lune gibbeuse croissante à 0:42e

2 / 7 — 53 — le développement — *hexagramme du mois*

secteurs à éviter

☼ *favorable*
neutre
☁ *défavorable*

---

lundi 9 septembre

☼ feng shui

lune 8 • j 7

Jour	Mois	An
丙	癸	甲
子	酉	辰
9	7	3
水	金	火

☼ 子 rat
☼ 丑 bœuf
☁ 寅 tigre
☁ 卯 lapin
☼ 辰 dragon
巳 serpent
☁ 午 cheval
☁ 未 chèvre
☼ 申 singe
酉 coq
☁ 戌 chien
亥 cochon

6 / 3 — 27 — les commissures des lèvres

Equilibrage

Tout est amené au point d'équilibre.

☼ formation
☼ régime
☼ voyage
☼ mariage
☼ spirituel
☼ nouveau job
☼ inaugurer
☼ négocier
☼ signer
☼ creuser
☼ construire
☼ emménager
☼ rénover

☼ 23-1 · ☼ 1-3 · ☼ 3-5 · ☼ 5-7 · ☁ 7-9 · ☁ 9-11 · ☁ 11-13 · ☁ 13-15 · 15-17 · ☼ 17-19 · ☼ 19-21 · ☼ 21-23

---

mardi 10 septembre

lune 8 • j 8

Jour	Mois	An
丁	癸	甲
丑	酉	辰
8	7	3
水	金	火

☼ 子 rat
☼ 丑 bœuf
寅 tigre
☁ 卯 lapin
辰 dragon
☼ 巳 serpent
☁ 午 cheval
☁ 未 chèvre
申 singe
☼ 酉 coq
戌 chien
☁ 亥 cochon

4 / 7 — 17 — la suite

Stabilité

Tout va durer longtemps. S'occuper du long terme.

formation
régime
☁ voyage
☼ mariage
spirituel
nouveau job
☼ inaugurer
négocier
☼ signer
creuser
☼ construire
emménager
rénover

23-1 · ☼ 1-3 · 3-5 · ☁ 5-7 · 7-9 · ☼ 9-11 · ☁ 11-13 · ☁ 13-15 · 15-17 · ☼ 17-19 · ☼ 19-21 · ☼ 21-23

---

mercredi 11 septembre ◐

lune 8 • j 9

Jour	Mois	An
戊	癸	甲
寅	酉	辰
7	7	3
土	金	火

☁ 子 rat
丑 bœuf
☼ 寅 tigre
卯 lapin
☁ 辰 dragon
☁ 巳 serpent
☼ 午 cheval
未 chèvre
☁ 申 singe
酉 coq
☼ 戌 chien
☼ 亥 cochon

8 / 6 — 55 — abondance

Contrôle

Gérer le quotidien : persévérer, promouvoir, recadrer.

formation
régime
☁ voyage
mariage
spirituel
☼ nouveau job
☼ inaugurer
négocier
signer
☼ creuser
construire
☁ emménager
☼ rénover

23-1 · ☼ 1-3 · 3-5 · ☼ 5-7 · ☼ 7-9 · ☁ 9-11 · 11-13 · ☼ 13-15 · ☼ 15-17 · ☁ 17-19 · 19-21 · 21-23

jeudi 12 septembre

子 rat
丑 bœuf
寅 tigre
卯 lapin
辰 dragon
巳 serpent
午 cheval
未 chèvre
申 singe
酉 coq
戌 chien
亥 cochon

Jour	Mois	An
己	癸	甲
卯	酉	辰
6	7	3
土	金	火

12
septembre
lune 8 • j 10

Destruction

S'isoler pour éviter conflits, ruptures.

7
8
60
la limitation

formation
régime
voyage
mariage
spirituel
nouveau job
inaugurer
négocier
signer
creuser
construire
emménager
rénover

23-1 · 1-3 · 3-5 · 5-7 · 7-9 · 9-11 · 11-13 · 13-15 · 15-17 · 17-19 · 19-21 · 21-23

vendredi 13 septembre

feng shui

子 rat
丑 bœuf
寅 tigre
卯 lapin
辰 dragon
巳 serpent
午 cheval
未 chèvre
申 singe
酉 coq
戌 chien
亥 cochon

Jour	Mois	An
庚	癸	甲
辰	酉	辰
5	7	3
金	金	火

13
septembre
lune 8 • j 11

Péril

Adversité, terrain inconnu : on se sent en danger. Se détendre.

1
9
11
la paix

formation
régime
voyage
mariage
spirituel
nouveau job
inaugurer
négocier
signer
creuser
construire
emménager
rénover

23-1 · 1-3 · 3-5 · 5-7 · 7-9 · 9-11 · 11-13 · 13-15 · 15-17 · 17-19 · 19-21 · 21-23

samedi 14 septembre

子 rat
丑 bœuf
寅 tigre
卯 lapin
辰 dragon
巳 serpent
午 cheval
未 chèvre
申 singe
酉 coq
戌 chien
亥 cochon

Jour	Mois	An
辛	癸	甲
巳	酉	辰
4	7	3
金	金	火

14
septembre
lune 8 • j 12

Réussite

Atteindre son but, concrétiser, pacifier.

3
7
14
le grand avoir

formation
régime
voyage
mariage
spirituel
nouveau job
inaugurer
négocier
signer
creuser
construire
emménager
rénover

23-1 · 1-3 · 3-5 · 5-7 · 7-9 · 9-11 · 11-13 · 13-15 · 15-17 · 17-19 · 19-21 · 21-23

dimanche 15 septembre

子 rat
丑 bœuf
寅 tigre
卯 lapin
辰 dragon
巳 serpent
午 cheval
未 chèvre
申 singe
酉 coq
戌 chien
亥 cochon

Jour	Mois	An
壬	癸	甲
午	酉	辰
3	7	3
木	金	火

15
septembre
lune 8 • j 13

Moisson

Placé au milieu d'un champ, on récolte ce qu'il y pousse.

2
1
57
le doux

formation
régime
voyage
mariage
spirituel
nouveau job
inaugurer
négocier
signer
creuser
construire
emménager
rénover

23-1 · 1-3 · 3-5 · 5-7 · 7-9 · 9-11 · 11-13 · 13-15 · 15-17 · 17-19 · 19-21 · 21-23

Semaine 38

Éphémérides

○ le 18, pleine lune à 4:35e
◑ le 21, lune gibbeuse décroissante à 21:11e
⌖ le 22, equinoxe d'automne à 14:43e

2
7
53
le développement
hexagramme du mois

secteurs à éviter

☼ *favorable*
neutre
☁ *défavorable*

☁ 子 rat	**lundi**	**16** septembre, *lune 8 • j 14*
☁ 丑 bœuf		
寅 tigre		
☼ 卯 lapin		
辰 dragon		
☁ 巳 serpent		
☼ 午 cheval		
☼ 未 chèvre		
申 singe		
☁ 酉 coq		
☁ 戌 chien		
☼ 亥 cochon		

Jour	*Mois*	*An*
癸	癸	甲
未	酉	辰
❷	❼	❸
木	金	火

Ouverture

Libération, disparition des obstacles. Ouvrir son espace et son cœur.

4
8
47
l'accablement

formation
régime
voyage
☼ mariage
spirituel
☼ nouveau job
inaugurer
négocier
signer
☁ creuser
construire
☼ emménager
rénover

☁ 23-1	☁ 1-3	☼ 3-5	☼ 5-7	☼ 7-9	☼ 9-11	11-13	☁ 13-15	15-17	☁ 17-19	☼ 19-21	21-23

---

mardi

17 septembre
lune 8 • j 15

☼ 子 rat
丑 bœuf
☁ 寅 tigre
卯 lapin
☼ 辰 dragon
巳 serpent
☁ 午 cheval
未 chèvre
☼ 申 singe
酉 coq
☁ 戌 chien
☁ 亥 cochon

Jour	*Mois*	*An*
甲	癸	甲
申	酉	辰
❶	❼	❸
水	金	火

Terminaison

Esprit troublé. Ne rien entreprendre d'important. Repli.

3
9
64
avant l'accomplissement

formation
régime
voyage
mariage
spirituel
nouveau job
inaugurer
négocier
signer
creuser
construire
emménager
rénover

☼ 23-1	☼ 1-3	☼ 3-5	5-7	☼ 7-9	☼ 9-11	☁ 11-13	☼ 13-15	☁ 15-17	☁ 17-19	☼ 19-21	☁ 21-23

---

mercredi

18 ○ septembre
lune 8 • j 16

子 rat
☼ 丑 bœuf
寅 tigre
☁ 卯 lapin
☼ 辰 dragon
☼ 巳 serpent
午 cheval
☁ 未 chèvre
申 singe
☼ 酉 coq
☁ 戌 chien
☁ 亥 cochon

Jour	*Mois*	*An*
乙	癸	甲
酉	酉	辰
❾	❼	❸
水	金	火

Fondation

Poser la première pierre.

9
4
33
la retraite

formation
régime
☼ voyage
mariage
spirituel
☼ nouveau job
inaugurer
☼ négocier
signer
☁ creuser
☼ construire
emménager
rénover

☼ 23-1	☼ 1-3	☼ 3-5	☼ 5-7	7-9	☁ 9-11	11-13	☁ 13-15	☼ 15-17	☼ 17-19	☁ 19-21	☼ 21-23

jeudi 19 septembre

lune 8 • j 17

子 rat
丑 bœuf
寅 tigre
卯 lapin
辰 dragon
巳 serpent
午 cheval
未 chèvre
申 singe
酉 coq
戌 chien
亥 cochon

Jour	Mois	An
丙	癸	甲
戌	酉	辰
8	7	3
土	金	火

Nettoyage

Nettoyer, ranger, se séparer de ce qui est usé, abimé, inutile.

6
1
52
la montagne

formation
régime
voyage
mariage
spirituel
nouveau job
inaugurer
négocier
signer
creuser
construire
emménager
rénover

23-1 | 1-3 | 3-5 | 5-7 | 7-9 | 9-11 | 11-13 | 13-15 | 15-17 | 17-19 | 19-21 | 21-23

vendredi 20 septembre

feng shui

lune 8 • j 18

子 rat
丑 bœuf
寅 tigre
卯 lapin
辰 dragon
巳 serpent
午 cheval
未 chèvre
申 singe
酉 coq
戌 chien
亥 cochon

Jour	Mois	An
丁	癸	甲
亥	酉	辰
7	7	3
土	金	火

Accumulation

Effet boule de neige. Rester positif, confiant. Faire la fête.

8
8
16
l'enthousiasme

formation
régime
voyage
mariage
spirituel
nouveau job
inaugurer
négocier
signer
creuser
construire
emménager
rénover

23-1 | 1-3 | 3-5 | 5-7 | 7-9 | 9-11 | 11-13 | 13-15 | 15-17 | 17-19 | 19-21 | 21-23

samedi 21 septembre

lune 8 • j 19

子 rat
丑 bœuf
寅 tigre
卯 lapin
辰 dragon
巳 serpent
午 cheval
未 chèvre
申 singe
酉 coq
戌 chien
亥 cochon

Jour	Mois	An
戊	癸	甲
子	酉	辰
6	7	3
火	金	火

Equilibrage

Tout est amené au point d'équilibre.

7
4
3
la difficulté initiale

formation
régime
voyage
mariage
spirituel
nouveau job
inaugurer
négocier
signer
creuser
construire
emménager
rénover

23-1 | 1-3 | 3-5 | 5-7 | 7-9 | 9-11 | 11-13 | 13-15 | 15-17 | 17-19 | 19-21 | 21-23

dimanche 22 septembre

lune 8 • j 20

子 rat
丑 bœuf
寅 tigre
卯 lapin
辰 dragon
巳 serpent
午 cheval
未 chèvre
申 singe
酉 coq
戌 chien
亥 cochon

Jour	Mois	An
己	癸	甲
丑	酉	辰
5	7	3
火	金	火

Stabilité

Tout va durer longtemps. S'occuper du long terme.

9
2
25
l'innocence

formation
régime
voyage
mariage
spirituel
nouveau job
inaugurer
négocier
signer
creuser
construire
emménager
rénover

23-1 | 1-3 | 3-5 | 5-7 | 7-9 | 9-11 | 11-13 | 13-15 | 15-17 | 17-19 | 19-21 | 21-23

Éphémérides

◑ le 24, dernier quartier à 20:51e
◐ le 28, dernier croissant à 13:26e

hexagramme du mois

2
7
53
le développement

secteurs à éviter

☼ *favorable*
neutre
☁ *défavorable*

lundi

☼ feng shui

23 septembre
lune 8 • j 21

- ☁ 子 rat
- 丑 bœuf
- ☼ 寅 tigre
- 卯 lapin
- ☁ 辰 dragon
- ☁ 巳 serpent
- ☼ 午 cheval
- 未 chèvre
- ☁ 申 singe
- 酉 coq
- ☼ 戌 chien
- ☼ 亥 cochon

Jour	*Mois*	*An*
庚	癸	甲
寅	酉	辰
❹	❼	❸
木	金	火

Contrôle

Gérer le quotidien : persévérer, promouvoir, recadrer.

3
1
30
le feu

- ☼ formation
- ☼ régime
- voyage
- ☼ mariage
- ☼ spirituel
- ☼ nouveau job
- ☼ inaugurer
- ☼ négocier
- ☼ signer
- ☼ creuser
- ☼ construire
- emménager
- ☼ rénover

☁ 23-1	☼ 1-3	3-5	5-7	☼ 7-9	☁ 9-11	11-13	☼ 13-15	☼ 15-17	☁ 17-19	☁ 19-21	☼ 21-23

mardi

24 septembre ◑
lune 8 • j 22

- ☁ 子 rat
- ☁ 丑 bœuf
- 寅 tigre
- ☼ 卯 lapin
- ☁ 辰 dragon
- ☁ 巳 serpent
- 午 cheval
- ☼ 未 chèvre
- 申 singe
- ☁ 酉 coq
- ☼ 戌 chien
- ☼ 亥 cochon

Jour	*Mois*	*An*
辛	癸	甲
卯	酉	辰
❸	❼	❸
木	金	火

Destruction

S'isoler pour éviter conflits, ruptures.

2
3
61
la vérité intérieure

- formation
- ☁ régime
- voyage
- mariage
- spirituel
- nouveau job
- inaugurer
- négocier
- signer
- creuser
- construire
- emménager
- rénover

☼ 23-1	1-3	☼ 3-5	☼ 5-7	☁ 7-9	☼ 9-11	☼ 11-13	☼ 13-15	15-17	☁ 17-19	19-21	☁ 21-23

mercredi

☼ feng shui

25 septembre
lune 8 • j 23

- ☼ 子 rat
- 丑 bœuf
- ☁ 寅 tigre
- ☁ 卯 lapin
- ☼ 辰 dragon
- 巳 serpent
- ☁ 午 cheval
- 未 chèvre
- ☼ 申 singe
- ☼ 酉 coq
- ☁ 戌 chien
- 亥 cochon

Jour	*Mois*	*An*
壬	癸	甲
辰	酉	辰
❷	❼	❸
水	金	火

Péril

Adversité, terrain inconnu : on se sent en danger. Se détendre.

6
4
26
le pouvoir d'apprivoisement du grand

- ☁ formation
- ☁ régime
- ☁ voyage
- ☁ mariage
- ☼ spirituel
- nouveau job
- ☁ inaugurer
- négocier
- ☁ signer
- ☼ creuser
- construire
- emménager
- rénover

☁ 23-1	☼ 1-3	☼ 3-5	☁ 5-7	☼ 7-9	☼ 9-11	☼ 11-13	13-15	☁ 15-17	☼ 17-19	☁ 19-21	☼ 21-23

子 rat
丑 bœuf
寅 tigre
卯 lapin
辰 dragon
巳 serpent
午 cheval
未 chèvre
申 singe
酉 coq
戌 chien
亥 cochon

jeudi

Jour	Mois	An
癸	癸	甲
巳	酉	辰
❶	❼	❸
水	金	火

26
septembre
lune 8 • j 24

4
6
43
la percée

Réussite

Atteindre son but, concrétiser, pacifier.

formation
régime
voyage
mariage
spirituel
nouveau job
inaugurer
négocier
signer
creuser
construire
emménager
rénover

23-1 | 1-3 | 3-5 | 5-7 | 7-9 | 9-11 | 11-13 | 13-15 | 15-17 | 17-19 | 19-21 | 21-23

子 rat
丑 bœuf
寅 tigre
卯 lapin
辰 dragon
巳 serpent
午 cheval
未 chèvre
申 singe
酉 coq
戌 chien
亥 cochon

vendredi

Jour	Mois	An
甲	癸	甲
午	酉	辰
❾	❼	❸
金	金	火

27
septembre
lune 8 • j 25

9
1
1
le ciel

Moisson

Placé au milieu d'un champ, on récolte ce qu'il y pousse.

formation
régime
voyage
mariage
spirituel
nouveau job
inaugurer
négocier
signer
creuser
construire
emménager
rénover

23-1 | 1-3 | 3-5 | 5-7 | 7-9 | 9-11 | 11-13 | 13-15 | 15-17 | 17-19 | 19-21 | 21-23

子 rat
丑 bœuf
寅 tigre
卯 lapin
辰 dragon
巳 serpent
午 cheval
未 chèvre
申 singe
酉 coq
戌 chien
亥 cochon

samedi

Jour	Mois	An
乙	癸	甲
未	酉	辰
❽	❼	❸
金	金	火

28
septembre
lune 8 • j 26

7
6
48
le puits

Ouverture

Libération, disparition des obstacles. Ouvrir son espace et son cœur.

formation
régime
voyage
mariage
spirituel
nouveau job
inaugurer
négocier
signer
creuser
construire
emménager
rénover

23-1 | 1-3 | 3-5 | 5-7 | 7-9 | 9-11 | 11-13 | 13-15 | 15-17 | 17-19 | 19-21 | 21-23

子 rat
丑 bœuf
寅 tigre
卯 lapin
辰 dragon
巳 serpent
午 cheval
未 chèvre
申 singe
酉 coq
戌 chien
亥 cochon

dimanche
feng shui

Jour	Mois	An
丙	癸	甲
申	酉	辰
❼	❼	❸
火	金	火

29
septembre
lune 8 • j 27

8
4
40
la libération

Terminaison

Esprit troublé. Ne rien entreprendre d'important. Repli.

formation
régime
voyage
mariage
spirituel
nouveau job
inaugurer
négocier
signer
creuser
construire
emménager
rénover

23-1 | 1-3 | 3-5 | 5-7 | 7-9 | 9-11 | 11-13 | 13-15 | 15-17 | 17-19 | 19-21 | 21-23

Semaine 40

Éphémérides

- ● le 2, nouvelle lune à 20:50e
- ◐ le 6, premier croissant à 13:26e

hexagramme du mois: 2 / 7 — 53 le développement

secteurs à éviter

☼ *favorable*
neutre
☁ *défavorable*

---

lundi 30 septembre
lune 8 • j 28

Jour	Mois	An
丁	癸	甲
酉	酉	辰
6	7	3
火	金	火

子 rat
☼ 丑 bœuf
寅 tigre
☁ 卯 lapin
☼ 辰 dragon
☼ 巳 serpent
午 cheval
☁ 未 chèvre
申 singe
☼ 酉 coq
☁ 戌 chien
☁ 亥 cochon

4 / 9 — 31 l'influence

Fondation
Poser la première pierre.

formation
régime
☼ voyage
mariage
spirituel
☼ nouveau job
inaugurer
☼ négocier
signer
☁ creuser
☼ construire
emménager
rénover

☼ 23-1 · ☼ 1-3 · 3-5 · ☼ 5-7 · ☁ 7-9 · ☁ 9-11 · ☼ 11-13 · ☼ 13-15 · 15-17 · ☼ 17-19 · ☁ 19-21 · ☼ 21-23

---

mardi 1 octobre
lune 8 • j 29

Jour	Mois	An
戊	癸	甲
戌	酉	辰
5	7	3
木	金	火

☁ 子 rat
☁ 丑 bœuf
☼ 寅 tigre
☼ 卯 lapin
☁ 辰 dragon
巳 serpent
☼ 午 cheval
未 chèvre
☁ 申 singe
☁ 酉 coq
☼ 戌 chien
亥 cochon

1 / 6 — 15 l'humilité

Nettoyage
Nettoyer, ranger, se séparer de ce qui est usé, abimé, inutile.

formation
☼ régime
☁ voyage
☁ mariage
☼ spirituel
☁ nouveau job
☁ inaugurer
négocier
signer
☼ creuser
construire
☁ emménager
☼ rénover

☼ 23-1 · 1-3 · ☼ 3-5 · ☼ 5-7 · ☁ 7-9 · 9-11 · ☁ 11-13 · ☼ 13-15 · ☼ 15-17 · 17-19 · 19-21 · ☼ 21-23

---

mercredi 2 octobre ●
☼ feng shui

lune 8 • j 30

Jour	Mois	An
己	癸	甲
亥	酉	辰
4	7	3
木	金	火

子 rat
☁ 丑 bœuf
☼ 寅 tigre
☼ 卯 lapin
辰 dragon
☁ 巳 serpent
午 cheval
☼ 未 chèvre
☁ 申 singe
☁ 酉 coq
戌 chien
☼ 亥 cochon

2 / 2 — 20 la contemplation

Accumulation
Effet boule de neige. Rester positif, confiant. Faire la fête.

☼ formation
☼ régime
☼ voyage
mariage
☼ spirituel
☼ nouveau job
☼ inaugurer
☼ négocier
☼ signer
☼ creuser
☼ construire
☼ emménager
rénover

☼ 23-1 · ☼ 1-3 · ☼ 3-5 · ☁ 5-7 · 7-9 · ☁ 9-11 · ☼ 11-13 · ☼ 13-15 · ☁ 15-17 · ☁ 17-19 · ☼ 19-21 · ☼ 21-23

子 rat
丑 bœuf
寅 tigre
卯 lapin
辰 dragon
巳 serpent
午 cheval
未 chèvre
申 singe
酉 coq
戌 chien
亥 cochon

jeudi

3
octobre
lune 9 • j 1

Jour	Mois	An
庚	癸	甲
子	酉	辰
❸	❻	❸
土	金	火

Equilibrage

Tout est amené au point d'équilibre.

2
9
42
l'augmentation

formation
régime
voyage
mariage
spirituel
nouveau job
inaugurer
négocier
signer
creuser
construire
emménager
rénover

23-1 · 1-3 · 3-5 · 5-7 · 7-9 · 9-11 · 11-13 · 13-15 · 15-17 · 17-19 · 19-21 · 21-23

子 rat
丑 bœuf
寅 tigre
卯 lapin
辰 dragon
巳 serpent
午 cheval
未 chèvre
申 singe
酉 coq
戌 chien
亥 cochon

vendredi

4
octobre
lune 9 • j 2

Jour	Mois	An
辛	癸	甲
丑	酉	辰
❷	❻	❸
土	金	火

Stabilité

Tout va durer longtemps. S'occuper du long terme.

1
3
36
l'obscurcissement de la lumière

formation
régime
voyage
mariage
spirituel
nouveau job
inaugurer
négocier
signer
creuser
construire
emménager
rénover

23-1 · 1-3 · 3-5 · 5-7 · 7-9 · 9-11 · 11-13 · 13-15 · 15-17 · 17-19 · 19-21 · 21-23

子 rat
丑 bœuf
寅 tigre
卯 lapin
辰 dragon
巳 serpent
午 cheval
未 chèvre
申 singe
酉 coq
戌 chien
亥 cochon

samedi

5
octobre
lune 9 • j 3

Jour	Mois	An
壬	癸	甲
寅	酉	辰
❶	❻	❸
金	金	火

Contrôle

Gérer le quotidien : persévérer, promouvoir, recadrer.

9
7
13
la communauté avec les hommes

formation
régime
voyage
mariage
spirituel
nouveau job
inaugurer
négocier
signer
creuser
construire
emménager
rénover

23-1 · 1-3 · 3-5 · 5-7 · 7-9 · 9-11 · 11-13 · 13-15 · 15-17 · 17-19 · 19-21 · 21-23

子 rat
丑 bœuf
寅 tigre
卯 lapin
辰 dragon
巳 serpent
午 cheval
未 chèvre
申 singe
酉 coq
戌 chien
亥 cochon

dimanche

6
octobre
lune 9 • j 4

Jour	Mois	An
癸	癸	甲
卯	酉	辰
❾	❻	❸
金	金	火

Destruction

S'isoler pour éviter conflits, ruptures.

8
7
54
l'épousée

formation
régime
voyage
mariage
spirituel
nouveau job
inaugurer
négocier
signer
creuser
construire
emménager
rénover

23-1 · 1-3 · 3-5 · 5-7 · 7-9 · 9-11 · 11-13 · 13-15 · 15-17 · 17-19 · 19-21 · 21-23

Éphémérides

- ✹ le 7, rosée froide à 20:59e
- ◐ le 10, premier quartier à 20:56e

	avant le 7 octobre	à partir du 7 octobre
hexagramme du mois	2 / 7 — 53 le développement	7 / 2 — 39 l'obstacle
secteurs à éviter		

☼ *favorable*
neutre
☁ *défavorable*

☼子 rat · 丑 bœuf · ☁寅 tigre · ☁卯 lapin · ☼辰 dragon · 巳 serpent · ☁午 cheval · 未 chèvre · ☼申 singe · ☼酉 coq · ☁戌 chien · 亥 cochon

lundi
☼feng shui

Jour	Mois	An
甲	癸	甲
辰	酉	辰
8	6	3
火	金	火

7 ✹
octobre
lune 9 • j 5

3 / 2 — 38 l'opposition

Péril

Adversité, terrain inconnu : on se sent en danger. Se détendre.

☁ formation · ☁ régime · ☁ voyage · ☁ mariage · ☼ spirituel · nouveau job · ☁ inaugurer · négocier · ☁ signer · ☼ creuser · construire · emménager · rénover

☁23-1	☼1-3	☼3-5	☁5-7	☼7-9	☼9-11	☁11-13	☼13-15	15-17	☼17-19	☁19-21	☼21-23

子 rat · ☼丑 bœuf · ☁寅 tigre · ☁卯 lapin · 辰 dragon · ☼巳 serpent · 午 cheval · ☁未 chèvre · 申 singe · ☼酉 coq · 戌 chien · ☁亥 cochon

mardi
☼feng shui

Jour	Mois	An
乙	甲	甲
巳	戌	辰
7	6	3
火	火	火

8
octobre
lune 9 • j 6

7 / 3 — 5 l'attente

Péril

Adversité, terrain inconnu : on se sent en danger. Se détendre.

☼ formation · ☼ régime · voyage · mariage · ☼ spirituel · ☼ nouveau job · inaugurer · ☼ négocier · signer · ☼ creuser · ☼ construire · ☼ emménager · ☼ rénover

☼23-1	☼1-3	☁3-5	☁5-7	☼7-9	9-11	11-13	13-15	☼15-17	17-19	☼19-21	☼21-23

☁子 rat · ☁丑 bœuf · ☼寅 tigre · 卯 lapin · ☁辰 dragon · 巳 serpent · ☼午 cheval · ☼未 chèvre · ☁申 singe · 酉 coq · ☼戌 chien · 亥 cochon

mercredi
☼feng shui

Jour	Mois	An
丙	甲	甲
午	戌	辰
6	6	3
水	火	火

9
octobre
lune 9 • j 7

4 / 3 — 28 la prépondérance du grand

Réussite

Atteindre son but, concrétiser, pacifier.

☼ formation · ☼ régime · ☼ voyage · ☼ mariage · ☼ spirituel · ☼ nouveau job · ☼ inaugurer · ☼ négocier · ☼ signer · ☼ creuser · ☼ construire · ☼ emménager · ☼ rénover

☼23-1	☼1-3	☁3-5	☼5-7	☁7-9	☁9-11	☼11-13	13-15	☼15-17	☼17-19	19-21	☼21-23

jeudi 10 ◐

octobre
lune 9 • j 8

- 🌧 子 rat
- 🌧 丑 bœuf
- 寅 tigre
- ☼ 卯 lapin
- 辰 dragon
- 🌧 巳 serpent
- ☼ 午 cheval
- ☼ 未 chèvre
- 申 singe
- 🌧 酉 coq
- 🌧 戌 chien
- ☼ 亥 cochon

Jour	*Mois*	*An*
丁	甲	甲
未	戌	辰
❺	❻	❸
水	火	火

Moisson

Placé au milieu d'un champ, on récolte ce qu'il y pousse.

6 / 7 ䷑ 18
le travail sur ce qui est corrompu

- ☼ formation
- régime
- voyage
- mariage
- spirituel
- nouveau job
- 🌧 inaugurer
- négocier
- signer
- creuser
- construire
- emménager
- rénover

🌧 23-1	🌧 1-3	🌧 3-5	🌧 5-7	☼ 7-9	☼ 9-11	11-13	13-15	☼ 15-17	☼ 17-19	☼ 19-21	☼ 21-23

vendredi 11

octobre
lune 9 • j 9

- ☼ 子 rat
- 丑 bœuf
- 🌧 寅 tigre
- 卯 lapin
- ☼ 辰 dragon
- 巳 serpent
- 🌧 午 cheval
- 未 chèvre
- ☼ 申 singe
- 酉 coq
- 🌧 戌 chien
- 🌧 亥 cochon

Jour	*Mois*	*An*
戊	甲	甲
申	戌	辰
❹	❻	❸
土	火	火

Ouverture

Libération, disparition des obstacles. Ouvrir son espace et son cœur.

2 / 6 ䷺ 59
la dispersion

- formation
- régime
- voyage
- ☼ mariage
- spirituel
- ☼ nouveau job
- ☼ inaugurer
- négocier
- ☼ signer
- 🌧 creuser
- construire
- ☼ emménager
- rénover

23-1	☼ 1-3	3-5	5-7	☼ 7-9	☼ 9-11	11-13	☼ 13-15	☼ 15-17	🌧 17-19	19-21	🌧 21-23

samedi 12

octobre
lune 9 • j 10

- 子 rat
- ☼ 丑 bœuf
- 寅 tigre
- 🌧 卯 lapin
- ☼ 辰 dragon
- ☼ 巳 serpent
- 午 cheval
- 🌧 未 chèvre
- 申 singe
- ☼ 酉 coq
- 🌧 戌 chien
- 🌧 亥 cochon

Jour	*Mois*	*An*
己	甲	甲
酉	戌	辰
❸	❻	❸
土	火	火

Terminaison

Esprit troublé. Ne rien entreprendre d'important. Repli.

3 / 8 ䷷ 56
le voyageur

- formation
- régime
- voyage
- mariage
- spirituel
- nouveau job
- inaugurer
- négocier
- signer
- creuser
- construire
- emménager
- rénover

☼ 23-1	☼ 1-3	☼ 3-5	☼ 5-7	7-9	9-11	☼ 11-13	☼ 13-15	15-17	17-19	🌧 19-21	21-23

dimanche 13

octobre
lune 9 • j 11

- 🌧 子 rat
- 🌧 丑 bœuf
- ☼ 寅 tigre
- ☼ 卯 lapin
- 🌧 辰 dragon
- 巳 serpent
- ☼ 午 cheval
- 未 chèvre
- 🌧 申 singe
- 🌧 酉 coq
- ☼ 戌 chien
- 亥 cochon

Jour	*Mois*	*An*
庚	甲	甲
戌	戌	辰
❷	❻	❸
金	火	火

Fondation

Poser la première pierre.

9 / 9 ䷋ 12
la stagnation

- formation
- régime
- ☼ voyage
- mariage
- spirituel
- ☼ nouveau job
- inaugurer
- ☼ négocier
- signer
- 🌧 creuser
- ☼ construire
- emménager
- rénover

🌧 23-1	☼ 1-3	3-5	🌧 5-7	🌧 7-9	☼ 9-11	11-13	13-15	☼ 15-17	17-19	🌧 19-21	☼ 21-23

Semaine 42

Éphémérides

◐ le 14, lune gibbeuse croissante à 13:31e
○ le 17, pleine lune à 13:27e

hexagramme du mois : 7 / 2 — 39 l'obstacle

secteurs à éviter :

☼ *favorable*
neutre
☁ *défavorable*

---

lundi 14 octobre ◐

lune 9 • j 12

Jour	Mois	An
辛	甲	甲
亥	戌	辰
❶	❻	❸
金	火	火

7 / 7 — 8 l'union

Nettoyage

Nettoyer, ranger, se séparer de ce qui est usé, abimé, inutile.

☁ 子 rat, ☁ 丑 bœuf, ☁ 寅 tigre, ☁ 卯 lapin, ☁ 辰 dragon, ☁ 巳 serpent, ☁ 午 cheval, ☁ 未 chèvre, ☁ 申 singe, ☁ 酉 coq, ☁ 戌 chien, ☁ 亥 cochon

☁ formation, ☁ régime, ☁ voyage, ☁ mariage, ☁ spirituel, ☁ nouveau job, ☁ inaugurer, ☁ négocier, ☁ signer, ☁ creuser, ☁ construire, ☁ emménager, ☁ rénover

23-1	☼ 1-3	3-5	☁ 5-7	7-9	☼ 9-11	☼ 11-13	☼ 13-15	☁ 15-17	☁ 17-19	☼ 19-21	☼ 21-23

---

mardi 15 octobre

lune 9 • j 13

Jour	Mois	An
壬	甲	甲
子	戌	辰
❾	❻	❸
木	火	火

8 / 1 — 51 l'ébranlement

Accumulation

Effet boule de neige. Rester positif, confiant. Faire la fête.

☼ 子 rat, ☼ 丑 bœuf, ☁ 寅 tigre, ☁ 卯 lapin, ☼ 辰 dragon, 巳 serpent, ☁ 午 cheval, ☁ 未 chèvre, ☼ 申 singe, 酉 coq, ☁ 戌 chien, 亥 cochon

formation, ☁ régime, voyage, ☁ mariage, spirituel, nouveau job, ☼ inaugurer, négocier, signer, creuser, construire, emménager, ☁ rénover

☼ 23-1	☼ 1-3	☁ 3-5	5-7	7-9	9-11	☁ 11-13	☁ 13-15	☁ 15-17	☼ 17-19	☼ 19-21	21-23

---

mercredi 16 octobre

lune 9 • j 14

Jour	Mois	An
癸	甲	甲
丑	戌	辰
❽	❻	❸
木	火	火

6 / 8 — 22 la grâce

Equilibrage

Tout est amené au point d'équilibre.

☁ 子 rat, ☁ 丑 bœuf, ☁ 寅 tigre, ☁ 卯 lapin, ☁ 辰 dragon, ☁ 巳 serpent, ☁ 午 cheval, ☁ 未 chèvre, ☁ 申 singe, ☁ 酉 coq, ☁ 戌 chien, ☁ 亥 cochon

☁ formation, ☁ régime, ☁ voyage, ☁ mariage, ☁ spirituel, ☁ nouveau job, ☁ inaugurer, ☁ négocier, ☁ signer, ☁ creuser, ☁ construire, ☁ emménager, ☁ rénover

☁ 23-1	☼ 1-3	3-5	☼ 5-7	☼ 7-9	☼ 9-11	☁ 11-13	☁ 13-15	☼ 15-17	☼ 17-19	☼ 19-21	☼ 21-23

☂ 子 rat
丑 bœuf
☼ 寅 tigre
卯 lapin
☂ 辰 dragon
☂ 巳 serpent
☼ 午 cheval
未 chèvre
☂ 申 singe
酉 coq
☼ 戌 chien
☼ 亥 cochon

jeudi

17 ○

octobre

lune 9 • j 15

Jour	Mois	An
甲	甲	甲
寅	戌	辰
❼	❻	❸
水	火	火

Stabilité

Tout va durer longtemps. S'occuper du long terme.

7
9
䷾
63
après l'accomplissement

formation
régime
☂ voyage
☼ mariage
spirituel
nouveau job
☼ inaugurer
négocier
☼ signer
creuser
☼ construire
emménager
rénover

23-1 | ☼ 1-3 | ☼ 3-5 | 5-7 | ☼ 7-9 | ☂ 9-11 | ☂ 11-13 | ☼ 13-15 | 15-17 | ☂ 17-19 | ☼ 19-21 | ☼ 21-23

☂ 子 rat
☂ 丑 bœuf
☂ 寅 tigre
☂ 卯 lapin
☂ 辰 dragon
☂ 巳 serpent
☂ 午 cheval
☂ 未 chèvre
☂ 申 singe
☂ 酉 coq
☂ 戌 chien
☂ 亥 cochon

vendredi

18

octobre

lune 9 • j 16

Jour	Mois	An
乙	甲	甲
卯	戌	辰
❻	❻	❸
水	火	火

Contrôle

Gérer le quotidien : persévérer, promouvoir, recadrer.

1
4
䷒
19
l'approche

☂ formation
☂ régime
☂ voyage
☂ mariage
☂ spirituel
☂ nouveau job
☂ inaugurer
☂ négocier
☂ signer
☂ creuser
☂ construire
☂ emménager
☂ rénover

☼ 23-1 | 1-3 | ☼ 3-5 | ☼ 5-7 | ☂ 7-9 | ☂ 9-11 | 11-13 | ☼ 13-15 | ☼ 15-17 | 17-19 | 19-21 | 21-23

☼ 子 rat
丑 bœuf
☂ 寅 tigre
☂ 卯 lapin
☼ 辰 dragon
巳 serpent
☂ 午 cheval
未 chèvre
☼ 申 singe
☼ 酉 coq
☂ 戌 chien
亥 cochon

samedi

19

octobre

lune 9 • j 17

Jour	Mois	An
丙	甲	甲
辰	戌	辰
❺	❻	❸
土	火	火

Destruction

S'isoler pour éviter conflits, ruptures.

4
1
䷹
58
le lac

formation
régime
voyage
mariage
spirituel
nouveau job
inaugurer
négocier
signer
creuser
☼ construire
emménager
☼ rénover

23-1 | 1-3 | ☼ 3-5 | ☂ 5-7 | ☂ 7-9 | 9-11 | ☼ 11-13 | 13-15 | ☼ 15-17 | ☼ 17-19 | ☂ 19-21 | ☼ 21-23

子 rat
☼ 丑 bœuf
☂ 寅 tigre
☂ 卯 lapin
辰 dragon
☼ 巳 serpent
午 cheval
☂ 未 chèvre
申 singe
☼ 酉 coq
戌 chien
☂ 亥 cochon

dimanche

☼ feng shui

20

octobre

lune 9 • j 18

Jour	Mois	An
丁	甲	甲
巳	戌	辰
❹	❻	❸
土	火	火

Péril

Adversité, terrain inconnu : on se sent en danger. Se détendre.

2
8
䷈
9
le pouvoir d'apprivoisement du petit

formation
régime
☂ voyage
☂ mariage
☼ spirituel
nouveau job
inaugurer
négocier
signer
☼ creuser
construire
emménager
rénover

☂ 23-1 | ☼ 1-3 | ☂ 3-5 | ☂ 5-7 | ☼ 7-9 | ☼ 9-11 | ☼ 11-13 | ☼ 13-15 | ☂ 15-17 | ☼ 17-19 | ☼ 19-21 | ☼ 21-23

Éphémérides

- ◑ le 21, lune gibbeuse décroissante à 6:03e
- ⌖ le 23, apparition du froid à 0:14e
- ◑ le 24, dernier quartier à 10:04e

7
2
39
l'obstacle
hexagramme du mois

secteurs à éviter

☼ *favorable*
neutre
☁ *défavorable*

---

lundi — 21 octobre ◑

lune 9 • j 19

☁ 子 rat
☁ 丑 bœuf
☼ 寅 tigre
卯 lapin
☁ 辰 dragon
巳 serpent
☼ 午 cheval
☼ 未 chèvre
☁ 申 singe
酉 coq
☼ 戌 chien
亥 cochon

Jour	*Mois*	*An*
戊	甲	甲
午	戌	辰
❸	❻	❸
火	火	火

Réussite

Atteindre son but, concrétiser, pacifier.

3
4
50
le chaudron

formation
régime
voyage
☼ mariage
spirituel
nouveau job
inaugurer
☼ négocier
signer
creuser
☼ construire
☼ emménager
rénover

☁ 23-1	· 1-3	3-5	☼ 5-7	☼ 7-9	☁ 9-11	☼ 11-13	☼ 13-15	☼ 15-17	☼ 17-19	☁ 19-21	☁ 21-23

---

mardi — 22 octobre

lune 9 • j 20

☁ 子 rat
☁ 丑 bœuf
寅 tigre
☼ 卯 lapin
辰 dragon
☁ 巳 serpent
☼ 午 cheval
☼ 未 chèvre
申 singe
☁ 酉 coq
☁ 戌 chien
☼ 亥 cochon

Jour	*Mois*	*An*
己	甲	甲
未	戌	辰
❷	❻	❸
火	火	火

Moisson

Placé au milieu d'un champ, on récolte ce qu'il y pousse.

1
2
46
la poussée vers le haut

☼ formation
régime
voyage
mariage
spirituel
nouveau job
☁ inaugurer
négocier
signer
creuser
construire
emménager
rénover

☁ 23-1	☁ 1-3	☼ 3-5	☼ 5-7	☼ 7-9	☼ 9-11	11-13	☼ 13-15	☼ 15-17	☁ 17-19	☼ 19-21	☼ 21-23

---

mercredi — 23 octobre ⌖

lune 9 • j 21

☼ 子 rat
丑 bœuf
☁ 寅 tigre
卯 lapin
☼ 辰 dragon
巳 serpent
☁ 午 cheval
未 chèvre
☼ 申 singe
酉 coq
☁ 戌 chien
☁ 亥 cochon

Jour	*Mois*	*An*
庚	甲	甲
申	戌	辰
❶	❻	❸
木	火	火

Ouverture

Libération, disparition des obstacles. Ouvrir son espace et son cœur.

7
1
29
l'insondable

formation
régime
voyage
☼ mariage
spirituel
☼ nouveau job
☼ inaugurer
négocier
☼ signer
☁ creuser
construire
☼ emménager
rénover

☁ 23-1	☼ 1-3	☼ 3-5	5-7	☼ 7-9	☼ 9-11	☼ 11-13	☼ 13-15	15-17	☁ 17-19	☁ 19-21	☁ 21-23

jeudi 24 octobre
lune 9 • j 22

☀ = favorable · ☁ = défavorable (pictogrammes)

- 子 rat
- ☼ 丑 bœuf
- 寅 tigre
- ☁ 卯 lapin
- ☼ 辰 dragon
- ☼ 巳 serpent
- 午 cheval
- ☁ 未 chèvre
- 申 singe
- ☼ 酉 coq
- ☁ 戌 chien
- ☁ 亥 cochon

Jour	Mois	An
辛	甲	甲
酉	戌	辰
❾	❻	❸
木	火	火

Terminaison
Esprit troublé. Ne rien entreprendre d'important. Repli.

8
3
62
la prépondérance du petit

formation, régime, voyage, mariage, spirituel, nouveau job, inaugurer, négocier, signer, creuser, construire, emménager, rénover

23-1	☼ 1-3	☼ 3-5	☼ 5-7	☁ 7-9	☼ 9-11	☼ 11-13	☼ 13-15	15-17	☁ 17-19	☁ 19-21	21-23

vendredi 25 octobre
lune 9 • j 23

- ☁ 子 rat
- ☁ 丑 bœuf
- ☼ 寅 tigre
- ☼ 卯 lapin
- ☁ 辰 dragon
- 巳 serpent
- ☼ 午 cheval
- 未 chèvre
- ☁ 申 singe
- ☁ 酉 coq
- ☼ 戌 chien
- 亥 cochon

Jour	Mois	An
壬	甲	甲
戌	戌	辰
❽	❻	❸
水	火	火

Fondation
Poser la première pierre.

4
4
45
le rassemblement

- formation
- régime
- ☼ voyage
- mariage
- spirituel
- ☼ nouveau job
- inaugurer
- ☼ négocier
- signer
- ☁ creuser
- ☼ construire
- emménager
- rénover

☼ 23-1	1-3	3-5	5-7	7-9	☼ 9-11	☁ 11-13	☼ 13-15	☁ 15-17	17-19	☼ 19-21	☼ 21-23

samedi 26 octobre
lune 9 • j 24

- ☁ 子 rat
- ☁ 丑 bœuf
- ☁ 寅 tigre
- ☁ 卯 lapin
- ☁ 辰 dragon
- ☁ 巳 serpent
- ☁ 午 cheval
- ☁ 未 chèvre
- ☁ 申 singe
- ☁ 酉 coq
- ☁ 戌 chien
- ☁ 亥 cochon

Jour	Mois	An
癸	甲	甲
亥	戌	辰
❼	❻	❸
水	火	火

Nettoyage
Nettoyer, ranger, se séparer de ce qui est usé, abimé, inutile.

6
6
23
l'éclatement

- ☁ formation
- ☁ régime
- ☁ voyage
- ☁ mariage
- ☁ spirituel
- ☁ nouveau job
- ☁ inaugurer
- ☁ négocier
- ☁ signer
- ☁ creuser
- ☁ construire
- ☁ emménager
- ☁ rénover

☁ 23-1	☼ 1-3	3-5	☼ 5-7	☼ 7-9	☼ 9-11	☼ 11-13	☼ 13-15	☁ 15-17	17-19	☼ 19-21	☼ 21-23

dimanche 27 octobre
lune 9 • j 25

- ☼ 子 rat
- ☼ 丑 bœuf
- ☁ 寅 tigre
- ☁ 卯 lapin
- ☼ 辰 dragon
- 巳 serpent
- ☁ 午 cheval
- ☁ 未 chèvre
- ☼ 申 singe
- 酉 coq
- ☁ 戌 chien
- 亥 cochon

Jour	Mois	An
甲	甲	甲
子	戌	辰
❻	❻	❸
金	火	火

Accumulation
Effet boule de neige. Rester positif, confiant. Faire la fête.

1
1
2
le réceptif

- formation
- ☁ régime
- voyage
- ☁ mariage
- spirituel
- nouveau job
- ☼ inaugurer
- négocier
- signer
- creuser
- construire
- emménager
- ☁ rénover

☼ 23-1	☼ 1-3	☼ 3-5	☼ 5-7	☁ 7-9	☁ 9-11	☁ 11-13	☁ 13-15	15-17	☼ 17-19	☼ 19-21	☁ 21-23

Semaine 44

Éphémérides

◐ le 28, dernier croissant à 1:39
● le 1, nouvelle lune à 13:48

hexagramme du mois: 7 / 2 — 39 l'obstacle

secteurs à éviter

☼ *favorable*
neutre
☁ *défavorable*

☼子 rat
☼丑 bœuf
寅 tigre
☁卯 lapin
辰 dragon
☼巳 serpent
☁午 cheval
☁未 chèvre
申 singe
☼酉 coq
戌 chien
☁亥 cochon

lundi

28 ◐
octobre
lune 9 • j 26

Jour	*Mois*	*An*
乙	甲	甲
丑	戌	辰
❺	❻	❸
金	火	火

Equilibrage

Tout est amené au point d'équilibre.

3 / 6 — 21 mordre au travers

☁ formation
☁ régime
☼ voyage
☼ mariage
☼ spirituel
nouveau job
☁ inaugurer
☼ négocier
☁ signer
creuser
☼ construire
emménager
rénover

☼23-1	☼1-3	☼3-5	☼5-7	7-9	☁9-11	☁11-13	☁13-15	☼15-17	☼17-19	19-21	☼21-23

☁子 rat
丑 bœuf
☼寅 tigre
卯 lapin
☁辰 dragon
☁巳 serpent
☼午 cheval
未 chèvre
☁申 singe
酉 coq
☼戌 chien
☼亥 cochon

mardi

☼feng shui

29
octobre
lune 9 • j 27

Jour	*Mois*	*An*
丙	甲	甲
寅	戌	辰
❹	❻	❸
火	火	火

Stabilité

Tout va durer longtemps. S'occuper du long terme.

2 / 4 — 37 la famille

☼ formation
☼ régime
voyage
☼ mariage
☼ spirituel
☼ nouveau job
☼ inaugurer
☼ négocier
☼ signer
☼ creuser
☼ construire
☼ emménager
☼ rénover

☼23-1	☼1-3	3-5	5-7	☁7-9	☁9-11	11-13	☼13-15	☼15-17	17-19	☼19-21	☼21-23

☁子 rat
☁丑 bœuf
寅 tigre
☼卯 lapin
☁辰 dragon
☁巳 serpent
午 cheval
☼未 chèvre
申 singe
☁酉 coq
☼戌 chien
☼亥 cochon

mercredi

30
octobre
lune 9 • j 28

Jour	*Mois*	*An*
丁	甲	甲
卯	戌	辰
❸	❻	❸
火	火	火

Contrôle

Gérer le quotidien : persévérer, promouvoir, recadrer.

6 / 9 — 41 la diminution

formation
régime
☁ voyage
mariage
spirituel
☼ nouveau job
☼ inaugurer
négocier
signer
☼ creuser
construire
☁ emménager
☼ rénover

☼23-1	1-3	3-5	☼5-7	☁7-9	☼9-11	☼11-13	☼13-15	15-17	☼17-19	☁19-21	21-23

☁ 子 rat
☁ 丑 bœuf
☁ 寅 tigre
☁ 卯 lapin
☁ 辰 dragon
☁ 巳 serpent
☁ 午 cheval
☁ 未 chèvre
☁ 申 singe
☁ 酉 coq
☁ 戌 chien
☁ 亥 cochon

jeudi

Jour	Mois	An
戊	甲	甲
辰	戌	辰
❷	❻	❸
木	火	火

31
octobre
lune 9 • j 29

Destruction

S'isoler pour éviter conflits, ruptures.

9
6
䷉
10
la marche

☁ formation
☁ régime
☁ voyage
☁ mariage
☁ spirituel
☁ nouveau job
☁ inaugurer
☁ négocier
☁ signer
☁ creuser
☁ construire
☁ emménager
☁ rénover

☁ 23-1 | ☼ 1-3 | ☼ 3-5 | ☁ 5-7 | ☼ 7-9 | ☼ 9-11 | ☼ 11-13 | ☼ 13-15 | ☼ 15-17 | ☼ 17-19 | ☁ 19-21 | 21-23

子 rat
☼ 丑 bœuf
☁ 寅 tigre
☁ 卯 lapin
辰 dragon
☼ 巳 serpent
午 cheval
☁ 未 chèvre
申 singe
☼ 酉 coq
戌 chien
☁ 亥 cochon

vendredi
☼ feng shui

Jour	Mois	An
己	甲	甲
巳	戌	辰
❶	❺	❸
木	火	火

1 ●
novembre
lune 10 • j 1

Péril

Adversité, terrain inconnu : on se sent en danger. Se détendre.

8
2
䷡
34
la puissance du grand

formation
régime
☁ voyage
☁ mariage
☼ spirituel
nouveau job
inaugurer
négocier
signer
☼ creuser
construire
emménager
rénover

☼ 23-1 | ☼ 1-3 | 3-5 | ☁ 5-7 | ☼ 7-9 | ☼ 9-11 | ☼ 11-13 | ☼ 13-15 | ☁ 15-17 | ☁ 17-19 | 19-21 | ☁ 21-23

☁ 子 rat
☁ 丑 bœuf
☼ 寅 tigre
卯 lapin
☁ 辰 dragon
巳 serpent
☼ 午 cheval
☼ 未 chèvre
☁ 申 singe
酉 coq
☼ 戌 chien
亥 cochon

samedi

Jour	Mois	An
庚	甲	甲
午	戌	辰
❾	❺	❸
土	火	火

2
novembre
lune 10 • j 2

Réussite

Atteindre son but, concrétiser, pacifier.

8
9
䷟
32
la durée

formation
régime
voyage
☼ mariage
spirituel
nouveau job
inaugurer
☼ négocier
signer
creuser
☼ construire
☼ emménager
rénover

☁ 23-1 | ☼ 1-3 | 3-5 | ☼ 5-7 | ☼ 7-9 | ☁ 9-11 | ☼ 11-13 | 13-15 | ☼ 15-17 | ☼ 17-19 | ☁ 19-21 | ☁ 21-23

☁ 子 rat
☁ 丑 bœuf
寅 tigre
☼ 卯 lapin
辰 dragon
☁ 巳 serpent
☼ 午 cheval
☼ 未 chèvre
申 singe
☁ 酉 coq
☁ 戌 chien
☼ 亥 cochon

dimanche

Jour	Mois	An
辛	甲	甲
未	戌	辰
❽	❺	❸
土	火	火

3
novembre
lune 10 • j 3

Moisson

Placé au milieu d'un champ, on récolte ce qu'il y pousse.

9
3
䷅
6
le conflit

☼ formation
régime
☁ voyage
☁ mariage
spirituel
nouveau job
☁ inaugurer
négocier
signer
creuser
☁ construire
emménager
rénover

☁ 23-1 | ☁ 1-3 | ☼ 3-5 | ☼ 5-7 | 7-9 | ☼ 9-11 | ☼ 11-13 | 13-15 | ☼ 15-17 | ☁ 17-19 | 19-21 | 21-23

Semaine 45

Éphémérides

- ◐ le 5, premier croissant à 6:23
- ✹ le 6, début de l'hiver à 23:19
- ◐ le 9, premier quartier à 6:56

	avant le 6 novembre	à partir du 6 novembre
hexagramme du mois	7 / 2 — 39 l'obstacle	3 / 3 — 35 le progrès
secteurs à éviter		

☼ *favorable*
neutre
☁ *défavorable*

---

lundi 4 novembre
lune 10 • j 4

☼ 子 rat
丑 bœuf
☁ 寅 tigre
卯 lapin
☼ 辰 dragon
巳 serpent
☁ 午 cheval
未 chèvre
☼ 申 singe
酉 coq
☁ 戌 chien
☁ 亥 cochon

Jour	*Mois*	*An*
壬	甲	甲
申	戌	辰
❼	❺	❸
金	火	火

Ouverture

Libération, disparition des obstacles. Ouvrir son espace et son cœur.

1 / 7 — 7 l'armée

formation
régime
voyage
☼ mariage
spirituel
☼ nouveau job
☼ inaugurer
négocier
☼ signer
☁ creuser
construire
☼ emménager
rénover

☼ 23-1 | ☼ 1-3 | 3-5 | 5-7 | ☼ 7-9 | ☼ 9-11 | 11-13 | ☼ 13-15 | ☁ 15-17 | ☁ 17-19 | 19-21 | ☁ 21-23

---

mardi 5 ◐ novembre
lune 10 • j 5

子 rat
☼ 丑 bœuf
寅 tigre
☁ 卯 lapin
☼ 辰 dragon
☼ 巳 serpent
午 cheval
☁ 未 chèvre
申 singe
☼ 酉 coq
☁ 戌 chien
☁ 亥 cochon

Jour	*Mois*	*An*
癸	甲	甲
酉	戌	辰
❻	❺	❸
金	火	火

Terminaison

Esprit troublé. Ne rien entreprendre d'important. Repli.

2 / 7 — 53 le développement

formation
régime
voyage
mariage
spirituel
nouveau job
inaugurer
négocier
signer
creuser
construire
emménager
rénover

23-1 | ☼ 1-3 | ☼ 3-5 | ☼ 5-7 | ☼ 7-9 | ☼ 9-11 | ☼ 11-13 | ☁ 13-15 | 15-17 | ☼ 17-19 | ☁ 19-21 | ☁ 21-23

---

mercredi 6 ✹ novembre
lune 10 • j 6

☁ 子 rat
☁ 丑 bœuf
☼ 寅 tigre
☼ 卯 lapin
☁ 辰 dragon
巳 serpent
☼ 午 cheval
未 chèvre
☁ 申 singe
☁ 酉 coq
☼ 戌 chien
亥 cochon

Jour	*Mois*	*An*
甲	甲	甲
戌	戌	辰
❺	❺	❸
火	火	火

Fondation

Poser la première pierre.

7 / 2 — 39 l'obstacle

formation
régime
☼ voyage
mariage
spirituel
☼ nouveau job
inaugurer
☼ négocier
signer
☁ creuser
☼ construire
emménager
rénover

☼ 23-1 | ☼ 1-3 | ☼ 3-5 | 5-7 | ☁ 7-9 | ☼ 9-11 | ☁ 11-13 | ☼ 13-15 | 15-17 | ☁ 17-19 | ☼ 19-21 | ☼ 21-23

jeudi

7
novembre
lune 10 • j 7

子 rat
丑 bœuf
寅 tigre
卯 lapin
辰 dragon
巳 serpent
午 cheval
未 chèvre
申 singe
酉 coq
戌 chien
亥 cochon

Jour	*Mois*	*An*
乙	乙	甲
亥	亥	辰
❹	❺	❸
火	火	火

Fondation
Poser la première pierre.

3
3
35
le progrès

formation
régime
voyage
mariage
spirituel
nouveau job
inaugurer
négocier
signer
creuser
construire
emménager
rénover

23-1 | 1-3 | 3-5 | 5-7 | 7-9 | 9-11 | 11-13 | 13-15 | 15-17 | 17-19 | 19-21 | 21-23

---

vendredi

8
novembre
lune 10 • j 8

子 rat
丑 bœuf
寅 tigre
卯 lapin
辰 dragon
巳 serpent
午 cheval
未 chèvre
申 singe
酉 coq
戌 chien
亥 cochon

Jour	*Mois*	*An*
丙	乙	甲
子	亥	辰
❸	❺	❸
水	火	火

Nettoyage
Nettoyer, ranger, se séparer de ce qui est usé, abimé, inutile.

6
3
27
les commissures des lèvres

formation
régime
voyage
mariage
spirituel
nouveau job
inaugurer
négocier
signer
creuser
construire
emménager
rénover

23-1 | 1-3 | 3-5 | 5-7 | 7-9 | 9-11 | 11-13 | 13-15 | 15-17 | 17-19 | 19-21 | 21-23

---

samedi

9
novembre
lune 10 • j 9

子 rat
丑 bœuf
寅 tigre
卯 lapin
辰 dragon
巳 serpent
午 cheval
未 chèvre
申 singe
酉 coq
戌 chien
亥 cochon

Jour	*Mois*	*An*
丁	乙	甲
丑	亥	辰
❷	❺	❸
水	火	火

Accumulation
Effet boule de neige. Rester positif, confiant. Faire la fête.

4
7
17
la suite

formation
régime
voyage
mariage
spirituel
nouveau job
inaugurer
négocier
signer
creuser
construire
emménager
rénover

23-1 | 1-3 | 3-5 | 5-7 | 7-9 | 9-11 | 11-13 | 13-15 | 15-17 | 17-19 | 19-21 | 21-23

---

dimanche

10
novembre
lune 10 • j 10

子 rat
丑 bœuf
寅 tigre
卯 lapin
辰 dragon
巳 serpent
午 cheval
未 chèvre
申 singe
酉 coq
戌 chien
亥 cochon

Jour	*Mois*	*An*
戊	乙	甲
寅	亥	辰
❶	❺	❸
土	火	火

Equilibrage
Tout est amené au point d'équilibre.

8
6
55
abondance

formation
régime
voyage
mariage
spirituel
nouveau job
inaugurer
négocier
signer
creuser
construire
emménager
rénover

23-1 | 1-3 | 3-5 | 5-7 | 7-9 | 9-11 | 11-13 | 13-15 | 15-17 | 17-19 | 19-21 | 21-23

Éphémérides

◐ le 12, lune gibbeuse croissante à 23:32
◯ le 15, pleine lune à 22:29

hexagramme du mois

3
3

35
le progrès

secteurs à éviter

☼ *favorable*
neutre
☁ *défavorable*

---

lundi

☼ feng shui

11

novembre
lune 10 • j 11

Jour	Mois	An
己	乙	甲
卯	亥	辰
❾	❺	❸
土	火	火

7
8
60
la limitation

Stabilité

Tout va durer longtemps. S'occuper du long terme.

☁ 子 rat
☁ 丑 bœuf
寅 tigre
☼ 卯 lapin
☁ 辰 dragon
☁ 巳 serpent
午 cheval
☼ 未 chèvre
申 singe
☁ 酉 coq
☼ 戌 chien
☼ 亥 cochon

☼ formation
☼ régime
voyage
☼ mariage
☼ spirituel
☼ nouveau job
☼ inaugurer
☼ négocier
☼ signer
☼ creuser
☼ construire
☼ emménager
☼ rénover

☼ 23-1	1-3	☼ 3-5	☼ 5-7	☁ 7-9	☼ 9-11	☼ 11-13	☼ 13-15	☁ 15-17	☁ 17-19	19-21	☁ 21-23

---

mardi

12 ◐

novembre
lune 10 • j 12

Jour	Mois	An
庚	乙	甲
辰	亥	辰
❽	❺	❸
金	火	火

1
9
11
la paix

Contrôle

Gérer le quotidien : persévérer, promouvoir, recadrer.

☼ 子 rat
丑 bœuf
☁ 寅 tigre
☁ 卯 lapin
☼ 辰 dragon
巳 serpent
☁ 午 cheval
未 chèvre
☼ 申 singe
☼ 酉 coq
☁ 戌 chien
亥 cochon

formation
régime
☁ voyage
mariage
spirituel
☼ nouveau job
☼ inaugurer
négocier
signer
☼ creuser
construire
☁ emménager
☼ rénover

☁ 23-1	☼ 1-3	☼ 3-5	☁ 5-7	☼ 7-9	☼ 9-11	☼ 11-13	13-15	15-17	☼ 17-19	☁ 19-21	☼ 21-23

---

mercredi

13

novembre
lune 10 • j 13

Jour	Mois	An
辛	乙	甲
巳	亥	辰
❼	❺	❸
金	火	火

3
7
14
le grand avoir

Destruction

S'isoler pour éviter conflits, ruptures.

子 rat
☼ 丑 bœuf
☁ 寅 tigre
☁ 卯 lapin
辰 dragon
☼ 巳 serpent
午 cheval
☁ 未 chèvre
申 singe
☼ 酉 coq
戌 chien
☁ 亥 cochon

formation
régime
☁ voyage
mariage
spirituel
nouveau job
inaugurer
négocier
signer
creuser
construire
emménager
rénover

23-1	☼ 1-3	3-5	☁ 5-7	7-9	☼ 9-11	☼ 11-13	☼ 13-15	☁ 15-17	☁ 17-19	☼ 19-21	21-23

子 rat
丑 bœuf
寅 tigre
卯 lapin
辰 dragon
巳 serpent
午 cheval
未 chèvre
申 singe
酉 coq
戌 chien
亥 cochon

jeudi

feng shui

Jour	Mois	An
壬	乙	甲
午	亥	辰
6	5	3
木	火	火

14

novembre

lune 10 • j 14

Péril

Adversité, terrain inconnu : on se sent en danger. Se détendre.

2
1

57
le doux

formation
régime
voyage
mariage
spirituel
nouveau job
inaugurer
négocier
signer
creuser
construire
emménager
rénover

23-1 | 1-3 | 3-5 | 5-7 | 7-9 | 9-11 | 11-13 | 13-15 | 15-17 | 17-19 | 19-21 | 21-23

子 rat
丑 bœuf
寅 tigre
卯 lapin
辰 dragon
巳 serpent
午 cheval
未 chèvre
申 singe
酉 coq
戌 chien
亥 cochon

vendredi

feng shui

Jour	Mois	An
癸	乙	甲
未	亥	辰
5	5	3
木	火	火

15

novembre

lune 10 • j 15

Réussite

Atteindre son but, concrétiser, pacifier.

4
8

47
l'accablement

formation
régime
voyage
mariage
spirituel
nouveau job
inaugurer
négocier
signer
creuser
construire
emménager
rénover

23-1 | 1-3 | 3-5 | 5-7 | 7-9 | 9-11 | 11-13 | 13-15 | 15-17 | 17-19 | 19-21 | 21-23

子 rat
丑 bœuf
寅 tigre
卯 lapin
辰 dragon
巳 serpent
午 cheval
未 chèvre
申 singe
酉 coq
戌 chien
亥 cochon

samedi

feng shui

Jour	Mois	An
甲	乙	甲
申	亥	辰
4	5	3
水	火	火

16

novembre

lune 10 • j 16

Moisson

Placé au milieu d'un champ, on récolte ce qu'il y pousse.

3
9

64
avant
l'accomplissement

formation
régime
voyage
mariage
spirituel
nouveau job
inaugurer
négocier
signer
creuser
construire
emménager
rénover

23-1 | 1-3 | 3-5 | 5-7 | 7-9 | 9-11 | 11-13 | 13-15 | 15-17 | 17-19 | 19-21 | 21-23

子 rat
丑 bœuf
寅 tigre
卯 lapin
辰 dragon
巳 serpent
午 cheval
未 chèvre
申 singe
酉 coq
戌 chien
亥 cochon

dimanche

feng shui

Jour	Mois	An
乙	乙	甲
酉	亥	辰
3	5	3
水	火	火

17

novembre

lune 10 • j 17

Ouverture

Libération, disparition des obstacles. Ouvrir son espace et son cœur.

9
4

33
la retraite

formation
régime
voyage
mariage
spirituel
nouveau job
inaugurer
négocier
signer
creuser
construire
emménager
rénover

23-1 | 1-3 | 3-5 | 5-7 | 7-9 | 9-11 | 11-13 | 13-15 | 15-17 | 17-19 | 19-21 | 21-23

Semaine 47

Éphémérides

- ◑ le 19, lune gibbeuse décroissante à 15:05
- ⌖ le 21, début de la neige à 20:56
- ◑ le 23, dernier quartier à 2:29

hexagramme du mois

3
3
35
le progrès

secteurs à éviter

☼ *favorable*
neutre
☁ *défavorable*

---

lundi 18 novembre

lune 10 • j 18

☁子 rat
☁丑 bœuf
☁寅 tigre
☁卯 lapin
☁辰 dragon
☁巳 serpent
☁午 cheval
☁未 chèvre
☁申 singe
☁酉 coq
☁戌 chien
☁亥 cochon

Jour	*Mois*	*An*
丙	乙	甲
戌	亥	辰
❷	❺	❸
土	火	火

Terminaison

Esprit troublé. Ne rien entreprendre d'important. Repli.

6
1
52
la montagne

☁ formation
☁ régime
☁ voyage
☁ mariage
☁ spirituel
☁ nouveau job
☁ inaugurer
☁ négocier
☁ signer
☁ creuser
☁ construire
☁ emménager
☁ rénover

☼23-1	1-3	☼3-5	5-7	☁7-9	9-11	☁11-13	☁13-15	☼15-17	☼17-19	☼19-21	☼21-23

---

mardi 19 novembre ◑

lune 10 • j 19

子 rat
☁丑 bœuf
☼寅 tigre
☼卯 lapin
辰 dragon
☁巳 serpent
午 cheval
☼未 chèvre
☁申 singe
☁酉 coq
戌 chien
☼亥 cochon

Jour	*Mois*	*An*
丁	乙	甲
亥	亥	辰
❶	❺	❸
土	火	火

Fondation

Poser la première pierre.

8
8
16
l'enthousiasme

formation
régime
☼ voyage
mariage
spirituel
☼ nouveau job
inaugurer
☼ négocier
signer
☁ creuser
☼ construire
emménager
rénover

23-1	☼1-3	☁3-5	☁5-7	☼7-9	☁9-11	11-13	13-15	☁15-17	☼17-19	☼19-21	☼21-23

---

mercredi 20 novembre

lune 10 • j 20

☼子 rat
☼丑 bœuf
☁寅 tigre
☁卯 lapin
☼辰 dragon
巳 serpent
☁午 cheval
☁未 chèvre
☼申 singe
酉 coq
☁戌 chien
亥 cochon

Jour	*Mois*	*An*
戊	乙	甲
子	亥	辰
❾	❺	❸
火	火	火

Nettoyage

Nettoyer, ranger, se séparer de ce qui est usé, abîmé, inutile.

7
4
3
la difficulté initiale

formation
☼ régime
☁ voyage
☁ mariage
☼ spirituel
☁ nouveau job
☁ inaugurer
négocier
signer
☼ creuser
construire
☁ emménager
☼ rénover

☼23-1	☼1-3	☼3-5	☼5-7	☁7-9	☁9-11	☁11-13	☁13-15	☼15-17	☼17-19	☼19-21	☁21-23

jeudi 21 novembre

lune 10 • j 21

☼ 子 rat
☼ 丑 bœuf
寅 tigre
☁ 卯 lapin
辰 dragon
☼ 巳 serpent
☁ 午 cheval
☁ 未 chèvre
申 singe
☼ 酉 coq
戌 chien
☁ 亥 cochon

Jour	Mois	An
己	乙	甲
丑	亥	辰
8	5	3
火	火	火

Accumulation

Effet boule de neige. Rester positif, confiant. Faire la fête.

9
2
25
l'innocence

formation
régime
voyage
☁ mariage
spirituel
nouveau job
☼ inaugurer
négocier
signer
creuser
construire
emménager
☁ rénover

☼ 23-1 ☼ 1-3 ☼ 3-5 ☼ 5-7 7-9 ☼ 9-11 ☁ 11-13 ☁ 13-15 ☼ 15-17 ☼ 17-19 ☼ 19-21 ☼ 21-23

---

vendredi 22 novembre

lune 10 • j 22

☁ 子 rat
丑 bœuf
☼ 寅 tigre
卯 lapin
☁ 辰 dragon
☁ 巳 serpent
☼ 午 cheval
未 chèvre
☁ 申 singe
酉 coq
☼ 戌 chien
☼ 亥 cochon

Jour	Mois	An
庚	乙	甲
寅	亥	辰
7	5	3
木	火	火

Equilibrage

Tout est amené au point d'équilibre.

3
1
30
le feu

formation
régime
☼ voyage
☼ mariage
spirituel
nouveau job
inaugurer
☼ négocier
signer
creuser
☼ construire
emménager
rénover

☁ 23-1 ☼ 1-3 3-5 5-7 ☼ 7-9 ☁ 9-11 11-13 ☼ 13-15 ☼ 15-17 ☁ 17-19 ☁ 19-21 ☼ 21-23

---

samedi 23 novembre ◑

☼ feng shui

lune 10 • j 23

☁ 子 rat
☁ 丑 bœuf
寅 tigre
☼ 卯 lapin
☁ 辰 dragon
☁ 巳 serpent
午 cheval
☼ 未 chèvre
申 singe
☁ 酉 coq
☼ 戌 chien
☼ 亥 cochon

Jour	Mois	An
辛	乙	甲
卯	亥	辰
6	5	3
木	火	火

Stabilité

Tout va durer longtemps. S'occuper du long terme.

2
3
61
la vérité intérieure

☼ formation
☼ régime
voyage
☼ mariage
☼ spirituel
☼ nouveau job
☼ inaugurer
☼ négocier
☼ signer
☼ creuser
☼ construire
☼ emménager
☼ rénover

☼ 23-1 1-3 ☼ 3-5 ☼ 5-7 ☁ 7-9 ☼ 9-11 ☼ 11-13 ☼ 13-15 15-17 ☁ 17-19 19-21 ☁ 21-23

---

dimanche 24 novembre

lune 10 • j 24

☼ 子 rat
丑 bœuf
☁ 寅 tigre
☁ 卯 lapin
☼ 辰 dragon
巳 serpent
☁ 午 cheval
未 chèvre
☼ 申 singe
☼ 酉 coq
☁ 戌 chien
亥 cochon

Jour	Mois	An
壬	乙	甲
辰	亥	辰
5	5	3
水	火	火

Contrôle

Gérer le quotidien : persévérer, promouvoir, recadrer.

6
4
26
le pouvoir d'apprivoisement du grand

formation
régime
☁ voyage
mariage
spirituel
☼ nouveau job
☼ inaugurer
négocier
signer
☼ creuser
construire
☁ emménager
☼ rénover

☁ 23-1 ☼ 1-3 ☼ 3-5 ☁ 5-7 ☼ 7-9 ☼ 9-11 ☼ 11-13 13-15 ☁ 15-17 ☼ 17-19 ☁ 19-21 ☼ 21-23

Éphémérides

- le 26, dernier croissant à 19:04
- le 1, nouvelle lune à 7:22

hexagramme du mois

3
3
35
le progrès

secteurs à éviter

☼ *favorable*
neutre
☁ *défavorable*

---

lundi 25 novembre

lune 10 • j 25

Jour	Mois	An
癸	乙	甲
巳	亥	辰
❹	❺	❸
水	火	火

子 rat
☼ 丑 bœuf
☁ 寅 tigre
☁ 卯 lapin
辰 dragon
☼ 巳 serpent
午 cheval
☁ 未 chèvre
申 singe
☼ 酉 coq
戌 chien
☁ 亥 cochon

Destruction

S'isoler pour éviter conflits, ruptures.

4
6
43
la percée

formation
régime
☁ voyage
mariage
spirituel
nouveau job
inaugurer
négocier
signer
creuser
construire
emménager
rénover

☁ 23-1	☼ 1-3	☁ 3-5	☼ 5-7	☼ 7-9	☼ 9-11	11-13	13-15	☁ 15-17	17-19	☼ 19-21	☁ 21-23

---

mardi 26 novembre

☼ feng shui

lune 10 • j 26

Jour	Mois	An
甲	乙	甲
午	亥	辰
❸	❺	❸
金	火	火

☁ 子 rat
☁ 丑 bœuf
☼ 寅 tigre
卯 lapin
☁ 辰 dragon
巳 serpent
☼ 午 cheval
☼ 未 chèvre
☁ 申 singe
酉 coq
☼ 戌 chien
亥 cochon

Péril

Adversité, terrain inconnu : on se sent en danger. Se détendre.

9
1
1
le ciel

☼ formation
☼ régime
voyage
mariage
☼ spirituel
☼ nouveau job
☼ inaugurer
☼ négocier
☼ signer
☼ creuser
☼ construire
☼ emménager
☼ rénover

☁ 23-1	☼ 1-3	☼ 3-5	☼ 5-7	☼ 7-9	☁ 9-11	☁ 11-13	☼ 13-15	☼ 15-17	☼ 17-19	☁ 19-21	21-23

---

mercredi 27 novembre

lune 10 • j 27

Jour	Mois	An
乙	乙	甲
未	亥	辰
❷	❺	❸
金	火	火

☁ 子 rat
☁ 丑 bœuf
寅 tigre
☼ 卯 lapin
辰 dragon
☁ 巳 serpent
☼ 午 cheval
☼ 未 chèvre
申 singe
☁ 酉 coq
☁ 戌 chien
☼ 亥 cochon

Réussite

Atteindre son but, concrétiser, pacifier.

7
6
48
le puits

formation
régime
voyage
☼ mariage
spirituel
nouveau job
☁ inaugurer
☼ négocier
☁ signer
creuser
☼ construire
☼ emménager
rénover

☁ 23-1	☁ 1-3	☼ 3-5	☼ 5-7	7-9	☁ 9-11	☁ 11-13	☁ 13-15	☼ 15-17	☁ 17-19	☼ 19-21	☼ 21-23

jeudi 28 novembre

☼ 子 rat
丑 bœuf
☁ 寅 tigre
卯 lapin
☼ 辰 dragon
巳 serpent
☁ 午 cheval
未 chèvre
☼ 申 singe
酉 coq
☁ 戌 chien
☁ 亥 cochon

Jour	Mois	An
丙	乙	甲
申	亥	辰
❶	❺	❸
火	火	火

28
novembre
lune 10 • j 28

Moisson

Placé au milieu d'un champ, on récolte ce qu'il y pousse.

8
4
䷧
40
la libération

☼ formation
régime
☁ voyage
mariage
spirituel
nouveau job
inaugurer
négocier
☼ signer
creuser
construire
emménager
rénover

☼ 23-1 | ☼ 1-3 | ☼ 3-5 | 5-7 | ☁ 7-9 | 9-11 | 11-13 | ☼ 13-15 | 15-17 | 17-19 | ☼ 19-21 | ☁ 21-23

vendredi 29 novembre

子 rat
☼ 丑 bœuf
寅 tigre
☁ 卯 lapin
☼ 辰 dragon
☼ 巳 serpent
午 cheval
☁ 未 chèvre
申 singe
☼ 酉 coq
☁ 戌 chien
☁ 亥 cochon

Jour	Mois	An
丁	乙	甲
酉	亥	辰
❾	❺	❸
火	火	火

29
novembre
lune 10 • j 29

Ouverture

Libération, disparition des obstacles. Ouvrir son espace et son cœur.

4
9
䷞
31
l'influence

formation
☁ régime
voyage
☼ mariage
spirituel
☼ nouveau job
☼ inaugurer
négocier
☼ signer
☁ creuser
construire
☼ emménager
rénover

☼ 23-1 | ☼ 1-3 | 3-5 | ☼ 5-7 | ☁ 7-9 | ☁ 9-11 | ☼ 11-13 | ☼ 13-15 | 15-17 | ☼ 17-19 | ☁ 19-21 | ☼ 21-23

samedi 30 novembre

☁ 子 rat
☁ 丑 bœuf
☁ 寅 tigre
☁ 卯 lapin
☁ 辰 dragon
☁ 巳 serpent
☁ 午 cheval
☁ 未 chèvre
☁ 申 singe
☁ 酉 coq
☁ 戌 chien
☁ 亥 cochon

Jour	Mois	An
戊	乙	甲
戌	亥	辰
❽	❺	❸
木	火	火

30
novembre
lune 10 • j 30

Terminaison

Esprit troublé. Ne rien entreprendre d'important. Repli.

1
6
䷎
15
l'humilité

☁ formation
☁ régime
☁ voyage
☁ mariage
☁ spirituel
☁ nouveau job
☁ inaugurer
☁ négocier
☁ signer
☁ creuser
☁ construire
☁ emménager
☁ rénover

☼ 23-1 | 1-3 | ☼ 3-5 | ☼ 5-7 | ☁ 7-9 | 9-11 | ☁ 11-13 | ☼ 13-15 | ☼ 15-17 | 17-19 | 19-21 | ☼ 21-23

dimanche 1 décembre

子 rat
☁ 丑 bœuf
☼ 寅 tigre
☼ 卯 lapin
辰 dragon
☁ 巳 serpent
午 cheval
☼ 未 chèvre
☁ 申 singe
☁ 酉 coq
戌 chien
☼ 亥 cochon

Jour	Mois	An
己	乙	甲
亥	亥	辰
❼	❹	❸
木	火	火

1 ●
décembre
lune 11 • j 1

Fondation

Poser la première pierre.

2
2
䷓
20
la contemplation

formation
régime
☼ voyage
mariage
spirituel
☼ nouveau job
inaugurer
☼ négocier
signer
☁ creuser
☼ construire
emménager
rénover

☼ 23-1 | ☼ 1-3 | ☼ 3-5 | ☁ 5-7 | 7-9 | ☁ 9-11 | ☼ 11-13 | ☼ 13-15 | ☁ 15-17 | ☁ 17-19 | ☼ 19-21 | ☼ 21-23

Semaine 49

Éphémérides

- ◐ le 4, premier croissant à 23:58
- ✸ le 6, tempête de neige à 16:16
- ◐ le 8, premier quartier à 16:27

	avant le 6 décembre	à partir du 6 décembre
hexagramme du mois	3 / 3 — 35 le progrès	6 / 3 — 27 les commissures des lèvres
secteurs à éviter		

☼ *favorable*
neutre
☁ *défavorable*

lundi 2 décembre

☼ feng shui

lune 11 • j 2

☼ 子 rat
☼ 丑 bœuf
☁ 寅 tigre
☁ 卯 lapin
☼ 辰 dragon
巳 serpent
☁ 午 cheval
☁ 未 chèvre
☼ 申 singe
酉 coq
☁ 戌 chien
亥 cochon

Jour	Mois	An
庚	乙	甲
子	亥	辰
❻	❹	❸
土	火	火

Nettoyage

Nettoyer, ranger, se séparer de ce qui est usé, abimé, inutile.

2 / 9 — 42 l'augmentation

☼ formation
☼ régime
voyage
mariage
☼ spirituel
nouveau job
inaugurer
☼ négocier
☼ signer
☼ creuser
☼ construire
emménager
☼ rénover

☁ 23-1	☼ 1-3	☼ 3-5	☼ 5-7	☁ 7-9	☁ 9-11	☼ 11-13	☁ 13-15	☼ 15-17	☼ 17-19	☁ 19-21	21-23

mardi 3 décembre

lune 11 • j 3

☼ 子 rat
☼ 丑 bœuf
寅 tigre
☁ 卯 lapin
辰 dragon
☼ 巳 serpent
☁ 午 cheval
☁ 未 chèvre
申 singe
☼ 酉 coq
戌 chien
☁ 亥 cochon

Jour	Mois	An
辛	乙	甲
丑	亥	辰
❺	❹	❸
土	火	火

Accumulation

Effet boule de neige. Rester positif, confiant. Faire la fête.

1 / 3 — 36 l'obscurcissement de la lumière

formation
régime
voyage
☁ mariage
spirituel
nouveau job
☼ inaugurer
négocier
signer
creuser
construire
emménager
☁ rénover

23-1	☼ 1-3	☼ 3-5	☼ 5-7	☁ 7-9	☼ 9-11	☁ 11-13	☁ 13-15	☼ 15-17	☁ 17-19	☼ 19-21	☼ 21-23

mercredi 4 décembre ◐

lune 11 • j 4

☁ 子 rat
丑 bœuf
☼ 寅 tigre
卯 lapin
☁ 辰 dragon
☁ 巳 serpent
☼ 午 cheval
未 chèvre
☁ 申 singe
酉 coq
☼ 戌 chien
☼ 亥 cochon

Jour	Mois	An
壬	乙	甲
寅	亥	辰
❹	❹	❸
金	火	火

Equilibrage

Tout est amené au point d'équilibre.

9 / 7 — 13 la communauté avec les hommes

formation
régime
☼ voyage
☼ mariage
spirituel
nouveau job
inaugurer
☼ négocier
signer
creuser
☼ construire
emménager
rénover

☼ 23-1	☼ 1-3	☁ 3-5	5-7	☼ 7-9	☁ 9-11	11-13	☼ 13-15	☁ 15-17	☁ 17-19	☼ 19-21	☼ 21-23

jeudi — 5 décembre

lune 11 • j 5

☁子 rat
☁丑 bœuf
寅 tigre
☼卯 lapin
☁辰 dragon
☁巳 serpent
午 cheval
☼未 chèvre
申 singe
☁酉 coq
☼戌 chien
☼亥 cochon

Jour	*Mois*	*An*
癸	乙	甲
卯	亥	辰
❸	❹	❸
金	火	火

Stabilité

Tout va durer longtemps. S'occuper du long terme.

8
7
54
l'épousée

formation
régime
☁ voyage
☼ mariage
spirituel
nouveau job
☼ inaugurer
négocier
☼ signer
creuser
☼ construire
emménager
rénover

23-1	☁1-3	☼3-5	☼5-7	☁7-9	☼9-11	☼11-13	☼13-15	15-17	17-19	19-21	☁21-23

vendredi — 6 ✹ décembre

lune 11 • j 6

☼子 rat
丑 bœuf
☁寅 tigre
☁卯 lapin
☼辰 dragon
巳 serpent
☁午 cheval
未 chèvre
☼申 singe
☼酉 coq
☁戌 chien
亥 cochon

Jour	*Mois*	*An*
甲	乙	甲
辰	亥	辰
❷	❹	❸
火	火	火

Contrôle

Gérer le quotidien : persévérer, promouvoir, recadrer.

3
2
38
l'opposition

formation
régime
☁ voyage
mariage
spirituel
☼ nouveau job
inaugurer
négocier
☁ signer
☼ creuser
construire
☁ emménager
☼ rénover

☁23-1	☼1-3	☼3-5	☁5-7	☼7-9	☼9-11	☁11-13	☼13-15	15-17	☼17-19	☁19-21	☼21-23

samedi — 7 décembre

☼feng shui

lune 11 • j 7

子 rat
☼丑 bœuf
☁寅 tigre
☁卯 lapin
辰 dragon
☼巳 serpent
午 cheval
☁未 chèvre
申 singe
☼酉 coq
戌 chien
☁亥 cochon

Jour	*Mois*	*An*
乙	丙	甲
巳	子	辰
❶	❹	❸
火	水	火

Contrôle

Gérer le quotidien : persévérer, promouvoir, recadrer.

7
3
5
l'attente

☼ formation
☼ régime
voyage
☼ mariage
☼ spirituel
☼ nouveau job
☼ inaugurer
☼ négocier
signer
☼ creuser
☼ construire
emménager
☼ rénover

☼23-1	☼1-3	☁3-5	☁5-7	☼7-9	9-11	11-13	13-15	☼15-17	17-19	☼19-21	☼21-23

dimanche — 8 ◐ décembre

lune 11 • j 8

☁子 rat
☁丑 bœuf
☼寅 tigre
卯 lapin
☁辰 dragon
巳 serpent
☼午 cheval
☼未 chèvre
☁申 singe
酉 coq
☼戌 chien
亥 cochon

Jour	*Mois*	*An*
丙	丙	甲
午	子	辰
❾	❹	❸
水	水	火

Destruction

S'isoler pour éviter conflits, ruptures.

4
3
28
la prépondérance du grand

formation
☁ régime
voyage
mariage
spirituel
nouveau job
inaugurer
négocier
signer
creuser
construire
emménager
rénover

☼23-1	☼1-3	☁3-5	☼5-7	☁7-9	☁9-11	☼11-13	13-15	☼15-17	☼17-19	19-21	☼21-23

Éphémérides

- ◐ le 12, lune gibbeuse croissante à 9:03
- ○ le 15, pleine lune à 10:02

hexagramme du mois

6
3

27
les commissures des lèvres

secteurs à éviter

☼ favorable
neutre
🌧 défavorable

---

lundi

☼ feng shui

9 décembre
lune 11 • j 9

- 🌧 子 rat
- 🌧 丑 bœuf
- 寅 tigre
- ☼ 卯 lapin
- 辰 dragon
- 🌧 巳 serpent
- ☼ 午 cheval
- ☼ 未 chèvre
- 申 singe
- 🌧 酉 coq
- 🌧 戌 chien
- ☼ 亥 cochon

Jour	*Mois*	*An*
丁	丙	甲
未	子	辰
❽	❹	❸
水	水	火

Péril

Adversité, terrain inconnu : on se sent en danger. Se détendre.

6
7

18
le travail sur ce qui est corrompu

- formation
- régime
- voyage
- mariage
- ☼ spirituel
- ☼ nouveau job
- inaugurer
- ☼ négocier
- signer
- ☼ creuser
- ☼ construire
- ☼ emménager
- ☼ rénover

🌧 23-1	🌧 1-3	🌧 3-5	🌧 5-7	☼ 7-9	☼ 9-11	11-13	13-15	☼ 15-17	☼ 17-19	☼ 19-21	☼ 21-23

---

mardi

☼ feng shui

10 décembre
lune 11 • j 10

- ☼ 子 rat
- 丑 bœuf
- 🌧 寅 tigre
- 卯 lapin
- ☼ 辰 dragon
- 巳 serpent
- 🌧 午 cheval
- 未 chèvre
- ☼ 申 singe
- 酉 coq
- 🌧 戌 chien
- 🌧 亥 cochon

Jour	*Mois*	*An*
戊	丙	甲
申	子	辰
❼	❹	❸
土	水	火

Réussite

Atteindre son but, concrétiser, pacifier.

2
6

59
la dispersion

- ☼ formation
- ☼ régime
- ☼ voyage
- ☼ mariage
- ☼ spirituel
- ☼ nouveau job
- ☼ inaugurer
- ☼ négocier
- ☼ signer
- ☼ creuser
- ☼ construire
- ☼ emménager
- ☼ rénover

23-1	☼ 1-3	3-5	5-7	☼ 7-9	☼ 9-11	11-13	☼ 13-15	☼ 15-17	🌧 17-19	19-21	🌧 21-23

---

mercredi

11 décembre
lune 11 • j 11

- 子 rat
- ☼ 丑 bœuf
- 寅 tigre
- 🌧 卯 lapin
- ☼ 辰 dragon
- ☼ 巳 serpent
- 午 cheval
- 🌧 未 chèvre
- 申 singe
- ☼ 酉 coq
- 🌧 戌 chien
- 🌧 亥 cochon

Jour	*Mois*	*An*
己	丙	甲
酉	子	辰
❻	❹	❸
土	水	火

Moisson

Placé au milieu d'un champ, on récolte ce qu'il y pousse.

3
8

56
le voyageur

- ☼ formation
- régime
- voyage
- mariage
- spirituel
- nouveau job
- inaugurer
- négocier
- ☼ signer
- creuser
- construire
- emménager
- rénover

☼ 23-1	☼ 1-3	☼ 3-5	☼ 5-7	7-9	9-11	☼ 11-13	☼ 13-15	15-17	17-19	🌧 19-21	21-23

jeudi

12 ◐

décembre

lune 11 • j 12

☁子 rat
☁丑 bœuf
☼寅 tigre
☼卯 lapin
☁辰 dragon
巳 serpent
☼午 cheval
未 chèvre
☁申 singe
☁酉 coq
☼戌 chien
亥 cochon

Jour	*Mois*	*An*
庚	丙	甲
戌	子	辰
❺	❹	❸
金	水	火

9
9

12
la stagnation

Ouverture

Libération, disparition des obstacles. Ouvrir son espace et son cœur.

formation
régime
voyage
☼ mariage
spirituel
☼ nouveau job
☼ inaugurer
négocier
☼ signer
☁ creuser
construire
☼ emménager
rénover

☁23-1 · ☼1-3 · 3-5 · ☁5-7 · ☁7-9 · ☼9-11 · 11-13 · 13-15 · ☼15-17 · 17-19 · ☁19-21 · ☼21-23

---

vendredi

13

décembre

lune 11 • j 13

☁子 rat
☁丑 bœuf
☁寅 tigre
☁卯 lapin
☁辰 dragon
☁巳 serpent
☁午 cheval
☁未 chèvre
☁申 singe
☁酉 coq
☁戌 chien
☁亥 cochon

Jour	*Mois*	*An*
辛	丙	甲
亥	子	辰
❹	❹	❸
金	水	火

7
7

8
l'union

Terminaison

Esprit troublé. Ne rien entreprendre d'important. Repli.

☁ formation
☁ régime
☁ voyage
☁ mariage
☁ spirituel
☁ nouveau job
☁ inaugurer
☁ négocier
☁ signer
☁ creuser
☁ construire
☁ emménager
☁ rénover

23-1 · ☼1-3 · 3-5 · ☁5-7 · 7-9 · ☼9-11 · ☼11-13 · ☼13-15 · ☁15-17 · ☁17-19 · ☼19-21 · ☼21-23

---

samedi

14

décembre

lune 11 • j 14

☼子 rat
☼丑 bœuf
☁寅 tigre
☁卯 lapin
☼辰 dragon
巳 serpent
☁午 cheval
☁未 chèvre
☼申 singe
酉 coq
☁戌 chien
亥 cochon

Jour	*Mois*	*An*
壬	丙	甲
子	子	辰
❸	❹	❸
木	水	火

8
1

51
l'ébranlement

Fondation

Poser la première pierre.

formation
régime
☼ voyage
mariage
spirituel
☼ nouveau job
inaugurer
☼ négocier
signer
☁ creuser
☼ construire
emménager
rénover

☼23-1 · ☼1-3 · ☁3-5 · 5-7 · 7-9 · 9-11 · ☁11-13 · ☁13-15 · ☁15-17 · ☼17-19 · ☼19-21 · 21-23

---

dimanche

15 ○

décembre

lune 11 • j 15

☼子 rat
☼丑 bœuf
寅 tigre
☁卯 lapin
辰 dragon
☼巳 serpent
☁午 cheval
☁未 chèvre
申 singe
☼酉 coq
戌 chien
☁亥 cochon

Jour	*Mois*	*An*
癸	丙	甲
丑	子	辰
❷	❹	❸
木	水	火

6
8

22
la grâce

Nettoyage

Nettoyer, ranger, se séparer de ce qui est usé, abimé, inutile.

formation
☼ régime
☁ voyage
☁ mariage
☼ spirituel
☁ nouveau job
☁ inaugurer
négocier
signer
☼ creuser
construire
☁ emménager
☼ rénover

☁23-1 · ☼1-3 · 3-5 · ☼5-7 · ☼7-9 · ☼9-11 · ☁11-13 · ☁13-15 · ☼15-17 · ☼17-19 · ☼19-21 · ☼21-23

Semaine 51

Éphémérides

◑ le 19, lune gibbeuse décroissante à 2:38
⊕ le 21, solstice d'hiver à 10:20
◐ le 22, dernier quartier à 23:19

hexagramme du mois

6
3
27
les commissures des lèvres

secteurs à éviter

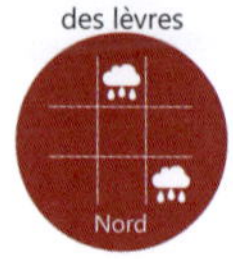

☼ *favorable*
neutre
☁ *défavorable*

---

lundi 16 décembre

lune 11 • j 16

☁ 子 rat
丑 bœuf
☼ 寅 tigre
卯 lapin
☁ 辰 dragon
☁ 巳 serpent
☼ 午 cheval
未 chèvre
☁ 申 singe
酉 coq
☼ 戌 chien
☼ 亥 cochon

Jour	*Mois*	*An*
甲	丙	甲
寅	子	辰
❶	❹	❸
水	水	火

Accumulation

Effet boule de neige. Rester positif, confiant. Faire la fête.

7
9
63
après l'accomplissement

formation
régime
voyage
☁ mariage
spirituel
nouveau job
☼ inaugurer
négocier
signer
creuser
construire
emménager
☁ rénover

23-1	☼ 1-3	☼ 3 5	5-7	☼ 7-9	☁ 9-11	☁ 11-13	☼ 13-15	15-17	☁ 17-19	☼ 19-21	☼ 21-23

---

mardi 17 décembre

lune 11 • j 17

☁ 子 rat
☁ 丑 bœuf
寅 tigre
☼ 卯 lapin
☁ 辰 dragon
☁ 巳 serpent
午 cheval
☼ 未 chèvre
申 singe
☁ 酉 coq
☼ 戌 chien
☼ 亥 cochon

Jour	*Mois*	*An*
乙	丙	甲
卯	子	辰
❾	❹	❸
水	水	火

Equilibrage

Tout est amené au point d'équilibre.

1
4
19
l'approche

formation
régime
☼ voyage
☼ mariage
spirituel
nouveau job
inaugurer
☼ négocier
signer
creuser
☼ construire
emménager
rénover

☼ 23-1	1-3	☼ 3-5	☼ 5-7	☁ 7-9	☁ 9-11	11-13	☼ 13-15	☼ 15-17	17-19	19-21	21-23

---

mercredi 18 décembre

lune 11 • j 18

☼ 子 rat
丑 bœuf
☁ 寅 tigre
☁ 卯 lapin
☼ 辰 dragon
巳 serpent
☁ 午 cheval
未 chèvre
☼ 申 singe
☼ 酉 coq
☁ 戌 chien
亥 cochon

Jour	*Mois*	*An*
丙	丙	甲
辰	子	辰
❽	❹	❸
土	水	火

Stabilité

Tout va durer longtemps. S'occuper du long terme.

4
1
58
le lac

formation
régime
☁ voyage
☼ mariage
spirituel
nouveau job
☼ inaugurer
négocier
☼ signer
creuser
☼ construire
emménager
rénover

23-1	1-3	☼ 3-5	☁ 5-7	☁ 7-9	9-11	☼ 11-13	13-15	☼ 15-17	☼ 17-19	☁ 19-21	☼ 21-23

jeudi 19 décembre

lune 11 • j 19

子 rat · 丑 bœuf · 寅 tigre · 卯 lapin · 辰 dragon · 巳 serpent · 午 cheval · 未 chèvre · 申 singe · 酉 coq · 戌 chien · 亥 cochon

Jour	Mois	An
丁	丙	甲
巳	子	辰
7	4	3
土	水	火

Contrôle

Gérer le quotidien : persévérer, promouvoir, recadrer.

2 / 8 — 9 — le pouvoir d'apprivoisement du petit

formation · régime · voyage · mariage · spirituel · nouveau job · inaugurer · négocier · signer · creuser · construire · emménager · rénover

23-1 · 1-3 · 3-5 · 5-7 · 7-9 · 9-11 · 11-13 · 13-15 · 15-17 · 17-19 · 19-21 · 21-23

vendredi 20 décembre

lune 11 • j 20

子 rat · 丑 bœuf · 寅 tigre · 卯 lapin · 辰 dragon · 巳 serpent · 午 cheval · 未 chèvre · 申 singe · 酉 coq · 戌 chien · 亥 cochon

Jour	Mois	An
戊	丙	甲
午	子	辰
6	4	3
火	水	火

Destruction

S'isoler pour éviter conflits, ruptures.

3 / 4 — 50 — le chaudron

formation · régime · voyage · mariage · spirituel · nouveau job · inaugurer · négocier · signer · creuser · construire · emménager · rénover

23-1 · 1-3 · 3-5 · 5-7 · 7-9 · 9-11 · 11-13 · 13-15 · 15-17 · 17-19 · 19-21 · 21-23

samedi 21 décembre

feng shui

lune 11 • j 21

子 rat · 丑 bœuf · 寅 tigre · 卯 lapin · 辰 dragon · 巳 serpent · 午 cheval · 未 chèvre · 申 singe · 酉 coq · 戌 chien · 亥 cochon

Jour	Mois	An
己	丙	甲
未	子	辰
5	4	3
火	水	火

Péril

Adversité, terrain inconnu : on se sent en danger. Se détendre.

1 / 2 — 46 — la poussée vers le haut

formation · régime · voyage · mariage · spirituel · nouveau job · inaugurer · négocier · signer · creuser · construire · emménager · rénover

23-1 · 1-3 · 3-5 · 5-7 · 7-9 · 9-11 · 11-13 · 13-15 · 15-17 · 17-19 · 19-21 · 21-23

dimanche 22 décembre

lune 11 • j 22

子 rat · 丑 bœuf · 寅 tigre · 卯 lapin · 辰 dragon · 巳 serpent · 午 cheval · 未 chèvre · 申 singe · 酉 coq · 戌 chien · 亥 cochon

Jour	Mois	An
庚	丙	甲
申	子	辰
6	4	3
木	水	火

Réussite

Atteindre son but, concrétiser, pacifier.

7 / 1 — 29 — l'insondable

formation · régime · voyage · mariage · spirituel · nouveau job · inaugurer · négocier · signer · creuser · construire · emménager · rénover

23-1 · 1-3 · 3-5 · 5-7 · 7-9 · 9-11 · 11-13 · 13-15 · 15-17 · 17-19 · 19-21 · 21-23

Éphémérides

◐ le 26, dernier croissant à 15:54

6
3
27
les commissures des lèvres

hexagramme du mois

secteurs à éviter

☼ *favorable*
neutre
☂ *défavorable*

子 rat
☼ 丑 bœuf
寅 tigre
☂ 卯 lapin
☼ 辰 dragon
☼ 巳 serpent
午 cheval
☂ 未 chèvre
申 singe
☼ 酉 coq
☂ 戌 chien
☂ 亥 cochon

lundi

23

décembre
lune 11 • j 23

Jour	*Mois*	*An*
辛	丙	甲
酉	子	辰
❼	❹	❸
木	水	火

Moisson

Placé au milieu d'un champ, on récolte ce qu'il y pousse.

8
3
62
la prépondérance du petit

☼ formation
régime
voyage
mariage
spirituel
nouveau job
inaugurer
négocier
☼ signer
creuser
construire
emménager
rénover

23-1	☼ 1-3	☼ 3-5	☼ 5-7	☂ 7-9	☼ 9-11	☼ 11-13	☼ 13-15	15-17	☂ 17-19	☂ 19-21	21-23

☂ 子 rat
☂ 丑 bœuf
☂ 寅 tigre
☂ 卯 lapin
☂ 辰 dragon
☂ 巳 serpent
☂ 午 cheval
☂ 未 chèvre
☂ 申 singe
☂ 酉 coq
☂ 戌 chien
☂ 亥 cochon

mardi

24

décembre
lune 11 • j 24

Jour	*Mois*	*An*
壬	丙	甲
戌	子	辰
❽	❹	❸
水	水	火

Ouverture

Libération, disparition des obstacles. Ouvrir son espace et son cœur.

4
4
45
le rassemblement

☂ formation
☂ régime
☂ voyage
☂ mariage
☂ spirituel
☂ nouveau job
☂ inaugurer
☂ négocier
☂ signer
☂ creuser
☂ construire
☂ emménager
☂ rénover

☼ 23-1	1-3	3-5	5-7	7-9	☼ 9-11	☂ 11-13	☼ 13-15	☂ 15-17	17-19	☼ 19-21	☼ 21-23

☂ 子 rat
☂ 丑 bœuf
☂ 寅 tigre
☂ 卯 lapin
☂ 辰 dragon
☂ 巳 serpent
☂ 午 cheval
☂ 未 chèvre
☂ 申 singe
☂ 酉 coq
☂ 戌 chien
☂ 亥 cochon

mercredi

25

décembre
lune 11 • j 25

Jour	*Mois*	*An*
癸	丙	甲
亥	子	辰
❾	❹	❸
水	水	火

Terminaison

Esprit troublé. Ne rien entreprendre d'important. Repli.

6
6
23
l'éclatement

☂ formation
☂ régime
☂ voyage
☂ mariage
☂ spirituel
☂ nouveau job
☂ inaugurer
☂ négocier
☂ signer
☂ creuser
☂ construire
☂ emménager
☂ rénover

☂ 23-1	☼ 1-3	3-5	☼ 5-7	☼ 7-9	☼ 9-11	☼ 11-13	☼ 13-15	☂ 15-17	17-19	☼ 19-21	☼ 21-23

jeudi 26 ● décembre

lune 11 • j 26

☼ 子 rat
☼ 丑 bœuf
☂ 寅 tigre
☂ 卯 lapin
☼ 辰 dragon
巳 serpent
☂ 午 cheval
☂ 未 chèvre
☼ 申 singe
酉 coq
☂ 戌 chien
亥 cochon

Jour	Mois	An
甲	丙	甲
子	子	辰
❶	❹	❸
金	水	火

Fondation

Poser la première pierre.

1 1 ䷁ 2 le réceptif

formation
régime
☼ voyage
mariage
spirituel
☼ nouveau job
inaugurer
☼ négocier
signer
☂ creuser
☼ construire
emménager
rénover

☼ 23-1 · ☼ 1-3 · ☼ 3-5 · ☼ 5-7 · ☂ 7-9 · ☂ 9-11 · ☂ 11-13 · ☂ 13-15 · 15-17 · ☼ 17-19 · ☼ 19-21 · ☂ 21-23

---

vendredi 27 décembre

☼ feng shui

lune 11 • j 27

☼ 子 rat
☼ 丑 bœuf
寅 tigre
☂ 卯 lapin
辰 dragon
☼ 巳 serpent
☂ 午 cheval
☂ 未 chèvre
申 singe
☼ 酉 coq
戌 chien
☂ 亥 cochon

Jour	Mois	An
乙	丙	甲
丑	子	辰
❷	❹	❸
金	水	火

Nettoyage

Nettoyer, ranger, se séparer de ce qui est usé, abimé, inutile.

3 6 ䷔ 21 mordre au travers

☼ formation
☼ régime
voyage
mariage
☼ spirituel
nouveau job
inaugurer
☼ négocier
☼ signer
☼ creuser
☼ construire
emménager
☼ rénover

☼ 23-1 · ☼ 1-3 · ☼ 3-5 · ☼ 5-7 · 7-9 · ☂ 9-11 · ☂ 11-13 · ☂ 13-15 · ☼ 15-17 · ☼ 17-19 · 19-21 · ☼ 21-23

---

samedi 28 décembre

lune 11 • j 28

☂ 子 rat
丑 bœuf
☼ 寅 tigre
卯 lapin
☂ 辰 dragon
☂ 巳 serpent
☼ 午 cheval
未 chèvre
☂ 申 singe
酉 coq
☼ 戌 chien
☼ 亥 cochon

Jour	Mois	An
丙	丙	甲
寅	子	辰
❸	❹	❸
火	水	火

Accumulation

Effet boule de neige. Rester positif, confiant. Faire la fête.

2 4 ䷤ 37 la famille

formation
régime
voyage
☂ mariage
spirituel
nouveau job
☼ inaugurer
négocier
signer
creuser
construire
emménager
☂ rénover

☼ 23-1 · ☼ 1-3 · 3-5 · 5-7 · ☂ 7-9 · ☂ 9-11 · 11-13 · ☼ 13-15 · ☼ 15-17 · 17-19 · ☼ 19-21 · ☼ 21-23

---

dimanche 29 décembre

lune 11 • j 29

☂ 子 rat
☂ 丑 bœuf
寅 tigre
☼ 卯 lapin
☂ 辰 dragon
☂ 巳 serpent
午 cheval
☼ 未 chèvre
申 singe
☂ 酉 coq
☼ 戌 chien
☼ 亥 cochon

Jour	Mois	An
丁	丙	甲
卯	子	辰
❹	❹	❸
火	水	火

Equilibrage

Tout est amené au point d'équilibre.

6 9 ䷨ 41 la diminution

formation
régime
☼ voyage
☼ mariage
spirituel
nouveau job
inaugurer
☼ négocier
signer
creuser
☼ construire
emménager
rénover

☼ 23-1 · 1-3 · 3-5 · ☼ 5-7 · ☂ 7-9 · ☼ 9-11 · ☼ 11-13 · ☼ 13-15 · 15-17 · ☼ 17-19 · ☂ 19-21 · 21-23

Semaine 1

Éphémérides

- ● le 30, nouvelle lune à 23:28
- ◐ le 3, premier croissant à 16:03
- ✸ le 5, petit froid à 3:32

	avant le 5 janvier	à partir du 5 janvier
hexagramme du mois	6 / 3 — 27 les commissures des lèvres	4 / 7 — 17 la suite
secteurs à éviter		

☼ *favorable*
neutre
☁ *défavorable*

---

lundi — 30 ●

décembre
lune 11 • j 30

☼ 子 rat		formation
丑 bœuf		régime
☁ 寅 tigre		☁ voyage
☁ 卯 lapin		☼ mariage
☼ 辰 dragon		spirituel
巳 serpent		nouveau job
☁ 午 cheval		☼ inaugurer
未 chèvre		négocier
☼ 申 singe		☼ signer
☼ 酉 coq		creuser
☁ 戌 chien		☼ construire
亥 cochon		emménager
		rénover

Jour	Mois	An
戊	丙	甲
辰	子	辰
❺	❹	❸
木	水	火

9 / 6 — 10 la marche

Stabilité

Tout va durer longtemps. S'occuper du long terme.

☁ 23-1	☼ 1-3	☼ 3-5	☁ 5-7	☼ 7-9	☼ 9-11	☼ 11-13	☼ 13-15	☼ 15-17	☼ 17-19	☁ 19-21	21-23

---

mardi — 31

☼ feng shui

décembre
lune 12 • j 1

子 rat	☼ formation
☼ 丑 bœuf	☼ régime
☁ 寅 tigre	voyage
☁ 卯 lapin	☼ mariage
辰 dragon	☼ spirituel
☼ 巳 serpent	☼ nouveau job
午 cheval	☼ inaugurer
☁ 未 chèvre	☼ négocier
申 singe	☼ signer
☼ 酉 coq	☼ creuser
戌 chien	☼ construire
☁ 亥 cochon	emménager
	☼ rénover

Jour	Mois	An
己	丙	甲
巳	子	辰
❻	❸	❸
木	水	火

8 / 2 — 34 la puissance du grand

Contrôle

Gérer le quotidien : persévérer, promouvoir, recadrer.

☼ 23-1	☼ 1-3	3-5	☁ 5-7	☼ 7-9	☼ 9-11	☼ 11-13	☼ 13-15	☁ 15-17	☁ 17-19	19-21	☁ 21-23

---

mercredi — 1

janvier
lune 12 • j 2

☁ 子 rat	formation
☁ 丑 bœuf	☁ régime
☼ 寅 tigre	voyage
卯 lapin	mariage
☁ 辰 dragon	spirituel
巳 serpent	nouveau job
☼ 午 cheval	inaugurer
☼ 未 chèvre	négocier
☁ 申 singe	signer
酉 coq	creuser
☼ 戌 chien	construire
亥 cochon	emménager
	rénover

Jour	Mois	An
庚	丙	甲
午	子	辰
❼	❸	❸
土	水	火

8 / 9 — 32 la durée

Destruction

S'isoler pour éviter conflits, ruptures.

☁ 23-1	☼ 1-3	3-5	☼ 5-7	☼ 7-9	☁ 9-11	☼ 11-13	13-15	☼ 15-17	☼ 17-19	☁ 19-21	☁ 21-23

Synthèse des activités

janvier 2024	1	2	3	4	5	6	7	8	9	10	11	12	13	14	15	16	17	18	19	20	21	22	23	24	25	26	27	28	29	30	31
	L	M	M	J	✸	S	D	L	M	M	J	V	S	D	L	M	M	J	V	S	D	L	M	M	J	V	S	D	L	M	M
				◑							●							◐							○						
Essence	Fon	Net	Acc	Equ	Sta	Sta	Con	Des	Pér	Réu	Moi	Ouv	Ter	Fon	Net	Acc	Equ	Sta	Con	Des	Pér	Réu	Moi	Ouv	Ter	Fon	Net	Acc	Equ	Sta	Con
Activités favorables																															
Commencer une formation		☼					☼				☼	☼					🌧		☼	☼		☼	☼				☼		🌧		
Démarrer un régime		☼					☼					☼			☼	🌧	🌧		☼	☼		☼					☼	🌧	🌧		
Partir en voyage	☼			☼	🌧	🌧			🌧			☼		☼	🌧		☼	🌧		☼	🌧	☼				☼			☼	🌧	🌧
Se marier			🌧	☼	☼	☼	☼		🌧	☼		☼		🌧	🌧	🌧	☼	☼	☼	☼	🌧	☼		☼				🌧	☼	☼	
Activités spirituelles		☼					☼		☼			☼			☼				☼	☼	☼	☼					☼				
Démarrer un nouveau job	☼						☼					☼		☼	🌧				☼	☼		☼		☼		☼					☼
Inaugurer			☼		☼	☼	☼				🌧	☼			🌧	☼	🌧	☼	☼	☼		☼	🌧	☼				☼	🌧	☼	☼
Négocier	☼	☼		☼			☼			☼		☼		☼			☼		☼	☼		☼				☼	☼		☼		
Signer un contrat		☼			☼	☼	☼					☼					🌧	☼	☼	☼		☼		☼			☼		🌧	☼	
Creuser le sol	🌧	☼					☼		☼					🌧	☼				☼	☼	☼	☼		🌧		🌧	☼				☼
Démarrer une construction	☼	☼		☼	☼	☼	☼			☼		☼		☼			☼	☼	☼	☼	☼	☼				☼	☼		☼	☼	
Emménager										☼		☼			🌧					☼		☼		☼							🌧
Rénover		☼	🌧				☼					☼			☼	🌧			☼	☼		☼					☼	🌧			☼
Signes soutenus																															
rat 子	☼	☼	🌧	🌧	☼		🌧	🌧	☼		🌧		☼	☼	🌧	🌧	☼		🌧	🌧	☼		🌧		☼	☼	🌧	🌧	☼		🌧
bœuf 丑	☼	☼		🌧		☼	🌧	🌧		☼	🌧	🌧	☼	☼		🌧		☼	🌧	🌧		☼	🌧	🌧	☼	☼		🌧		☼	🌧
tigre 寅	🌧		☼		🌧	🌧	☼		🌧		☼	☼	🌧		☼		🌧	🌧	☼		🌧		☼	☼	🌧		☼		🌧	🌧	☼
lapin 卯	🌧	🌧		☼	🌧	🌧		☼		🌧	☼	☼	🌧	🌧		☼	🌧	🌧		☼		🌧	☼	☼	🌧	🌧		☼	🌧	🌧	
dragon 辰	☼		🌧	🌧	☼		🌧		☼	☼	🌧		☼		🌧	🌧	☼		🌧		☼	☼	🌧		☼		🌧	🌧	☼		🌧
serpent 巳		☼	🌧	🌧		☼		🌧		☼		🌧		☼	🌧	🌧		☼		🌧		☼		🌧		☼	🌧	🌧		☼	
cheval 午	🌧	🌧	☼		🌧		☼	☼	🌧		☼		🌧	🌧	☼		🌧		☼	☼	🌧		☼		🌧	🌧	☼		🌧		☼
chèvre 未	🌧	🌧		☼		🌧	☼	☼		🌧		☼	🌧	🌧		☼		🌧	☼	☼		🌧		☼	🌧	🌧		☼		🌧	☼
singe 申	☼		🌧		☼		🌧		☼		🌧	🌧	☼		🌧		☼		🌧		☼		🌧	🌧	☼		🌧		☼		🌧
coq 酉		☼		🌧	☼	☼		🌧		☼	🌧	🌧		☼		🌧	☼	☼		🌧		☼	🌧	🌧		☼		🌧	☼	☼	
chien 戌	🌧		☼	☼	🌧		☼	🌧	🌧	🌧	☼		🌧		☼	☼	🌧		☼	🌧	🌧	🌧	☼		🌧		☼	☼	🌧		☼
cochon 亥		🌧	☼	☼		🌧		☼	🌧	🌧		☼		🌧	☼	☼		🌧		☼	🌧	🌧		☼		🌧	☼	☼		🌧	

février 2024

		1	2	3	4	5	6	7	8	9	10	11	12	13	14	15	16	17	18	19	20	21	22	23	24	25	26	27	28	29
		J	V	S	✸	L	M	M	J	V	S	D	L	M	M	J	V	S	D	L	M	M	J	V	S	D	L	M	M	J
				◑	9 Début de la période 9						●						◐								○					
	Essence	Des	Pér	Réu	Moi	Moi	Ouv	Ter	Fon	Net	Acc	Equ	Sta	Con	Des	Pér	Réu	Moi	Ouv	Ter	Fon	Net	Acc	Equ	Sta	Con	Des	Pér	Réu	Moi
Activités favorables	Commencer une formation			☼	☼	☼		☁		☁	☁		☼					☼		☁		☁	☼		☼		☁	☁	☁	☼
	Démarrer un régime			☼			☁	☁		☁	☁		☼						☁	☁		☁	☼		☼		☁	☁	☁	
	Partir en voyage		☁	☼		☁			☼	☁	☁			☁		☁		☁			☼	☁	☼			☁	☁	☁	☁	☁
	Se marier		☁	☼			☼			☁	☁	☼	☼			☁	☼		☼			☁		☼	☼		☁	☁	☁	
	Activités spirituelles		☼	☼			☼	☼		☁	☁		☼		☼	☼						☁	☼	☼	☼		☁	☁	☁	☼
	Démarrer un nouveau job			☼			☼		☼	☁	☁		☼	☼					☼		☼	☁	☼		☼	☼	☁	☁	☁	
	Inaugurer		☁	☼	☁		☼	☁		☁	☁	☁	☼						☼	☁		☁	☼		☼		☁	☁	☁	
	Négocier			☼					☼	☁	☁	☼	☼				☼				☼	☁	☼	☼	☼		☁	☁	☁	
	Signer un contrat		☁	☼		☼	☼	☁		☁	☁	☁	☼	☁				☼	☼	☁		☁	☼		☼	☁	☁	☁	☁	☼
	Creuser le sol		☼	☼			☁		☁	☁	☁		☼	☼		☼			☁		☁	☁	☼		☼	☼	☁	☁	☁	
	Démarrer une construction			☼					☼	☁	☁	☼	☼				☼				☼	☁	☼	☼	☼		☁	☁	☁	
	Emménager			☼			☼			☁	☁		☼	☁			☼		☼			☁	☼		☼	☁	☁	☁	☁	
	Rénover			☼						☁	☁		☼	☼								☁			☼	☼	☁	☁	☁	
Signes soutenus	rat 子	☁	☼		☁		☼	☼	☁	☁	☁		☁	☁	☼		☁		☼	☼	☁	☁	☼		☁	☁	☁	☁	☁	
	bœuf 丑	☁		☼	☁	☁	☼	☼		☁	☁	☼	☁	☁		☼	☁	☁	☼	☼		☁		☼	☁	☁	☁	☁	☁	☁
	tigre 寅		☁		☼	☼	☁		☼	☁	☁	☁	☼		☁		☼	☼	☁		☼	☁	☁	☁	☼		☁	☁	☁	☼
	lapin 卯	☼		☁	☼	☼	☁	☁		☁	☁	☁		☼		☁	☼	☼	☁	☁		☁	☁	☁		☼	☁	☁	☁	☼
	dragon 辰		☼	☼	☁		☼		☁	☁	☁		☁		☼	☼	☁		☼		☁	☁	☼		☁		☁	☁	☁	
	serpent 巳	☁		☼		☁		☼	☁	☁	☁	☼		☁		☼		☁		☼	☁	☁		☼		☁	☁	☁	☁	☁
	cheval 午	☼	☁		☼		☁	☁	☼	☁	☁		☼	☼	☁		☼		☁	☁	☼	☁	☁		☼	☼	☁	☁	☁	
	chèvre 未	☼		☁		☼	☁	☁		☁	☁	☁	☼	☼		☁		☼	☁	☁		☁		☁	☼	☼	☁	☁	☁	☼
	singe 申		☼		☁	☁	☼		☁	☁	☁		☁		☼		☁	☁	☼		☁	☁	☼		☁		☁	☁	☁	☁
	coq 酉	☁		☼	☁	☁		☼		☁	☁	☼		☁		☼	☁	☁		☼		☁	☼	☼		☁	☁	☁	☁	☁
	chien 戌	☁	☁	☁	☼		☁		☼	☁	☁		☼	☁	☁	☁	☼		☁		☼	☁	☁		☼	☁	☁	☁	☁	
	cochon 亥	☼	☁	☁		☼		☁	☼	☁	☁	☁		☼	☁	☁		☼		☁	☼	☁		☁		☼	☁	☁	☁	☼

12 Essences : Fondation, Nettoyage, Accumulation, Équilibrage, Stabilité, Contrôle, Destruction, Péril, Réussite, Moisson, Ouverture, Terminaison

Synthèse des activités

mars 2024	1	2	3	4	5	6	7	8	9	10	11	12	13	14	15	16	17	18	19	20	21	22	23	24	25	26	27	28	29	30	31
	V	S	D	L	✹	M	J	V	S	D	L	M	M	J	V	S	D	L	M	M	J	V	S	D	L	M	M	J	V	S	D
			◑							●							◐								○						
Essence	Ouv	Ter	Fon	Net	Acc	Acc	Equ	Sta	Con	Des	Pér	Réu	Moi	Ouv	Ter	Fon	Net	Acc	Equ	Sta	Con	Des	Pér	Réu	Moi	Ouv	Ter	Fon	Net	Acc	Equ
Activités favorables																															
Commencer une formation		🌧		🌧	🌧			☀					☀	🌧						☀			🌧		☀						
Démarrer un régime	🌧	🌧		🌧	🌧			☀		🌧				🌧			☀			☀		🌧	🌧						☀		
Partir en voyage			☀	🌧	🌧	🌧	☀		🌧					🌧		☀	🌧	🌧	☀		🌧		🌧					☀	🌧	🌧	☀
Se marier	☀			🌧	🌧	🌧	☀	☀				☀		🌧			🌧	🌧	☀	☀			🌧	☀		☀			🌧	🌧	☀
Activités spirituelles	☀			🌧	🌧		☀	☀			☀			🌧			☀		☀	☀			🌧					☀	☀		☀
Démarrer un nouveau job	☀		☀	🌧	🌧			☀	☀		☀			🌧		☀	🌧			☀	☀		🌧			☀		☀			
Inaugurer	☀	🌧		🌧	🌧	☀		☀	☀					🌧			🌧	☀		☀	☀		🌧			☀			🌧	☀	
Négocier			☀	🌧	🌧		☀	☀			☀	☀		🌧	☀	☀			☀	☀			🌧	☀			☀	☀			☀
Signer un contrat	☀	🌧		🌧	🌧			☀					☀	🌧	☀					☀			🌧		☀	☀	☀	☀			
Creuser le sol	🌧		🌧	🌧	🌧	🌧		☀	☀		☀			🌧	☀	🌧	☀	🌧		☀	☀		🌧			🌧	☀	🌧	☀	🌧	
Démarrer une construction			☀	🌧	🌧		☀	☀			☀	☀		🌧		☀			☀	☀			🌧	☀				☀			☀
Émménager	☀			🌧	🌧			☀	🌧		☀	☀		🌧			🌧			☀	🌧		🌧	☀		☀			🌧		
Rénover				🌧	🌧	🌧		☀	☀		☀			🌧			☀	🌧		☀	☀		🌧						☀	🌧	
Signes soutenus																															
rat 子	☀	☀	🌧	🌧	🌧		🌧	🌧	☀		🌧		☀	🌧	🌧	🌧	☀		🌧	🌧	☀		🌧		☀	☀	🌧	🌧	☀		🌧
bœuf 丑	☀	☀		🌧	🌧	☀	🌧	🌧		☀	🌧	🌧	☀	🌧		🌧		☀	🌧	🌧		☀	🌧	🌧	☀	☀		🌧		☀	🌧
tigre 寅	🌧		☀	🌧	🌧	🌧	☀		🌧		☀	☀	🌧	🌧	☀		🌧	🌧	☀		🌧		🌧	☀	🌧		☀		🌧	🌧	☀
lapin 卯	🌧	🌧		🌧	🌧	🌧		☀		🌧	☀	☀	🌧	🌧		☀	🌧	🌧		☀		🌧	🌧	☀	🌧	🌧		☀	🌧	🌧	
dragon 辰	☀		🌧	🌧	🌧		🌧		☀	☀	🌧		☀	🌧	🌧	🌧	☀		🌧		☀	☀	🌧		☀		🌧	🌧	☀		🌧
serpent 巳		☀	🌧	🌧	🌧	☀		🌧		☀		🌧		🌧	🌧	🌧		☀		🌧		☀	🌧	🌧		☀	🌧	🌧		☀	
cheval 午	🌧	🌧	☀	🌧	🌧		☀	☀	🌧		☀		🌧	🌧	☀		🌧		☀	☀	🌧		🌧		🌧	🌧	☀		🌧		☀
chèvre 未	🌧	🌧		🌧	🌧	🌧	☀	☀		🌧		☀	🌧	🌧		☀		🌧	☀	☀		🌧	🌧	☀	🌧	🌧		☀		🌧	☀
singe 申	☀		🌧	🌧	🌧		🌧		☀		🌧	🌧	☀	🌧	🌧		☀		🌧		☀		🌧	🌧	☀		🌧		☀		🌧
coq 酉		☀		🌧	🌧	☀		🌧		☀	🌧	🌧		🌧		🌧	☀	☀		🌧		☀	🌧	🌧		☀		🌧	☀	☀	
chien 戌	🌧		☀	🌧	🌧		☀	🌧	🌧	🌧	☀		🌧	🌧	☀	☀	🌧		☀	🌧	🌧	🌧	🌧		🌧		☀	☀	🌧		☀
cochon 亥		🌧	☀	🌧	🌧	🌧		☀	🌧	🌧		☀		🌧	☀	☀		🌧		☀	🌧	🌧	🌧	☀		🌧	☀	☀		🌧	

avril 2024

	1	2	3	4	5	6	7	8	9	10	11	12	13	14	15	16	17	18	19	20	21	22	23	24	25	26	27	28	29	30
	L	M	M	✸	V	S	D	L	M	M	J	V	S	D	L	M	M	J	V	S	D	L	M	M	J	V	S	D	L	M
		◐						●							◐									○						
Essence	Sta	Con	Des	Pér	Pér	Réu	Moi	Ouv	Ter	Fon	Net	Acc	Equ	Sta	Con	Des	Pér	Réu	Moi	Ouv	Ter	Fon	Net	Acc	Equ	Sta	Con	Des	Pér	Réu
Activités favorables																														
Commencer une formation	🌧			🌧	☀	☀	☀	☀		🌧			🌧						🌧				☀		🌧			🌧	🌧	
Démarrer un régime	🌧		🌧	🌧	☀	☀		☀		🌧	☀	🌧	🌧						🌧				☀	🌧	🌧			🌧	🌧	
Partir en voyage	🌧	🌧		🌧		☀		☀		🌧	🌧		☀	🌧	🌧		🌧		🌧			☀			☀	🌧	🌧	🌧	🌧	
Se marier	🌧			🌧		☀		☀		🌧	🌧	🌧	☀	☀			🌧	☀	🌧	☀				🌧	☀	☀		🌧	🌧	☀
Activités spirituelles	🌧			☀	☀	☀		☀		🌧	☀	☀					☀		🌧			☀	☀	☀				🌧	🌧	
Démarrer un nouveau job	🌧	☀			☀	☀		☀		🌧	🌧				☀				🌧	☀		☀					☀	🌧	🌧	
Inaugurer	🌧	☀		🌧	☀	☀		☀		🌧	🌧	☀	🌧	☀	☀				🌧	☀				☀	🌧	☀	☀	🌧	🌧	
Négocier	🌧				☀	☀		☀		🌧			☀					☀	🌧			☀	☀		☀			🌧	🌧	☀
Signer un contrat	🌧			🌧	☀	☀	☀	☀		🌧	🌧		🌧	☀					🌧	☀			☀		🌧	☀		🌧	🌧	
Creuser le sol	🌧	☀		☀	☀	☀				🌧	☀				☀		☀		🌧	🌧		🌧	☀				☀	🌧	🌧	🌧
Démarrer une construction	🌧				☀	☀		☀		🌧			☀	☀				☀	🌧			☀	☀		☀	☀		🌧	🌧	☀
Emménager	🌧	🌧			☀	☀		☀		🌧	🌧				🌧			☀	🌧	☀							🌧	🌧	🌧	☀
Rénover	🌧	☀			☀	☀		☀		🌧	☀	🌧			☀				🌧				☀	🌧			☀	🌧	🌧	
Signes soutenus																														
rat 子	🌧	☀		🌧		☀	☀	🌧	🌧	🌧		🌧	🌧	☀		🌧		☀	🌧	🌧	🌧	☀		🌧	🌧	☀		🌧	🌧	☀
bœuf 丑	🌧		☀	🌧	🌧	☀	☀		🌧	🌧	☀	🌧	🌧		☀	🌧	🌧	☀	🌧		🌧		☀	🌧	🌧		☀	🌧	🌧	☀
tigre 寅	🌧	🌧		☀	☀	🌧		☀		🌧	🌧	☀		🌧		☀	☀	🌧	🌧	☀		🌧	🌧	☀		🌧		🌧	🌧	🌧
lapin 卯	🌧		🌧	☀	☀	🌧	🌧		☀	🌧	🌧		☀		🌧	☀	☀	🌧	🌧		☀	🌧	🌧		☀		🌧	🌧	🌧	🌧
dragon 辰	🌧	☀	☀	🌧		☀		🌧	🌧	🌧		🌧		☀	☀	🌧		☀	🌧	🌧	🌧	☀		🌧		☀	☀	🌧	🌧	☀
serpent 巳	🌧		☀		🌧		☀	🌧	🌧	🌧	☀		🌧		☀		🌧		🌧	🌧	🌧		☀		🌧		☀	🌧	🌧	
cheval 午	🌧	🌧		☀		🌧	🌧	☀		🌧		☀	☀	🌧		☀		🌧	🌧	☀		🌧		☀	☀	🌧		🌧	🌧	🌧
chèvre 未	🌧		🌧		☀	🌧	🌧		☀	🌧	🌧	☀	☀		🌧		☀	🌧	🌧		☀		🌧	☀	☀		🌧	🌧	🌧	🌧
singe 申	🌧	☀		🌧	🌧	☀		🌧		🌧		🌧		☀		🌧	🌧	☀	🌧	🌧		☀		🌧		☀		🌧	🌧	☀
coq 酉	🌧		☀	🌧	🌧		☀		🌧	🌧	☀		🌧		☀	🌧	🌧		🌧		🌧	☀	☀		🌧		☀	🌧	🌧	
chien 戌	🌧	🌧	🌧	☀		🌧		☀	☀	🌧		☀	🌧	🌧	🌧	☀		🌧	🌧	☀	☀	🌧		☀	🌧	🌧	🌧	🌧	🌧	🌧
cochon 亥	🌧	🌧	🌧		☀		🌧	☀	☀	🌧	🌧		☀	🌧	🌧		☀		🌧	☀	☀		🌧		☀	🌧	🌧	🌧	🌧	

12 Essences : Fondation, Nettoyage, Accumulation, Équilibrage, Stabilité, Contrôle, Destruction, Péril, Réussite, Moisson, Ouverture, Terminaison

Synthèse des activités

mai 2024	1	2	3	4	5	6	7	8	9	10	11	12	13	14	15	16	17	18	19	20	21	22	23	24	25	26	27	28	29	30	31
	M	J	V	S	✸	L	M	M	J	V	S	D	L	M	M	J	V	S	D	L	M	M	J	V	S	D	L	M	M	J	V
	◐							●							◐								○							◐	
Essence	Moi	Ouv	Ter	Fon	Net	Net	Acc	Equ	Sta	Con	Des	Pér	Réu	Moi	Ouv	Ter	Fon	Net	Acc	Equ	Sta	Con	Des	Pér	Réu	Moi	Ouv	Ter	Fon	Net	Acc
Activités favorables																															
Commencer une formation	☀			☁		☀							☁	☀	☀	☁				☁		☁			☀	☀	☀	☁		☀	
Démarrer un régime	☀			☁	☀	☀							☁			☁		☀		☁		☁			☀			☁		☀	
Partir en voyage	☀			☁	☁			☀	☁	☁		☁	☁	☁	☀			☁		☁	☁	☁		☁	☀	☁	☀				
Se marier	☀	☀		☁	☁		☁	☀				☁	☁		☀			☁	☁	☁		☁		☁	☀		☀				☁
Activités spirituelles	☀			☁	☀	☀		☀			☀	☀	☁		☀	☀		☀	☀	☁		☁		☀	☀		☀			☀	☀
Démarrer un nouveau job	☀	☀		☁	☁					☀			☁		☀		☀	☁		☁		☁			☀		☀		☀		
Inaugurer	☀	☀		☁	☁				☀	☀			☁		☀	☁		☁		☁	☀	☁			☀		☀	☁	☀		
Négocier	☀			☁		☀		☀					☁		☀		☀			☁		☁			☀		☀		☀	☀	
Signer un contrat	☀	☀		☁		☀	☁		☀				☁	☀	☀	☁			☁	☁	☀	☁			☀	☀	☀	☁		☀	☁
Creuser le sol	☀	☁		☁	☀	☀				☀		☀	☁				☁	☀		☁		☁		☀	☀	☁			☁	☀	
Démarrer une construction	☀			☁		☀		☀	☀				☁		☀		☀			☁	☀	☁			☀		☀		☀	☀	
Emménager	☀	☀		☁					☁	☁			☁		☀			☁		☁	☁	☁			☀		☀				
Rénover	☀			☁	☀	☀	☁		☁	☀			☁		☀			☀	☁	☁	☁	☁			☀		☀			☀	☁
Signes soutenus																															
rat 子	☀	☁	☁	☁		☁	☁	☀		☁		☀	☁	☁	☁	☀		☁	☁	☁		☁		☀	☀	☁	☁	☀		☁	☁
bœuf 丑	☀		☁	☁	☀	☁	☁		☀	☁	☁	☀	☁		☁		☀	☁	☁	☁	☀	☁	☁	☀	☀		☁		☀	☁	☁
tigre 寅		☀		☁	☁	☀		☁		☀	☀	☁	☁	☀		☁	☁	☀		☁		☁	☀	☁		☀		☁	☁	☀	
lapin 卯	☁		☀	☁	☁		☀		☁	☀	☀	☁	☁		☀	☁	☁		☀	☁	☁	☁	☀	☁	☁		☀	☁	☁		☀
dragon 辰		☁	☁	☁		☁		☀	☀	☁		☀	☁	☁	☁	☀		☁		☁	☀	☁		☀		☁	☁	☀		☁	
serpent 巳	☀	☁	☁	☁	☀		☁		☀		☁		☁	☁	☁		☀		☁	☁	☀	☁	☁		☀	☁	☁		☀		☁
cheval 午	☁	☀		☁		☀	☀	☁		☀		☁	☁	☀		☁		☀	☀	☁		☁		☁	☁	☀		☁		☀	☀
chèvre 未	☁		☀	☁	☁	☀	☀		☁		☀	☁	☁		☀		☁	☀	☀	☁	☁	☁	☀	☁	☁		☀		☁	☀	☀
singe 申		☁		☁		☁		☀		☁	☁	☀	☁	☁		☀		☁		☁		☁	☁	☀		☁		☀		☁	
coq 酉	☀		☁	☁	☀		☁		☀	☁	☁		☁		☁	☀	☀		☁	☁	☀	☁	☁		☀		☁	☀	☀		☁
chien 戌		☀	☀	☁		☀	☁	☁	☁	☀		☁	☁	☀	☀	☁		☀	☁	☁	☁	☁		☁		☀	☀	☁		☀	☁
cochon 亥	☁	☀	☀	☁	☁		☀	☁	☁		☀		☁	☀	☀		☁		☀	☁	☁	☁	☀		☁	☀	☀		☁		☀

juin 2024

	1	2	3	4	5	6	7	8	9	10	11	12	13	14	15	16	17	18	19	20	21	22	23	24	25	26	27	28	29	30
	S	D	L	M	✸	J	V	S	D	L	M	M	J	V	S	D	L	M	M	J	V	S	D	L	M	M	J	V	S	D
						●								◐								○						◑		
Essence	Equ	Sta	Con	Des	Pér	Pér	Réu	Moi	Ouv	Ter	Fon	Net	Acc	Equ	Sta	Con	Des	Pér	Réu	Moi	Ouv	Ter	Fon	Net	Acc	Equ	Sta	Con	Des	Pér
Activités favorables																														
Commencer une formation					☀	🌧		☀		☀					☀		🌧	🌧	☀	☀	☀							🌧		🌧
Démarrer un régime					☀	🌧				☀		☀			☀		🌧	🌧	☀		☀			☀				🌧	🌧	🌧
Partir en voyage	☀	🌧	🌧			🌧					☀	🌧		☀		🌧	🌧	🌧	☀		☀	🌧	☀	🌧		☀	🌧	🌧		🌧
Se marier	☀					🌧	☀		☀	☀		🌧	🌧	☀	☀		🌧	🌧	☀		☀			🌧	🌧	☀	☀	🌧		🌧
Activités spirituelles				☀	☀	☀		☀		☀		☀		☀	☀	☀	🌧	🌧	☀	☀	☀			☀		☀		🌧		☀
Démarrer un nouveau job			☀		☀				☀	☀	☀	🌧			☀	☀	🌧	🌧	☀		☀		☀	🌧				🌧		
Inaugurer		☀	☀		☀	🌧						🌧	☀		☀	☀	🌧	🌧	☀		☀			🌧	☀		☀	🌧		🌧
Négocier	☀				☀		☀			☀	☀			☀	☀		🌧	🌧	☀		☀		☀			☀		🌧		
Signer un contrat		☀			☀	🌧		☀				🌧			☀		🌧	🌧	☀	☀	☀			🌧			☀	🌧		🌧
Creuser le sol			☀		☀	☀			🌧	☀	🌧	☀	🌧		☀	☀	🌧	🌧	☀				🌧	☀				🌧		☀
Démarrer une construction	☀	☀			☀		☀			☀	☀			☀	☀		🌧	🌧	☀		☀		☀			☀	☀	🌧		
Emménager		🌧	🌧		☀		☀		☀	☀		🌧			☀	🌧	🌧	🌧	☀		☀			🌧				🌧		
Rénover		🌧	☀		☀					☀		☀	🌧		☀	☀	🌧	🌧	☀		☀			☀	🌧			🌧		
Signes soutenus																														
rat 子	☀		🌧		☀	☀	🌧	🌧	☀		🌧	🌧	☀		🌧		🌧	🌧	🌧	🌧	☀		🌧	🌧	☀		🌧	🌧	☀	☀
bœuf 丑		☀	🌧	🌧	☀	☀		🌧		☀	🌧	🌧		☀	🌧	🌧	🌧	🌧		🌧		☀	🌧	🌧		☀	🌧	🌧	☀	☀
tigre 寅	🌧		☀	☀	🌧		☀		🌧	🌧	☀		🌧		☀	☀	🌧	🌧	☀		🌧	🌧	☀		🌧		☀	🌧	🌧	
lapin 卯		🌧	☀	☀	🌧	🌧		☀	🌧	🌧		☀		🌧	☀	☀	🌧	🌧		☀	🌧	🌧		☀		🌧	☀	🌧	🌧	🌧
dragon 辰	☀	☀	🌧		☀		🌧	🌧	☀		🌧		☀	☀	🌧		🌧	🌧	🌧	🌧	☀		🌧		☀	☀	🌧	🌧	☀	
serpent 巳		☀		🌧		☀	🌧	🌧		☀		🌧		☀		🌧	🌧	🌧	🌧	🌧		☀		🌧		☀		🌧		☀
cheval 午	🌧		☀		🌧	🌧	☀		🌧		☀	☀	🌧		☀		🌧	🌧	☀		🌧		☀	☀	🌧		☀	🌧	🌧	🌧
chèvre 未		🌧		☀	🌧	🌧		☀		🌧	☀	☀		🌧		☀	🌧	🌧		☀		🌧	☀	☀		🌧		🌧	🌧	🌧
singe 申	☀		🌧	🌧	☀		🌧		☀		🌧		☀		🌧	🌧	🌧	🌧	🌧		☀		🌧		☀		🌧	🌧	☀	
coq 酉		☀	🌧	🌧		☀		🌧	☀	☀		🌧		☀	🌧	🌧	🌧	🌧		🌧	☀	☀		🌧		☀	🌧	🌧		☀
chien 戌	🌧	🌧	☀		🌧		☀	☀	🌧		☀	🌧	🌧	🌧	☀		🌧	🌧	☀	☀	🌧		☀	🌧	🌧	🌧	☀	🌧	🌧	
cochon 亥	🌧	🌧		☀		🌧	☀	☀		🌧		☀	🌧	🌧		☀	🌧	🌧	☀	☀		🌧		☀	🌧	🌧		🌧		🌧

12 Essences : Fondation, Nettoyage, Accumulation, Équilibrage, Stabilité, Contrôle, Destruction, Péril, Réussite, Moisson, Ouverture, Terminaison

Synthèse des activités

	juillet 2024	1	2	3	4	5	6	7	8	9	10	11	12	13	14	15	16	17	18	19	20	21	22	23	24	25	26	27	28	29	30	31
		L	M	M	J	V	✸	D	L	M	M	J	V	S	D	L	M	M	J	V	S	D	L	M	M	J	V	S	D	L	M	M
							●								◐							○							◑			
	Essence	Réu	Moi	Ouv	Ter	Fon	Net	Net	Acc	Equ	Sta	Con	Des	Pér	Réu	Moi	Ouv	Ter	Fon	Net	Acc	Equ	Sta	Con	Des	Pér	Réu	Moi	Ouv	Ter	Fon	Net
Activités favorables	Commencer une formation	☀	☀					☀		🌧	☀	☀	🌧			☀				☀		🌧	☀				☀	☀			🌧	
	Démarrer un régime	☀					☀	☀	🌧	🌧	☀	☀	🌧							☀	🌧	🌧	☀				☀				🌧	☀
	Partir en voyage	☀			🌧	☀	🌧			☀			🌧	🌧			🌧		☀			☀		🌧		🌧	☀		🌧		🌧	🌧
	Se marier	☀		☀			🌧		🌧	☀	☀	☀	🌧	🌧	☀		☀		☀		🌧	☀	☀			🌧	☀		☀		🌧	🌧
	Activités spirituelles	☀	☀				☀	☀			☀	☀	🌧	☀						☀			☀			☀	☀				🌧	☀
	Démarrer un nouveau job	☀		☀		☀	🌧				☀	☀	🌧				☀		☀				☀	☀			☀		☀		🌧	🌧
	Inaugurer	☀		☀			🌧		☀	🌧	☀	☀	🌧				☀		🌧		☀	🌧	☀	☀			☀		☀		🌧	🌧
	Négocier	☀				☀		☀		☀	☀	☀	🌧		☀				☀	☀		☀	☀				☀				🌧	
	Signer un contrat	☀	☀	☀			🌧	☀		🌧	☀	☀	🌧			☀	☀		🌧	☀		🌧	☀				☀	☀	☀		🌧	
	Creuser le sol	☀		🌧		🌧	☀	☀			☀	☀	🌧	☀			🌧	☀	🌧	☀			☀	☀		☀	☀		🌧	☀	🌧	☀
	Démarrer une construction	☀				☀		☀		☀	☀	☀	🌧		☀				☀	☀		☀	☀				☀				🌧	
	Emménager	☀		☀			🌧				☀		🌧		☀		☀						☀	🌧			☀		☀		🌧	🌧
	Rénover	☀					☀	☀	🌧		☀	☀	🌧							☀	🌧		☀	☀			☀				🌧	☀
Signes soutenus	rat 子	🌧	🌧	☀		🌧	🌧	☀		🌧		☀	🌧	🌧	🌧	☀		🌧	🌧	☀		🌧		☀	☀	🌧	🌧	☀		🌧	🌧	☀
	bœuf 丑		🌧		☀	🌧	🌧		☀	🌧	🌧	☀	🌧		🌧		☀	🌧	🌧		☀	🌧	🌧	☀	☀		🌧		☀	🌧	🌧	
	tigre 寅	☀		🌧	🌧	☀		🌧		☀	☀	🌧	🌧	☀		🌧	🌧	☀		🌧		☀	☀	🌧		☀		🌧	🌧	☀	🌧	🌧
	lapin 卯		☀	🌧	🌧		☀		🌧	☀	☀	🌧	🌧		☀	🌧	🌧		☀		🌧	☀	☀	🌧	🌧		☀	🌧	🌧		🌧	
	dragon 辰	🌧	🌧	☀		🌧		☀	☀	🌧		☀	🌧	🌧	🌧	☀		🌧		☀	☀	🌧		☀		🌧	🌧	☀		🌧	🌧	☀
	serpent 巳	🌧	🌧		☀		🌧		☀		🌧		🌧	🌧	🌧		☀		🌧		☀		🌧		☀	🌧	🌧		☀		🌧	
	cheval 午	☀		🌧		☀	☀	🌧		☀		🌧	🌧	☀		🌧		☀	☀	🌧		☀		🌧	🌧	☀		🌧		☀	🌧	🌧
	chèvre 未		☀		🌧	☀	☀		🌧		☀	🌧	🌧		☀		🌧	☀	☀		🌧		☀	🌧	🌧		☀		🌧	☀	🌧	
	singe 申	🌧		☀		🌧		☀		🌧	🌧	☀	🌧	🌧		☀		🌧		☀		🌧	🌧	☀		🌧		☀		🌧	🌧	☀
	coq 酉		🌧	☀	☀		🌧		☀	🌧	🌧		🌧		🌧	☀	☀		🌧		☀	🌧	🌧		☀		🌧	☀	☀		🌧	
	chien 戌	☀	☀	🌧		☀	🌧	🌧	🌧	☀		🌧	🌧	☀	☀	🌧		☀	🌧	🌧	🌧	☀		🌧		☀	☀	🌧		☀	🌧	🌧
	cochon 亥	☀	☀		🌧		☀	🌧	🌧		☀		🌧	☀	☀		🌧		☀	🌧	🌧		☀		🌧	☀	☀		🌧		🌧	🌧

	août 2024	1	2	3	4	5	6	7	8	9	10	11	12	13	14	15	16	17	18	19	20	21	22	23	24	25	26	27	28	29	30	31
		J	V	S	D	L	M	✸	J	V	S	D	L	M	M	J	V	S	D	L	M	M	J	V	S	D	L	M	M	J	V	S
					●								◐							○							◑					
	Essence	Acc	Equ	Sta	Con	Des	Pér	Réu	Réu	Moi	Ouv	Ter	Fon	Net	Acc	Equ	Sta	Con	Des	Pér	Réu	Moi	Ouv	Ter	Fon	Net	Acc	Equ	Sta	Con	Des	Pér
Activités favorables	Commencer une formation		☁	☀						☀	☀	☁						☁	☁	☁		☀	☀	☁		☁						☀
	Démarrer un régime	☁	☁	☀								☁		☀				☁	☁	☁				☁		☁						☀
	Partir en voyage		☀		☁		☁			☁	☀		☀	☁		☀	☁	☁	☁	☁		☁	☀		☀	☁		☀	☁	☁		
	Se marier	☁	☀	☀			☁	☀	☀		☀			☁	☁	☀	☀	☁	☁	☁	☀		☀			☁	☁	☀	☀			
	Activités spirituelles			☀			☀				☀			☀		☀		☁	☁	☁			☀			☁		☀				☀
	Démarrer un nouveau job			☀	☀						☀		☀	☁				☁	☁	☁			☀		☀	☁				☀		☀
	Inaugurer	☀	☁	☀	☀				☁	☁	☀	☁		☁	☀		☀	☁	☁	☁			☀	☁		☁	☀		☀	☀		☀
	Négocier		☀	☀				☀	☀		☀		☀			☀		☁	☁	☁	☀		☀		☀	☁		☀				☀
	Signer un contrat		☁	☀					☁		☀	☁					☀	☁	☁	☁		☀	☀	☁		☁			☀			☀
	Creuser le sol			☀	☀		☀						☁	☀				☁	☁	☁					☁	☁				☀		☀
	Démarrer une construction		☀	☀				☀	☀		☀		☀			☀	☀	☁	☁	☁	☀		☀		☀	☁		☀	☀			☀
	Emménager			☀	☁			☀	☀		☀			☁				☁	☁	☁	☀		☀			☁				☁		☀
	Rénover	☁		☀	☀						☀			☀	☁			☁	☁	☁			☀			☁	☁			☀		☀
Signes soutenus	rat 子		☁		☀	☀	☁	☁	☀		☁	☁	☀		☁		☀	☁	☁	☁	☀		☁	☁	☀	☁	☁		☀	☀	☁	☁
	bœuf 丑	☀	☁	☁	☀	☀		☁		☀	☁	☁		☀	☁	☁	☀	☁	☁	☁		☀	☁	☁		☁	☁	☁	☀	☀		☁
	tigre 寅		☀	☀	☁		☀		☁	☁	☀		☁		☀	☀	☁	☁	☁	☁	☁	☁	☀		☁	☁	☀	☀	☁		☀	
	lapin 卯	☁	☀	☀	☁	☁		☀	☁	☁		☀		☁	☀	☀	☁	☁	☁	☁	☁	☁		☀		☁	☀	☀	☁	☁		☀
	dragon 辰	☀	☁		☀		☁	☁	☀		☁		☀	☀	☁		☀	☁	☁	☁	☀		☁		☀	☁	☁		☀		☁	☁
	serpent 巳	☀		☁		☀	☁	☁		☀		☁		☀		☁		☁	☁	☁		☀		☁		☁		☁		☀	☁	☁
	cheval 午		☀		☁	☁	☀		☁		☀	☀	☁		☀		☁	☁	☁	☁	☁		☀	☀	☁	☁	☀		☁	☁	☀	
	chèvre 未	☁		☀	☁	☁		☀		☁	☀	☀		☁		☀	☁	☁	☁	☁		☁	☀	☀		☁		☀	☁	☁		☀
	singe 申		☁	☁	☀		☁		☀		☁		☀		☁	☁	☀	☁	☁	☁	☀		☁		☀	☁	☁	☁	☀		☁	
	coq 酉	☀	☁	☁		☀		☁	☀	☀		☁		☀	☁	☁		☁	☁	☁	☀	☀		☁		☁	☁	☁		☀		☁
	chien 戌	☁	☀		☁		☀	☀	☁		☀	☁	☁	☁	☀		☁	☁	☁	☁	☁		☀	☁	☁	☁	☀		☁		☀	☀
	cochon 亥	☁		☀		☁	☀	☀		☁		☀	☁	☁		☀		☁	☁	☁		☁		☀	☁	☁		☀		☁	☀	☀

12 Essences : Fondation, Nettoyage, Accumulation, Équilibrage, Stabilité, Contrôle, Destruction, Péril, Réussite, Moisson, Ouverture, Terminaison

Synthèse des activités

septembre 2024		1	2	3	4	5	6	7	8	9	10	11	12	13	14	15	16	17	18	19	20	21	22	23	24	25	26	27	28	29	30
		D	L	M	M	J	V	✸	D	L	M	M	J	V	S	D	L	M	M	J	V	S	D	L	M	M	J	V	S	D	L
				●								◐							○						◑						
	Essence	Réu	Moi	Ouv	Ter	Fon	Net	Acc	Acc	Equ	Sta	Con	Des	Pér	Réu	Moi	Ouv	Ter	Fon	Net	Acc	Equ	Sta	Con	Des	Pér	Réu	Moi	Ouv	Ter	Fon
Activités favorables	Commencer une formation		☀		☁				☀	☀				☁		☀					☀			☀		☁		☀		☀	
	Démarrer un régime			☁	☁		☀		☀	☀			☁	☁						☀	☀			☀	☁	☁				☀	
	Partir en voyage		☁			☀	☁		☀	☀	☁	☁		☁	☁				☀	☁	☀	☀	☁			☁	☁			☀	☀
	Se marier	☀		☀			☁	☁		☀	☀			☁	☀		☀			☁		☀	☀	☀		☁	☀		☀	☀	
	Activités spirituelles						☀		☀	☀				☀						☀	☀			☀		☀				☀	
	Démarrer un nouveau job			☀		☀	☁		☀	☀		☀					☀		☀	☁	☀			☀					☀	☀	☀
	Inaugurer			☀	☁		☁	☀	☀	☀	☀	☀		☁						☁	☀		☀	☀		☁				☀	
	Négocier	☀				☀			☀	☀					☀				☀		☀	☀		☀			☀			☀	☀
	Signer un contrat		☀	☀	☁				☀	☀	☀			☁		☀					☀		☀	☀		☁		☀		☀	
	Creuser le sol			☁		☁	☀		☀	☀		☀		☀			☁		☁	☀	☀			☀		☀			☁	☀	☁
	Démarrer une construction	☀				☀			☀	☀	☀				☀				☀		☀	☀	☀	☀			☀			☀	☀
	Emménager	☀		☀			☁		☀	☀		☁			☀		☀			☁	☀						☀		☀	☀	
	Rénover						☀	☁		☀		☀								☀				☀						☀	
Signes soutenus	rat 子	☀		☁	☁	☀		☁		☀	☀	☁	☁	☀		☁	☁	☀		☁		☀	☀	☁	☁	☀		☁	☁	☀	
	bœuf 丑		☀	☁	☁		☀	☁	☁	☀	☀		☁		☀	☁	☁		☀	☁	☁	☀	☀		☁		☀	☁	☁		☀
	tigre 寅	☁	☁	☀		☁		☀	☀	☁		☀		☁	☁	☀		☁		☀	☀	☁		☀		☁	☁	☀		☁	
	lapin 卯	☁	☁		☀		☁	☀	☀	☁	☁		☀	☁	☁		☀		☁	☀	☀	☁	☁		☀	☁	☁		☀		☁
	dragon 辰	☀		☁		☀	☀	☁		☀		☁	☁	☀		☁		☀	☀	☁		☀		☁	☁	☀		☁		☀	☀
	serpent 巳		☀		☁		☀		☁		☀	☁	☁		☀		☁		☀		☁		☀	☁	☁		☀		☁		☀
	cheval 午	☁		☀	☀	☁		☀		☁	☁	☀		☁		☀	☀	☁		☀		☁	☁	☀		☁		☀	☀	☁	
	chèvre 未		☁	☀	☀		☁		☀	☁	☁		☀		☁	☀	☀		☁		☀	☁	☁		☀		☁	☀	☀		☁
	singe 申	☀		☁		☀		☁	☁	☀		☁		☀		☁		☀		☁	☁	☀		☁		☀		☁		☀	
	coq 酉	☀	☀		☁		☀	☁	☁		☀		☁	☀	☀		☁		☀	☁	☁		☀		☁	☀	☀		☁		☀
	chien 戌	☁		☀	☁	☁	☁	☀		☁		☀	☀	☁		☀	☁	☁	☁	☀		☁		☀	☀	☁		☀	☁	☁	☁
	cochon 亥		☁		☀	☁	☁		☀		☁	☀	☀		☁		☀	☁	☁		☀		☁	☀	☀		☁		☀	☁	☁

octobre 2024

		1	2	3	4	5	6	7	8	9	10	11	12	13	14	15	16
		M	M	J	V	S	D	✹	M	M	J	V	S	D	L	M	M
			●								◐						
	Essence	Net	Acc	Equ	Sta	Con	Des	Pér	Pér	Réu	Moi	Ouv	Ter	Fon	Net	Acc	Equ
Activités favorables	Commencer une formation		☼					☁	☼	☼	☼				☁		☁
	Démarrer un régime	☼	☼				☁	☁	☼	☼					☁	☁	☁
	Partir en voyage	☁	☼	☼	☁	☁		☁		☼				☼	☁		☁
	Se marier	☁		☼	☼			☁		☼		☼			☁	☁	☁
	Activités spirituelles	☼	☼					☼	☼	☼					☁		☁
	Démarrer un nouveau job	☁	☼			☼			☼	☼		☼		☼	☁		☁
	Inaugurer	☁	☼		☼	☼		☁		☼	☁	☼			☁	☼	☁
	Négocier		☼	☼					☼	☼				☼	☁		☁
	Signer un contrat		☼		☼			☁		☼		☼			☁		☁
	Creuser le sol	☼	☼			☼		☼	☼	☼		☁		☁	☁		☁
	Démarrer une construction		☼	☼	☼				☼	☼				☼	☁		☁
	Emménager	☁	☼			☁			☼	☼		☼			☁		☁
	Rénover	☼				☼			☼	☼					☁	☁	☁
Signes soutenus	rat 子	☁		☼	☼	☁	☁	☼		☁	☁	☼		☁	☁	☼	☁
	bœuf 丑	☁	☁	☼	☼		☁		☼	☁	☁		☼	☁	☁	☼	☁
	tigre 寅	☼	☼	☁		☼		☁	☁	☼		☁		☼	☁	☁	☁
	lapin 卯	☼	☼	☁	☁		☼	☁	☁		☼		☁	☼	☁	☁	☁
	dragon 辰	☁		☼		☁	☁	☼		☁		☼	☼	☁	☁	☼	☁
	serpent 巳		☁		☼	☁	☁		☼		☁		☼		☁		☁
	cheval 午	☼		☁	☁	☼		☁		☼	☼	☁		☼	☁	☁	☁
	chèvre 未		☼	☁	☁		☼		☁	☼	☼		☁		☁	☁	☁
	singe 申	☁	☁	☼		☁		☼		☁		☼		☁	☁	☼	☁
	coq 酉	☁	☁		☼		☁	☼	☼		☁		☼	☁	☁		☁
	chien 戌	☼		☁		☼	☼	☁		☼	☁	☁	☁	☼	☁	☁	☁
	cochon 亥		☼		☁	☼	☼		☁		☼	☁	☁		☁		☁

		17	18	19	20	21	22	23	24	25	26	27	28	29	30	31
		J	V	S	D	L	M	M	J	V	S	D	L	M	M	J
		○							◑							
	Essence	Sta	Con	Des	Pér	Réu	Moi	Ouv	Ter	Fon	Net	Acc	Equ	Sta	Con	Des
Activités favorables	Commencer une formation		☁				☼				☁		☁	☼		☁
	Démarrer un régime		☁								☁	☁	☁	☼		☁
	Partir en voyage	☁	☁		☁					☼	☁		☼		☁	☁
	Se marier	☼	☁		☁	☼		☼			☁	☁	☼	☼		☁
	Activités spirituelles		☁		☼						☁		☼	☼		☁
	Démarrer un nouveau job		☁					☼		☼	☁			☼	☼	☁
	Inaugurer	☼	☁				☁	☼			☁	☼	☁	☼	☼	☁
	Négocier		☁			☼				☼	☁		☼	☼		☁
	Signer un contrat	☼	☁					☼			☁		☁	☼		☁
	Creuser le sol		☁		☼			☁		☁	☁			☼	☼	☁
	Démarrer une construction	☼	☁	☼		☼				☼	☁		☼	☼		☁
	Emménager		☁			☼		☼			☁			☼	☁	☁
	Rénover		☁	☼							☁	☁		☼	☼	☁
Signes soutenus	rat 子	☁	☁	☼		☁	☁	☼		☁	☁	☼	☼	☁	☁	☁
	bœuf 丑		☁		☼	☁	☁		☼	☁	☁	☼	☼		☁	☁
	tigre 寅	☼	☁	☁	☁	☼		☁		☼	☁	☁		☼		☁
	lapin 卯		☁	☁	☁		☼		☁	☼	☁	☁	☁		☼	☁
	dragon 辰	☁	☁	☼		☁		☼	☼	☁	☁	☼		☁	☁	☁
	serpent 巳	☁	☁		☼		☁		☼		☁		☼	☁	☁	☁
	cheval 午	☼	☁	☁		☼	☼	☁		☼	☁	☁	☁	☼		☁
	chèvre 未		☁		☁	☼	☼		☁		☁	☁	☁		☼	☁
	singe 申	☁	☁	☼		☁		☼		☁	☁	☼		☁		☁
	coq 酉		☁	☼	☼		☁		☼	☁	☁		☼		☁	☁
	chien 戌	☼	☁	☁		☼	☁	☁	☁	☼	☁	☁		☼	☼	☁
	cochon 亥	☼	☁		☁		☼	☁	☁		☁		☁	☼	☼	☁

12 Essences : Fondation, Nettoyage, Accumulation, Équilibrage, Stabilité, Contrôle, Destruction, Péril, Réussite, Moisson, Ouverture, Terminaison

novembre 2024

	1	2	3	4	5	6	7	8	9	10	11	12	13	14	15	16	17	18	19	20	21	22	23	24	25	26	27	28	29	30
	V	S	D	L	M	✸	J	V	S	D	L	M	M	J	V	S	D	L	M	M	J	V	S	D	L	M	M	J	V	S
	●								◐						○								◑							
Essence	Pér	Réu	Moi	Ouv	Ter	Fon	Fon	Net	Acc	Equ	Sta	Con	Des	Pér	Réu	Moi	Ouv	Ter	Fon	Net	Acc	Equ	Sta	Con	Des	Pér	Réu	Moi	Ouv	Ter
Activités favorables																														
Commencer une formation			☀						☁		☀				☀	☀	☀	☁					☀			☀		☀		☁
Démarrer un régime								☀	☁		☀				☀	☀		☁		☀			☀			☀			☁	☁
Partir en voyage	☁		☁			☀	☀	☁	☁	☀		☁	☁	☁	☀		☀	☁	☀	☁		☀		☁	☁			☁		☁
Se marier	☁	☀	☁	☀				☁	☁	☀	☀			☁	☀	☀	☀	☁		☁	☁	☀	☀				☀		☀	☁
Activités spirituelles	☀							☀	☁		☀			☀	☀	☀	☀	☁		☀			☀			☀				☁
Démarrer un nouveau job				☀		☀	☀	☁	☁		☀	☀			☀	☀	☀	☁	☀	☁			☀	☀		☀			☀	☁
Inaugurer			☁	☀				☁	☁		☀	☀				☀	☀	☁		☁	☀		☀	☀		☀	☁		☀	☁
Négocier		☀				☀	☀		☁	☀	☀				☀	☀	☀	☁	☀			☀	☀			☀	☀			☁
Signer un contrat				☀					☁		☀					☀	☀	☁					☀			☀	☁	☀	☀	☁
Creuser le sol	☀			☁		☁	☁	☀	☁		☀	☀		☀	☀	☀		☁	☁	☀			☀	☀		☀			☁	☁
Démarrer une construction		☀	☁			☀	☀		☁	☀	☀				☀	☀	☀	☁	☀			☀	☀			☀	☀			☁
Emménager		☀		☀				☁	☁		☀	☁			☀	☀	☀	☁		☁			☀	☁		☀	☀		☀	☁
Rénover								☀	☁		☀	☀			☀	☀	☀	☁		☀	☁		☀	☀		☀				☁
Signes soutenus																														
rat 子		☁	☁	☀		☁		☀	☁	☁	☁	☀		☁	☁	☀		☁		☀	☀	☁	☁	☀		☁	☁	☀		☁
bœuf 丑	☀	☁	☁		☀	☁	☁	☀	☁		☁		☀	☁	☁		☀	☁	☁	☀	☀		☁		☀	☁	☁		☀	☁
tigre 寅	☁	☀		☁		☀	☀	☁	☁	☀		☁	☁	☀		☁		☁	☀	☁		☀		☁	☁	☀		☁		☁
lapin 卯	☁		☀		☁	☀	☀	☁	☁		☀	☁	☁		☀		☁	☁	☀	☁	☁		☀	☁	☁		☀		☁	☁
dragon 辰		☁		☀	☀	☁		☀	☁	☁	☁	☀		☁		☀	☀	☁		☀		☁	☁	☀		☁		☀	☀	☁
serpent 巳	☀		☁		☀		☁		☁	☁	☁		☀		☁		☀	☁	☁		☀	☁	☁		☀		☁		☀	☁
cheval 午		☀	☀	☁		☀		☁	☁	☀		☁		☀	☀	☁		☁		☁	☁	☀		☁		☀	☀	☁		☁
chèvre 未	☁	☀	☀		☁		☀	☁	☁		☀		☁	☀	☀		☁	☁	☀	☁	☁		☀		☁	☀	☀		☁	☁
singe 申		☁		☀		☁	☁	☀	☁	☁		☀		☁		☀		☁	☁	☀		☁		☀		☁		☀		☁
coq 酉	☀		☁		☀	☁	☁		☁		☁	☀	☀		☁		☀	☁	☁		☀		☁	☀	☀		☁		☀	☁
chien 戌		☀	☁	☁	☁	☀		☁	☁	☀	☀	☁		☀	☁	☁	☁	☁		☁		☀	☀	☁		☀	☁	☁	☁	☁
cochon 亥	☁		☀	☁	☁		☀		☁	☀	☀		☁		☀	☁	☁	☁	☀		☁	☀	☀		☁		☀	☁	☁	☁

décembre 2024

	1	2	3	4	5	6	7	8	9	10	11	12	13	14	15	16	17	18	19	20	21	22	23	24	25	26	27	28	29	30	31
	D	L	M	M	J	✸	S	D	L	M	M	J	V	S	D	L	M	M	J	V	S	D	L	M	M	J	V	S	D	L	M
	●							◐							○							◑								●	
Essence	Fon	Net	Acc	Equ	Sta	Con	Con	Des	Pér	Réu	Moi	Ouv	Ter	Fon	Net	Acc	Equ	Sta	Con	Des	Pér	Réu	Moi	Ouv	Ter	Fon	Net	Acc	Equ	Sta	Con
Activités favorables																															
Commencer une formation		☼					☼			☼	☼		☁						☁		☁		☼	☁	☁		☼				☼
Démarrer un régime		☼					☼	☁		☼			☁		☼				☁	☁	☁			☁	☁		☼				☼
Partir en voyage	☼			☼	☁	☁				☼			☁	☼	☁		☼	☁	☁		☁			☁	☁	☼			☼	☁	
Se marier			☁	☼	☼		☼			☼		☼	☁		☁	☁	☼	☼	☁		☁	☼		☁	☁			☁	☼	☼	☼
Activités spirituelles		☼					☼		☼	☼			☁		☼				☁		☼			☁	☁		☼				☼
Démarrer un nouveau job	☼					☼	☼		☼	☼		☼	☁	☼	☁				☁					☁	☁	☼					☼
Inaugurer			☼		☼		☼			☼		☼	☁		☁	☼		☼	☁		☁			☁	☁			☼		☼	☼
Négocier	☼	☼		☼			☼		☼	☼			☁	☼			☼		☁			☼		☁	☁	☼	☼		☼		☼
Signer un contrat		☼			☼	☁				☼	☼	☼	☁					☼	☁		☁		☼	☁	☁		☼			☼	☼
Creuser le sol	☁	☼				☼	☼		☼	☼		☁	☁	☁	☼				☁		☼			☁	☁	☁	☼				☼
Démarrer une construction	☼	☼		☼	☼		☼		☼	☼			☁	☼			☼	☼	☁			☼		☁	☁	☼	☼		☼	☼	☼
Emménager						☁			☼	☼		☼	☁		☁				☁			☼		☁	☁						
Rénover		☼	☁			☼	☼		☼	☼			☁		☼	☁			☁					☁	☁		☼	☁			☼
Signes soutenus																															
rat 子		☼	☼	☁	☁	☼		☁	☁	☼		☁	☁	☼	☼	☁	☁	☼	☁	☁	☁	☼		☁	☁	☼	☼	☁	☁	☼	
bœuf 丑	☁	☼	☼		☁		☼	☁	☁		☼	☁	☁	☼	☼		☁		☁	☁	☁		☼	☁	☁	☼	☼		☁		☼
tigre 寅	☼	☁		☼		☁	☁	☼		☁		☼	☁	☁		☼		☁	☁	☼		☁		☁	☁	☁		☼		☁	☁
lapin 卯	☼	☁	☁		☼	☁	☁		☼		☁	☼	☁	☁	☁		☼	☁	☁		☼		☁	☁	☁	☁	☁		☼	☁	☁
dragon 辰		☼		☁	☁	☼		☁		☼	☼	☁	☁	☼		☁	☁	☼	☁	☁		☼	☼	☁	☁	☼		☁	☁	☼	
serpent 巳	☁		☼	☁	☁		☼		☁		☼		☁		☼	☁	☁		☁		☁		☼	☁	☁		☼	☁	☁		☼
cheval 午		☁	☁	☼		☁		☼	☼	☁		☼	☁	☁	☁	☼		☁	☁	☼	☼	☁		☁	☁	☁	☁	☼		☁	
chèvre 未	☼	☁	☁		☼		☁	☼	☼		☁		☁	☁	☁		☼		☁	☼	☼		☁	☁	☁	☁	☁		☼		☁
singe 申	☁	☼		☁		☼		☁		☼		☁	☁	☼		☁		☼	☁	☁		☼		☁	☁	☼		☁		☼	
coq 酉	☁		☼		☁	☼	☼		☁		☼	☁	☁		☼		☁	☼	☁		☁		☼	☁	☁		☼		☁	☼	☼
chien 戌		☁		☼	☼	☁		☼	☁	☁	☁	☼	☁	☁		☼	☼	☁	☁	☼	☁	☁	☁	☁	☁	☁		☼	☼	☁	
cochon 亥	☼		☁	☼	☼		☁		☼	☁	☁		☁		☁	☼	☼		☁		☼	☁	☁	☁	☁		☁	☼	☼		☁

12 Essences : Fondation, Nettoyage, Accumulation, Équilibrage, Stabilité, Contrôle, Destruction, Péril, Réussite, Moisson, Ouverture, Terminaison

Optimiser son feng shui avec l'Almanach 2024

La section Feng shui de l'Almanach vous donne pour chaque mois de l'année des conseils pour chaque secteur de votre domicile et du bureau le cas échéant. Vous pouvez ainsi saisir les opportunités qui se présentent à vous. Vous trouverez dans les pages suivantes toutes les explications nécessaires.

Mois lunaire

Les étoiles volantes sont établies selon le calendrier lunaire. Vous trouverez donc ici les dates de la période concernée.

Conseils Feng Shui

Période du 24 janvier au 22 février

LES ÉTOILES MENSUELLES

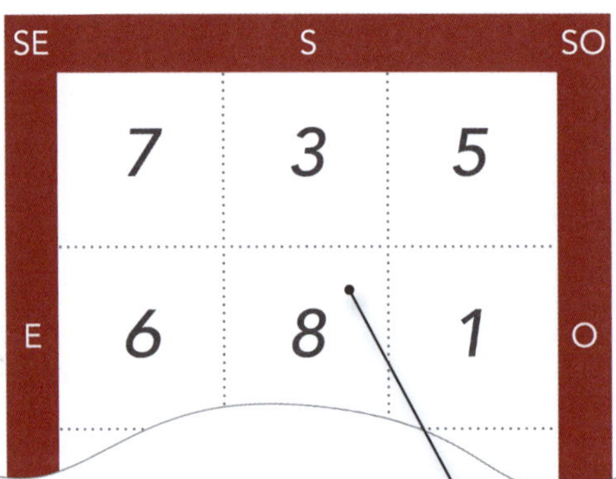

Étoiles volantes du mois

Chaque mois lunaire, l'étoile mensuelle change et se distribue dans l'espace. C'est notamment à partir de ces informations que sont construites nos préconisations.

Gua concernés

Chacun d'entre nous dispose d'une structure personnelle appelée *gua*. Chaque mois, certains *gua* sont plus concernés par les indications données dans notre analyse (*p 163*).

Les 8 secteurs

D'un seul coup d'oeil vous pouvez savoir si un secteur est favorable ☀ ce mois-ci ou s'il est préférable de l'éviter 🌧 (*p 156*).

☀ Nord-ouest

Concerne surtout les *gua* 1, 6, 7, 8 et 9

Bois	Feu	Terre	Métal	Eau
☀			🌧	

Si vous êtes *gua* 6 ou que votre porte d'entrée ou votre chambre se trouve dans le secteur Nord-ouest, il est probable que l'année 2019 ait été difficile et stressante.

Tous ces soucis sont désormais derrière vous : 2020 sera plus agréable et plus fluide et vous serez soutenu dans vos efforts. Réfléchissez à ce que vous souhaitez réaliser cette année : progresser sur le plan professionnel, réaliser des investissements financiers ou stabiliser certains aspects de votre vie ? Il est temps d'agir, ne procrastinez pas.

☀ Nord

Concerne surtout les *gua* 1, 3 et 4

Bois	Feu	Terre	Métal	Eau
☀	🌧	🌧	🌧	

Le domaine financier est déprimé tout particulièrement si vous êtes un professionnel du domaine financier ou bancaire. Investisseurs et acteurs du secteur financier limiteront donc leurs prises de risque pour éviter les déconvenues.

Pour les hommes, le moment est ... propice aux rencontres fémini... qui sépare la sédu... ...ff) est parfois mince ...

Des conseils chaque mois

Retrouvez chaque mois des conseils pour tirer le meilleur parti de votre feng shui (*p 159*).

Améliorer votre feng shui

Les éléments et les objets qui se trouvent dans chaque secteur inter-agissent avec les énergies présentes. Regardez s'il est favorable ☀ ou défavorable 🌧 de disposer d'un tel élément dans un secteur donné ce mois-ci (*p 161*).

Vidéo YouTube sur le feng shui :
youtu.be/hStVEkYRH3s

Les 8 secteurs

En feng shui, chaque secteur est repéré par une direction. On parle par exemple du secteur Nord, du secteur Nord-ouest, ... Nous vous expliquons ici comment repérer les secteurs de votre domicile ou de votre lieu de travail.

Pour que cela soit facile et pratique nous vous recommandons d'**utiliser un plan sur lequel vous allez poser quelques repères**. C'est beaucoup plus facile qu'il n'y paraît au premier coup d'œil : quelques minutes suffiront et c'est un travail que vous n'aurez à faire qu'une seule fois. Alors suivez le guide !

Étape ❶ - Disposer d'un plan

Si vous n'avez pas de plan : pas de panique. Vous pouvez en faire un à main levée, il suffit qu'il soit à l'échelle. S'il y a beaucoup de coins et de recoins, que la structure est compliquée, vous pouvez sans problème simplifier un peu le plan, il n'est pas nécessaire que la moindre niche ou le plus petit renfoncement soit fidèlement reproduit. Cherchez plutôt à faire une esquisse globalement représentative de l'espace.

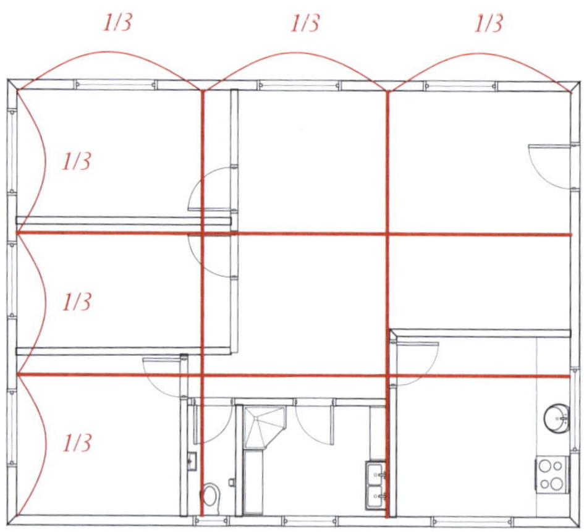

Étape ❷ - Tracer les 9 secteurs sur le plan

Prenez votre plan et à l'aide d'une règle puis divisez chaque côté en 3, de façon à découper l'espace en 9 cases de taille identique comme sur l'exemple ci-contre. Chaque case correspond à ce que nous appelons un « secteur ».

Astuce

Pensez à faire une ou plusieurs photocopie(s) de votre plan original. En effet, si vous avez besoin de reporter des informations sur le document et que vous utilisez pour cela l'original, vous devrez refaire entièrement votre plan si vous avez besoin plus tard d'une copie vierge.

Quand on dresse soi-même le plan il est tentant d'utiliser du papier millimétré. Malheureusement si les lignes du papier vous aideront dans un premier temps à faire votre dessin, elles passeront mal à la photocopie et votre plan sera plus difficile à lire. Utilisez plutôt du papier vierge.

Étape ❸ - Mesurer l'orientation du bâtiment

Utilisez une boussole pour connaître l'orientation de votre bâtiment. Ne vous fiez pas au soleil ni à ce qui peut être écrit sur une brochure ou indiqué par l'agent immobilier. On peut assez facilement déduire par exemple qu'un bâtiment est orienté Est alors qu'il est en réalité Nord-est ou Sud-est. Cela ferait ici une grande différence.

Si vous devez acheter une boussole, prenez-en une qui soit montée sur une base carrée ou rectangulaire de préférence. Une simple boussole de randonnée convient tout à fait. Les personnes mieux équipées, les amateurs de feng shui ou les professionnels se reporteront bien sûr à leur lopan.

Placez-vous ensuite avec la boussole au centre de votre bureau, de votre appartement ou de votre maison.

Assurez-vous que vous n'êtes pas près d'une masse métallique importante ou de quoi que ce soit qui puisse faire varier le champ magnétique (aimant, armoire électrique, câbles, meuble en fer, ...).

Laissez ensuite l'aiguille tourner jusqu'à ce qu'elle se stabilise.

Toutes les **aiguilles** de boussole portent un repère de couleur ou autre qui signale la partie de la flèche qui **s'oriente vers le nord**. Quand l'aiguille ne bouge plus, ce repère vous indique dans quelle direction se trouve le nord, il suffit alors de reporter cette information sur le plan. Inscrivez simplement Nord en regard du secteur correspondant à la direction.

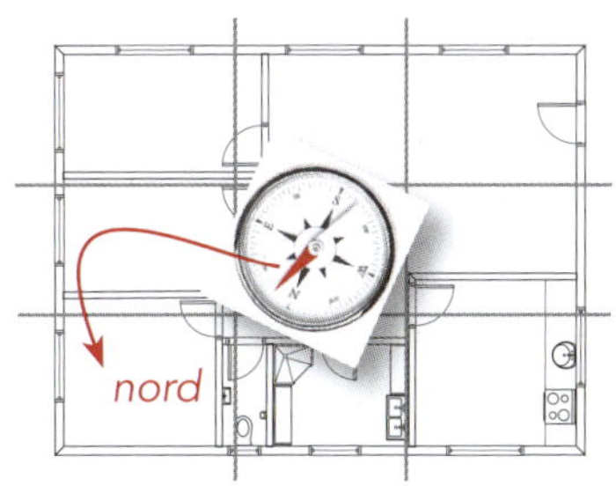

Dans l'exemple ici, le nord se trouve en direction de la chambre située en bas à gauche du plan.

Comment prendre une mesure : les vidéos

avec une boussole

youtu.be/kolq3zLkgD8

avec un lopan

youtu.be/aWvNoeX_CWc

Complétez le plan en reportant dans chaque case les autres directions comme dans l'exemple ci-contre. Pour ne pas vous tromper, partez du nord et tournez dans le sens des aiguilles d'une montre : nord-est, est, sud-est, sud, sud-ouest, ouest et nord-ouest.

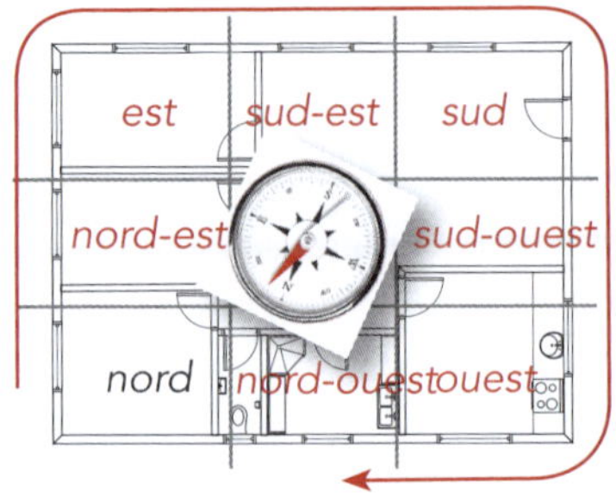

Cas particulier : votre plan est irrégulier

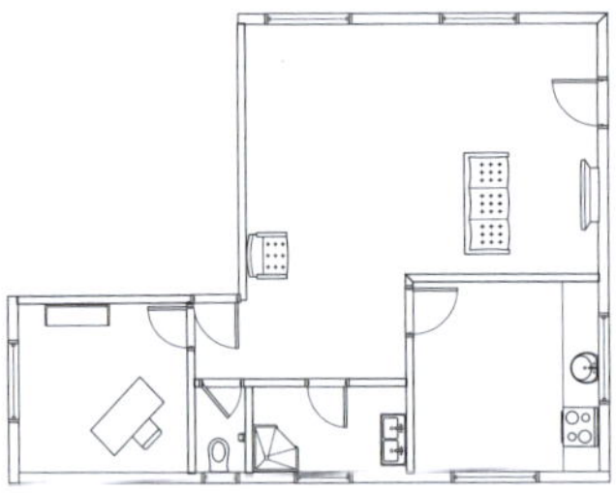

Dans les exemples précédents, le bâtiment est de forme régulière et toutes les pièces tiennent dans un carré ou un rectangle. Cela peut ne pas correspondre à votre cas, par exemple si le plan est en forme de L. Comment faire dans ce cas ?

Procédez de la même manière en incluant les parties manquantes. Dans cet exemple le plan est en L.

Comme dans l'exemple précédent, tracez la grille à 9 secteurs puis prenez l'orientation du bâtiment et reportez les noms des secteurs correspondant à chacune des directions.

La même démarche vaut pour toute autre forme d'espace. Si votre plan est trop irrégulier, vous devrez estimer à l'oeil nu ce qui fait raisonnablement partie du coeur du bâtiment et ce qui peut en être exclu.

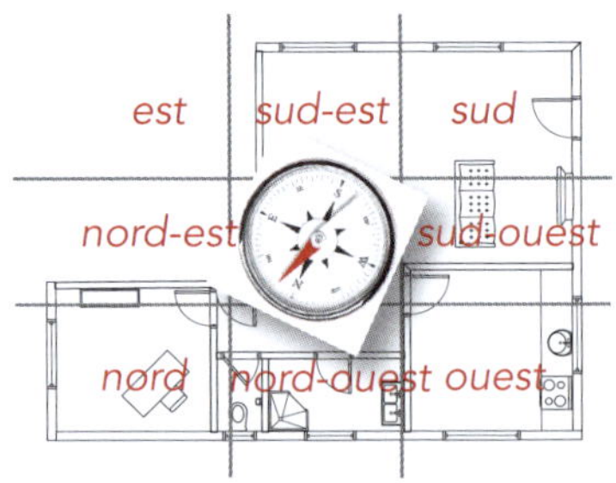

Votre plan est prêt, vous avez désormais tout en main pour tirer le meilleur de parti de cet Almanach.

Les indicateurs

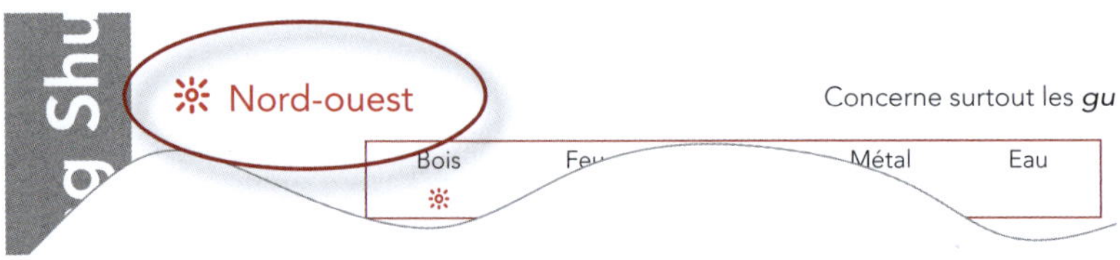

Chaque secteur dispose d'un indicateur synthétique qui vous permet de voir rapidement la tendance du mois à cet endroit : opportunités ☼ ou préférable d'éviter ☁.

Dans quelques rares cas, un secteur peut être à la fois favorable et défavorable suivant les aspects que l'on considère.

Les conseils de feng shui mensuels

En feng shui nous tenons compte de différents types de *qi* : certains sont quasiment statiques, mais d'autres évoluent tous les ans ou à chaque changement de lune.

Pour chaque mois lunaire nous vous proposons donc trois pages de conseils qui synthétisent différentes techniques de feng shui. Elles vous renseigne sur les opportunités et les risques du mois et les conseils vous sont donnés secteur par secteur (voir «Les 8 secteurs», page 156).

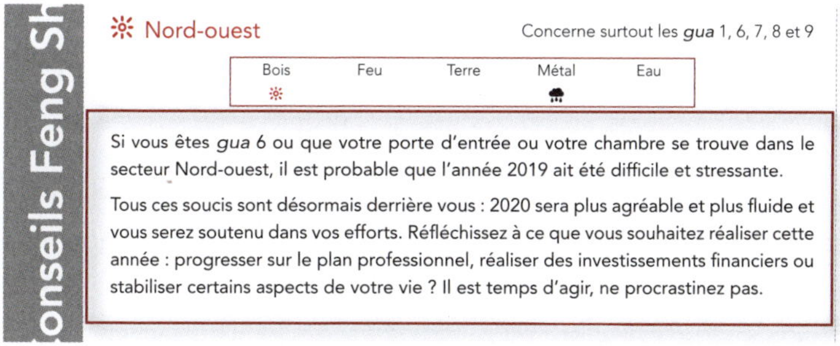
onseils Feng Sh

Nord-ouest — Concerne surtout les *gua* 1, 6, 7, 8 et 9

Bois	Feu	Terre	Métal	Eau

Si vous êtes *gua* 6 ou que votre porte d'entrée ou votre chambre se trouve dans le secteur Nord-ouest, il est probable que l'année 2019 ait été difficile et stressante.

Tous ces soucis sont désormais derrière vous : 2020 sera plus agréable et plus fluide et vous serez soutenu dans vos efforts. Réfléchissez à ce que vous souhaitez réaliser cette année : progresser sur le plan professionnel, réaliser des investissements financiers ou stabiliser certains aspects de votre vie ? Il est temps d'agir, ne procrastinez pas.

Souvenez-vous que ce n'est pas un horoscope : nous ne vous disons pas ce qui va se passer, mais nous attirons votre attention sur un potentiel. Il vous reste à le mettre en œuvre, à en user délibérément et à agir au quotidien de manière cohérente.

Il est évident qu'un élève travaillant et/ou dormant dans une pièce très propice à l'étude n'arrivera à rien s'il ne travaille pas, est-il nécessaire de le souligner ?

Le feng shui nous soutient dans nos efforts, il ne prend pas la main.

Les secteurs actifs

Sur votre plan, vous avez identifié tous les secteurs, mais tous ne vous concernent pas.

Ainsi, la salle de bains a très peu d'importance, alors que votre **chambre à coucher**, votre **cuisine** ou votre **salon vous impactent davantage**. Ce sont donc ces secteurs qui ont le plus d'importance.

L'**entrée** demande une attention particulière : c'est en quelque sorte la bouche de votre habitation et il est bien connu que ce que l'on mange a une influence sur tout notre corps. Même si vous y passez relativement peu de temps, cette zone mérite donc toute votre attention.

Améliorer votre feng shui

Chaque secteur a des caractéristiques spécifiques et quand vous passez d'une pièce à l'autre vous changez subtilement d'univers énergétique.

Pour connaître la qualité des *qi* d'un secteur, nous nous appuyons sur le calendrier luni-solaire et le système des cinq éléments : bois, feu, terre, métal, eau.

Certains des objets et des couleurs qui se trouvent dans chaque secteur inter-agissent. On sait par exemple qu'une grande quantité de plantes à certains endroits à certaines époques est susceptible de provoquer des problèmes lombaires ou … de faciliter les études et l'écriture, suivant les situations et les individus.

> Avoir un bon feng shui c'est vivre dans des *qi* qui vous soutiennent dans votre quotidien, vous gardent en bonne santé, vous rendent la vie plus légère et agréable.

Chaque mois ouvre de nouveaux horizons, à vous de saisir les perches qui vous sont tendues et d'éviter les passages difficiles quand ils sont repérables. Pour cela il suffit de prendre soin des éléments qui vous sont favorables et de neutraliser le plus possible les autres.

Les indicateurs

Chaque mois nous vous indiquons quels éléments sont favorables et peuvent être conservés ou ajoutés et lesquels doivent être **évités**. Nous vous donnons cette information secteur par secteur. Donc parfois nous ajouterons ici des plantes, là nous mettrons de la musique, ailleurs nous utiliserons plus souvent des bougies …

Bois	Feu	Terre	Métal	Eau

Dans l'exemple ci-dessus, il est favorable d'avoir du bois dans ce secteur car cela soutient des *qi* favorables ou neutralise des *qi* délicats. Au contraire, le métal détruirait des *qi* favorables ou renforcerait des *qi* déjà difficiles, on ne met donc pas de métal.

Les autres éléments - feu, terre, eau - qui n'ont pas de pictogramme n'ont pas d'importance ce mois-là à cet endroit-là, vous pouvez donc utiliser ou non les éléments correspondants.

Dans quelques cas, il est intéressant de choisir l'un ou l'autre des éléments proposés, nous vous expliquons dans le texte comment utiliser cette information en fonction de vos besoins.

Comment se manifestent les 5 éléments

Chacun des cinq éléments est associé à des formes, des objets, des couleurs, une matière. Le tableau suivant vous indique comment les utiliser.

Manifester les 5 éléments	
Plantes	Élément bois : Les plantes, les fleurs, la couleur verte. Les fleurs artificielles, séchées ou coupées sont considérées comme inertes car dépourvues de *qi*.
Feu	Élément feu : Le feu sous toutes ses formes. La couleur rouge et les formes triangulaires. Les lumières fortes, les lampes qui chauffent, les bougies allumées. Les lampes électroniques qui ne chauffent pas sont inertes.
Son	Élément métal : Les objets en métal, le son d'une radio, d'une télé ou d'une chaîne hifi allumée. Une cure de sel. La forme ronde, l'argent, l'or ou le bronze.
Pierre	Élément terre : Les pierres, les cailloux ou galets, la terre cuite. Les formes rectangulaires basses, une photo ou une peinture de montagne.
Eau	Élément eau : Un récipient d'eau ouvert (un aquarium avec couvercle par exemple ne convient donc pas), les couleurs bleu et noir, une forme ondulée. Des objets ou des formes évoquant l'eau, une photo ou une peinture de lac, de mer, de fleuve.

Le mieux est l'ennemi du bien

S'il est recommandé d'éviter les plantes dans un secteur donné, cela n'interdit pas d'y avoir pendant quelques jours un bouquet de fleurs. Vous éviterez seulement d'y installer durablement une grande quantité de plantes.

Il en va de même pour l'éclairage : il est parfois indiqué de ne pas mettre trop de feu dans un secteur, cela ne signifie pas que vous ne pouvez pas utiliser la lumière si vous occupez la pièce concernée. En revanche vous éviterez d'y ajouter des bougies, des rideaux rouges, beaucoup d'objets décoratifs évoquant le feu. En un mot, restez raisonnable !

Année	Animal	H	F
5 février 1911	cochon	8	7
5 février 1912	rat	7	8
4 février 1913	bœuf	6	9
4 février 1914	tigre	2	1
5 février 1915	lapin	4	2
5 février 1916	dragon	3	3
4 février 1917	serpent	2	4
4 février 1918	cheval	1	8
5 février 1919	chèvre	9	6
5 février 1920	singe	8	7
4 février 1921	coq	7	8
4 février 1922	chien	6	9
5 février 1923	cochon	2	1
5 février 1924	rat	4	2
4 février 1925	bœuf	3	3
4 février 1926	tigre	2	4
5 février 1927	lapin	1	8
5 février 1928	dragon	9	6
4 février 1929	serpent	8	7
4 février 1930	cheval	7	8
5 février 1931	chèvre	6	9
5 février 1932	singe	2	1
4 février 1933	coq	4	2
4 février 1934	chien	3	3
5 février 1935	cochon	2	4
5 février 1936	rat	1	8
4 février 1937	bœuf	9	6
4 février 1938	tigre	8	7
5 février 1939	lapin	7	8
5 février 1940	dragon	6	9
4 février 1941	serpent	2	1
4 février 1942	cheval	4	2
5 février 1943	chèvre	3	3
5 février 1944	singe	2	4
4 février 1945	coq	1	8
4 février 1946	chien	9	6
4 février 1947	cochon	8	7
5 février 1948	rat	7	8

Année	Animal	H	F
4 février 1949	bœuf	6	9
4 février 1950	tigre	2	1
4 février 1951	lapin	4	2
5 février 1952	dragon	3	3
4 février 1953	serpent	2	4
4 février 1954	cheval	1	8
4 février 1955	chèvre	9	6
5 février 1956	singe	8	7
4 février 1957	coq	7	8
4 février 1958	chien	6	9
4 février 1959	cochon	2	1
5 février 1960	rat	4	2
4 février 1961	bœuf	3	3
4 février 1962	tigre	2	4
4 février 1963	lapin	1	8
5 février 1964	dragon	9	6
4 février 1965	serpent	8	7
4 février 1966	cheval	7	8
4 février 1967	chèvre	6	9
5 février 1968	singe	2	1
4 février 1969	coq	4	2
4 février 1970	chien	3	3
4 février 1971	cochon	2	4
5 février 1972	rat	1	8
4 février 1973	bœuf	9	6
4 février 1974	tigre	8	7
4 février 1975	lapin	7	8
5 février 1976	dragon	6	9
4 février 1977	serpent	2	1
4 février 1978	cheval	4	2
4 février 1979	chèvre	3	3
5 février 1980	singe	2	4
4 février 1981	coq	1	8
4 février 1982	chien	9	6
4 février 1983	cochon	8	7
4 février 1984	rat	7	8
4 février 1985	bœuf	6	9
4 février 1986	tigre	2	1

Année	Animal	H	F
4 février 1987	lapin	4	2
4 février 1988	dragon	3	3
4 février 1989	serpent	2	4
4 février 1990	cheval	1	8
4 février 1991	chèvre	9	6
4 février 1992	singe	8	7
4 février 1993	coq	7	8
4 février 1994	chien	6	9
4 février 1995	cochon	2	1
4 février 1996	rat	4	2
4 février 1997	bœuf	3	3
4 février 1998	tigre	2	4
4 février 1999	lapin	1	8
4 février 2000	dragon	9	6
4 février 2001	serpent	8	7
4 février 2002	cheval	7	8
4 février 2003	chèvre	6	9
4 février 2004	singe	2	1
4 février 2005	coq	4	2
4 février 2006	chien	3	3
4 février 2007	cochon	2	4
4 février 2008	rat	1	8
4 février 2009	bœuf	9	6
4 février 2010	tigre	8	7
4 février 2011	lapin	7	8
4 février 2012	dragon	6	9
4 février 2013	serpent	2	1
4 février 2014	cheval	4	2
4 février 2015	chèvre	3	3
4 février 2016	singe	2	4
3 février 2017	coq	1	8
3 février 2018	chien	9	6
3 février 2019	cochon	8	7
4 février 2020	rat	7	8
3 février 2021	bœuf	6	9
3 février 2022	tigre	2	1
4 février 2023	lapin	4	2
4 février 2024	dragon	3	3

Gua et animal de l'année en fonction de la date de naissance

Connaître son Gua

Le *gua* est une clé personnelle utilisée en feng shui. Il permet de savoir comment vous réagissez aux énergies d'une direction ou d'un espace donné. Cette information vous servira à optimiser l'aménagement du lieu où vous vivez grâce aux conseils de feng shui.

Le *gua* est un nombre. Il existe 8 *gua* possibles : 1, 2, 3, 4, 6, 7, 8, 9, il n'y a pas de 5.

Les colonnes H pour Homme et F pour Femme du tableau ci-contre vous indiquent votre *gua* en fonction de votre année de naissance et de votre sexe. Notez que l'année chinoise commence autour du 3/4/5 février. Si vous êtes né en tout début d'année, consultez la ligne de l'année précédente.

Exemple : un homme né le 4 mai 1968, son *gua* est le chiffre 2.

Si vous avez un doute n'hésitez pas à utiliser le calculateur en ligne gratuit fourni par Marip.

Pour obtenir votre gua

Calculez votre *gua* à partir de votre date de naissance : rendez-vous sur la page de notre site en utilisant le flashcode ci-dessous ou en utilisant l'url dans votre navigateur :

marip.com/mon-*gua*

marip.com/mon-gua

2

20 mars 1995

Reportez le chiffre *gua* sur la dernière page de l'Almanach pour pouvoir vous y référer facilement tout au long de l'année.

Période du 13 décembre au 10 janvier

LES ÉTOILES MENSUELLES

SE	S	SO
6	2	4
E 5	7	9 **O**
1	3	8
NE	N	NO

Ces recommandations s'appliquent généralement aux pièces principales : l'entrée, les chambres, la cuisine, le salon, le bureau, ... Parce que vous y passez du temps, vous vous « chargez » dans ces espaces. Il est donc important que ce qi soit de bonne qualité ou géré.

Pour connaître votre gua, reportez-vous à la page 161 ou sur marip.com/almanach.

☼ Sud

Concerne tous les *gua*

Bois	Feu	Terre	Métal	Eau
🌧		🌧	☼	☼

A cheval sur 2023 et 2024, cette période se conclue sur de belles notes : création à plusieurs, associations, collaborations, travail en équipe. Les secteurs qui auront le vent en poupe dans les semaines à venir : le foncier, l'immobilier.

Tous les *gua* peuvent tirer parti de ce secteur d'une manière ou d'une autre, à l'exception des *gua* 1. Les personnes souffrant de problèmes rénaux, urinaires ou de calculs devraient éviter cette zone.

☼ Sud-ouest

Concerne surtout les *gua* 2, 4 et 8

Bois	Feu	Terre	Métal	Eau
	🌧	🌧	🌧	

Si vous devez faire une campagne de communication ou de marketing : profitez-en, la période est propice à la communication et à la diffusion d'information.

Sur le plan relationnel : tensions possibles entre les membres féminins d'une équipe, d'un collectif ou en famille. Les *gua* 2 et 4 devront renoncer à tout contrôler : faites-vous à l'idée qu'une même chose peut être faite de plusieurs manières différentes. Il faut parfois savoir lâcher, l'important *in fine* c'est que les choses soient faites. Si vous hésitez encore, prenez un instant pour réfléchir à ce qui est le plus important : gagner ou avoir raison ? Vous l'avez compris, le mot-clé du moment est « compromis ».

🌧 Ouest

Concerne surtout les *gua* 6, 7 et 9

Bois	Feu	Terre	Métal	Eau
	🌧	☼	🌧	

Nouvelle période de tensions pour les plus âgés, les plus gradés, ceux qui sont aux manettes du pouvoir. Il est temps que cette année souvent conflictuelle se termine. Pour ne pas vous épuiser, faites avancer les choses posément, tranquillement, n'agissez pas dans la précipitation. Si la crise est vraiment dure, cherchez un intermédiaire ou un médiateur.

Si vous souffrez d'hypertension ou de problèmes cardio-vasculaires, évitez ce secteur.

☼ Nord-ouest

Concerne surtout les *gua* 1, 2 , 6 et 8

Bois	Feu	Terre	Métal	Eau
🌧		🌧		

L'année se termine sur une note plutôt agréable et facile, à condition d'être patient. Le rythme vous paraîtra peut-être lent, mais les progrès sont réels. Ca avance, doucement mais ça avance. C'est la tortue qui bat le lièvre à plate couture, la goutte d'eau qui tombe siècle après siècle et érode la pierre. Ne perdez pas d'esprit votre but et savourez le chemin.

Les *gua* 1 éviteront ce secteur jusqu'au début de l'année prochaine. De même que ceux qui souffrent de problèmes urinaires ou rénaux.

☼ Nord

Concerne surtout les *gua* 1 et 9

Bois	Feu	Terre	Métal	Eau
	🌧	🌧	☼	

Un secteur parfait dans les semaines à venir si vous êtes engagé dans des travaux intellectuels : la pensée est rapide et claire.

Si vous cherchez à accéder à une forme de célébrité rapide, voilà un excellent secteur. L'engouement sera probablement de courte durée, alors pour un effet à long terme vous devrez travailler votre stratégie : que pouvez-vous faire aujourd'hui qui vous servira demain ? Envisagez cette période comme l'étape d'un processus plutôt que comme une fin en soi.

En principe, c'est une bonne période pour mettre un bébé en route. Où en sont vos projets familiaux ?

☼ Nord-est

Concerne surtout les *gua* 1, 4, 7 et 8

Bois	Feu	Terre	Métal	Eau
	🌧	🌧	🌧	

Votre activité repose sur la parole, l'art oratoire, la joute verbale, le stand-up ? Vous serez parfaitement à l'aise dans ce secteur jusqu'au début de l'année prochaine. Polissez vos textes ou au contraire lancez-vous dans l'improvisation, bref lancez-vous ! Si le désir vous démange de faire un podcast, c'est le bon moment. Il ne vous reste qu'à choisir un sujet, et si vous manquez d'idées voilà quelques pistes : le voyage, la séduction, l'art de la parole, la prise de parole en public, les rencontres de voyage.

La fin de l'année sera favorable aux rassemblements familiaux et aux rencontres romantiques, à condition de ne pas confondre séduction et sentiments. Les promesses que l'on fait nous engage : ne promettez pas plus que vous ne saurez tenir.

🌧 Est

Concerne surtout les *gua* 1, 2 et 3

Bois	Feu	Terre	Métal	Eau
🌧	🌧	🌧	☀	

Tout est ralenti, il y a des obstacles ou des contretemps. Évitez ce secteur autant que possible.

C'est une période délicate pour les entreprises du secteur de la mode et du prêt-à-porter qui ont une porte d'entrée ou des bureaux importants dans ce secteur. Dans vos prévisions de résultats mensuels, restez réaliste et mettez en place les mesures *ad hoc* pour soutenir vos activités dans un climat chahuté.

Sauf urgence, évitez les travaux dans ce secteur. Souvenez-vous qu'en feng shui, planter un clou dans un mur est déjà considéré comme faire des travaux.

Les *gua* 1, les femmes *gua* 3 ou 4 enceintes éviteront ce secteur comme toutes les personnes qui souffrent de problèmes urinaires ou rénaux.

🌧 Sud-est

Concerne surtout les *gua* 1, 3, 4 et 6

Bois	Feu	Terre	Métal	Eau
	🌧	🌧	🌧	

Soyez prudent au cours de vos déplacements : risque d'accident et de blessure aux membres inférieurs. Si des escaliers se trouvent dans ce secteur : risque de chute. Il est donc temps de fixer enfin ce tapis d'escalier, cette rampe ou cette marche branlante. Ce serait dommage de vous fracturer la jambe ou de vous luxer la cheville si près des fêtes de fin d'année : comment ferez-vous pour danser ?

Dans le même ordre d'idée : ne vous lancez pas dans les activités physiques à corps perdu, surtout si vous n'y êtes pas déjà bien préparé. Dosez vos efforts et soyez réaliste quant aux performances que vous pouvez réaliser : ce n'est pas le bon moment pour relever le défi de sur-performer.

Enfin, à la maison, si les relations entre père et fils sont difficiles, évitez de faire dormir les plus jeunes dans ce secteur. Cela vous offrira un moment de répit.

Et bonnes fêtes de fin d'année à tous !

Période du 11 janvier au 9 février

Les étoiles mensuelles

SE	S	SO
5	1	3
E 4	6	8 **O**
9	2	7
NE	N	NO

Ces recommandations s'appliquent généralement aux pièces principales : l'entrée, les chambres, la cuisine, le salon, le bureau, ... Parce que vous y passez du temps, vous vous « chargez » dans ces espaces. Il est donc important que ce qi soit de bonne qualité ou géré.

Pour connaître votre gua, reportez-vous à la page 161 ou sur marip.com/almanach.

☼ Sud

Concerne tous les *gua*

Bois	Feu	Terre	Métal	Eau
🌧	🌧	🌧	🌧	

Après une année plus ou moins rondement menée, il est temps de récolter les derniers fruits de vos efforts. En cas de difficultés, vous obtiendrez de meilleurs résultats en vous montrant souple et adaptable. Réfléchissez : où pouvez-vous lâcher du lest ?

Les obstacles que nous rencontrons à l'occasion ne sont pas des insultes personnelles : ils nous obligent à faire des détours qui peuvent être l'occasion de rencontres, de solutions ou de découvertes personnelles souvent intéressantes et parfois importantes.

Possibilité de grossesse pour les *gua* 2. Les *gua* 3 et 4 feront attention à leurs abattis : petites blessures possibles (articulations, ligaments).

☼ Sud-ouest

Concerne surtout les *gua* 1, 2, 3 et 4

Bois	Feu	Terre	Métal	Eau
		🌧	🌧	🌧

Les Anglo-saxons ont une proposition brillante pour les situations de désaccord : « we can agree to disagree » soit : « tombons d'accord sur le fait que nous ne sommes pas d'accord ». Trop souvent la différence d'opinion, de conviction, de point de vue, ... engendre une tension et des conflits, alors qu'il suffirait parfois de se souvenir qu'il en va des idées comme des goûts et des couleurs : nous n'aimons pas tous les mêmes choses. Cette formule bien rythmée de nos cousins d'Outre-Manche a le mérite d'acter le désaccord et la vertu de désamorcer le conflit. Quelle élégance ! Dans les semaines à venir, vous gagnerez à revenir en pensée à cette idée.

Si vous démarrez quelque chose ce mois-ci, avancez lentement et posément, ne brûlez pas vos vaisseaux. Mention particulière pour les *gua* 3 : tempérez vos humeurs, ne l'emportez pas par la force.

☼ Ouest

Concerne tous les *gua*

Bois	Feu	Terre	Métal	Eau
🌧	🌧		🌧	☼

Période florissante à tous les égards et en particulier pour ceux qui sont dans les forces armées ou les métiers de force physique. Il est question d'efforts récompensés, de promotion, la qualité de votre travail ou de vos actions est plus facilement reconnue.

Ces quelques semaines sont propices aux progrès lents, posés et graduels : oubliez les coups de tête et soignez les détails.

🌧 Nord-ouest

Concerne surtout les *gua* 4, 6 et 7

Bois	Feu	Terre	Métal	Eau
	🌧	🌧	🌧	☼

L'année 2023 a pu vous sembler éprouvante, en particulier si vous êtes *gua* 6. La tendance est sur le point de se dissiper et vous allez renouer à partir du mois prochain avec un climat relationnel, personnel et professionnel plus souple et plus doux.

Au travail, dans vos engagements sociaux ou en famille, tenez-vous à l'écart des querelles intestines. Dans le même ordre d'idée, n'entamez pas de poursuite judiciaire ; si vous devez vous impliquer dans des problèmes légaux, tâchez de différer jusqu'au mois prochain.

Soyez raisonnablement prudent dans vos déplacements. Pour réduire encore les risques d'incident, prenez rendez-vous chez votre coiffeur pour faire rafraîchir votre coupe (ou en changer complètement), passez voir votre dentiste.

🌧 Nord

Concerne surtout les *gua* 1, 2, 6 et 7

Bois	Feu	Terre	Métal	Eau
🌧	🌧	🌧	🌧	

Il y a une nuance entre persévérance et entêtement. C'est cette fine ligne de démarcation que vous devriez surveiller en ce moment. Généralement, les projets requièrent de la suite dans les idées pour aboutir, mais à l'occasion il faut aussi savoir changer de posture, de trajectoire, d'objectif, etc. Restez à l'écoute de votre environnement, travaillez votre souplesse et gardez l'esprit ouvert.

Tout ce qui brille n'est pas de l'or : faites preuve de discernement. Et si vous avez des doutes sur votre clarté d'esprit, tournez-vous vers des tiers, sollicitez d'autres avis, inspirez-vous de l'expérience des autres.

Les femmes enceintes devraient éviter cette zone pendant les semaines à venir pour ne pas compromettre leur grossesse.

Si à l'extérieur de ce secteur il y a un pylône, une structure pointue : prenez soin de vos yeux.

🌧 Nord-est

Concerne tous les *gua*

Bois	Feu	Terre	Métal	Eau
🌧	🌧	☀	🌧	

La parole peut exercer un effet magnétique puissant qui confère du pouvoir aux uns et crée une sorte d'éblouissement chez les autres. C'est une situation instable et dangereuse : les premiers sont invités à la modération et les autres à la lucidité.

Soignez les petits bobos avant qu'ils ne deviennent de plus grands soucis. Évitez ce secteur si vous souffrez de problèmes cardiaques ou que vous êtes enceinte.

Vous avez ici du matériel électronique, des ordinateurs etc. ? Il y a un risque accru de pépin (virus, problème électronique, court-circuit, ...), prenez les précautions qui s'imposent : déplacez, sauvegardez, entretenez, débranchez en cas d'orage, etc.

🌧 Est

Concerne tous les *gua*

Bois	Feu	Terre	Métal	Eau
🌧	🌧	🌧	🌧	🌧

Effet d'aubaine pour les *gua* 3 et 4 sur le plan financier, il s'agit en principe plutôt de plusieurs petits gains que d'un seul gros coup. Comment pouvez-vous mettre à profit cette opportunité dans votre contexte ?

Les relations entre les femmes sont plus facilement tendues. Rien n'est inéluctable : le fait de le savoir vous permet d'anticiper, de déminer le terrain, de relativiser, de ne pas foncer tête baissée dans les conflits.

🌧 Sud-est

Concerne tous les *gua*

Bois	Feu	Terre	Métal	Eau
🌧	🌧	🌧	🌧	🌧

Acceptez gracieusement que tout ne roule pas tout seul, c'est encore la meilleure manière de faire face aux petits obstacles que vous rencontrez. C'est particulièrement vrai si les deux derniers mois ont été contrariants à un titre ou un autre et si vous avez eu le sentiment d'être freiné dans votre envie de progresser.

Nos relations font parfois les frais des difficultés que nous rencontrons dans nos activités. Soyez vigilant sur ce point pour réduire les tensions dans les mois à venir.

Mots-clés de la période : acceptation, compartimenter

Période du 10 février au 9 mars

Les étoiles mensuelles

SE		S		SO
	4	9	2	
E	3	5	7	O
	8	1	6	
NE		N		NO

Ces recommandations s'appliquent généralement aux pièces principales : l'entrée, les chambres, la cuisine, le salon, le bureau, ... Parce que vous y passez du temps, vous vous « chargez » dans ces espaces. Il est donc important que ce qi soit de bonne qualité ou géré.

Pour connaître votre gua, reportez-vous à la page 161 ou sur marip.com/almanach.

Sud

Concerne surtout les *gua* 1, 4, 6, 7 et 9

Bois	Feu	Terre	Métal	Eau
🌧	🌧	☼	🌧	

Les femmes enceintes, les personnes souffrant de troubles cardio-vasculaires ou de migraines éviteront de dormir dans cette zone.

Vous vous sentez stressé, tendu, vous avez facilement des maux de tête en ce moment ? Appliquez les recommandations ci-dessus.

Les *gua* 1 pourraient tirer un excellent parti du moment même si c'est au prix d'une certaine fatigue ou d'efforts. Pour faciliter les choses, envisagez un voyage au bord de l'eau. Une belle période (énergétique) pour découvrir les fjords norvégiens par exemple, mais c'est encore un peu tôt dans la saison.

C'est toujours une bonne idée de lire les petites lettres des contrats. Les *gua* 4 et 1 qui s'engagent ce mois-ci devraient s'en souvenir. Il vaut mieux prévenir que guérir.

Sud-ouest

Concerne surtout les *gua* 1, 2 et 7

Bois	Feu	Terre	Métal	Eau
🌧	🌧	🌧	🌧	

La période à venir offre de multiples possibilités de réalisations, en particulier dans le domaine des services à la personne, de l'alimentation, du soin. Plutôt propice aux projets de masse qu'aux produits ou services de niche ou luxueux. Le chemin n'est pas entièrement pavé de roses, il y aura quelques obstacles mais rien dont votre persévérance ne vienne à bout, alors ne baissez pas les bras.

Possibilité de rencontre sentimentale pour les *gua* 2 et 7 en particulier, mais ne vous laissez pas dévorer par les feux de la passion. Gua 7 : ne regrettez pas les cycles qui s'achèvent et tournez-vous bravement vers les lendemains inconnus.

Évitez ce secteur si vous êtes enceinte, que vous souffrez de soucis digestifs ou oculaires.

Ouest

Concerne surtout les *gua* 3, 4, 6 et 7

Bois	Feu	Terre	Métal	Eau
	🌧	🌧		🌧

Si vous avez été négligent ces derniers mois sur le plan administratif, que vous avez laissé les pv s'empiler, que vous avez souverainement ignoré les diverses relances reçues, les semaines à venir vont vous obliger à remettre de l'ordre dans vos affaires. Anticipez pour limiter les désagréments : réglez vos dettes et passez à autre chose.

N'entamez aucune poursuite judiciaire ou procédure administrative dans cette période, vous avez peu de chances de l'emporter (en particulier *gua* 3 et 4).

Jolies perspectives de gains financiers pour les *gua* 9. Les *gua* 1 pourraient envisager un voyage pour profiter au mieux de la période.

☼ Nord-ouest

Concerne surtout les *gua* 1, 4 et 6

Bois	Feu	Terre	Métal	Eau
	🌧	🌧	🌧	☼

Très jolies perspectives de concorde et d'accord. C'est donc une belle période pour envisager des partenariats, des collaboration, s'associer, boucler un round de négociations. Cela peut concerner aussi bien des projets pros que persos : sous ces auspices, un mariage est harmonieux, en particulier si le marié est un peu plus âgé que sa promise.

Vous vous sentez le moral en berne ? Cet extrait de Dostoïevski est pour vous : « Il importe, (...) de veiller, (...), ne fût-ce que par l'exemple individuel, de tirer l'âme de sa solitude en cultivant l'amour fraternel, sans craindre de passer pour un imbécile. »

☼ Nord

Concerne surtout les *gua* 2, 4, 6 et 8

Bois	Feu	Terre	Métal	Eau
🌧		🌧		

Jolie période en particulier pour les *gua* 2, 6 et 8 sur le plan des activités. Pour les *gua* 2 et 8, privilégiez le travail en équipe, les collaborations ou les partenariats : vous serez plus forts à plusieurs.

Si vous souffrez de calculs, de problèmes rénaux ou urinaires ou encore que vos oreilles sont fragiles, évitez ce secteur pour les semaines à venir.

☼ Nord-est

Concerne surtout les *gua* 1, 6 et 8

Bois	Feu	Terre	Métal	Eau
🌧	🌧	🌧		

La période est plutôt stable et favorise les progrès lents mais réguliers. Le meilleur moyen d'en tirer parti ? Avancez posément, posez des jalons, ne précipitez rien. En cas de difficulté, pensez à morceler les problèmes en plus petites unités, vous y verrez plus clair et serez plus efficace.

Le climat est un brin austère mais ça ne doit pas vous décourager. Ne vous désolez pas et profitez-en pour prendre des temps persos. L'isolement et la solitude facilitent l'introspection, les pratiques méditatives.

🌧 Est

Concerne tous les *gua*

Bois	Feu	Terre	Métal	Eau
🌧	☀	🌧	🌧	🌧

Le meilleur moyen de profiter des semaines à venir est de vous engager de manière déterminée dans des actions ou des activités qui requièrent de l'audace, de la rapidité et éventuellement une bonne dose d'innovation. Prêt ?

Sur le plan relationnel, l'ambiance se tend rapidement et vous pouvez être à l'occasion soupe au lait. Mettez de l'eau dans votre vin, votre entourage vous en sera reconnaissant et vous vivrez plus apaisé également.

Si la porte d'entrée se trouve ici ou que vous stockez du matériel ou des biens de valeurs dans ce secteur, soignez la sécurité : risque de cambriolage, de vol, de détournement. Soyez vigilant.

🌧 Sud-est

Concerne surtout les *gua* 1, 2, 4, et 7

Bois	Feu	Terre	Métal	Eau
🌧	🌧	🌧		🌧

Opportunités de gains pour les *gua* 7, en particulier dans le domaine des médias. Communiquez autour de votre idée, de vos produits ou de vos services. Tâchez de boucler d'ici la fin de la période.

Tensions relationnelles ici aussi : les relations entre les femmes à la maison ou à l'extérieur peuvent être facilement conflictuelles. En cas de difficultés, essayez-vous à la patience : le temps est un pansement souvent efficace.

Les conflits non résolus ce mois-ci, pacifiquement de préférence, prendront un tour plus agressif le mois prochain. Déminez le terrain : il vaut mieux prévenir que guérir.

Période du 10 mars au 7 avril

LES ÉTOILES MENSUELLES

SE	S	SO
3	8	1
E 2	4	6 O
7	9	5
NE	N	NO

Ces recommandations s'appliquent généralement aux pièces principales : l'entrée, les chambres, la cuisine, le salon, le bureau, ... Parce que vous y passez du temps, vous vous « chargez » dans ces espaces. Il est donc important que ce qi soit de bonne qualité ou géré.

Pour connaître votre gua, reportez-vous à la page 161 ou sur marip.com/almanach.

☼ Sud

Concerne surtout les *gua* 3, 4, 7, 8 et 9

Bois	Feu	Terre	Métal	Eau
🌧	🌧			☼

Les jeunes couples seront privilégiés sur le plan sentimental : une certaine douceur domine dans les échanges.

C'est une excellente époque pour se lancer dans de nouvelles aventures. Si vous avez envie de découvrir de nouveaux horizons géographiques, intellectuels, artistiques ..., profitez de cette période d'ouverture.

Pour les *gua* 3 et 4 qui se sont lancés dans une opération immobilière ou qui déménagent dans les semaines à venir : soyez vigilant sur le plan administratif et juridique.

☼ Sud-ouest

Concerne surtout les *gua* 1, 2, 8 et 9

Bois	Feu	Terre	Métal	Eau
🌧		🌧	🌧	

Les associations et les accords sont favorisés, profitez de cette période pour vous embarquer vers de nouvelles aventures. Si vous bataillez depuis quelque temps pour faire aboutir un projet, ne baissez pas les bras : les semaines à venir vous aideront à mettre la touche finale.

Favorable également pour les élèves et les étudiants qui cherchent un coup de pouce supplémentaire pour soutenir leurs efforts, ne vous laissez pas distraire par les rencontres que vous ferez (*gua* 1 et 9 en particulier).

🌧 Ouest

Concerne surtout les *gua* 3, 6 et 7

Bois	Feu	Terre	Métal	Eau
	🌧		🌧	🌧

L'expression « ça me prend la tête » vous viendra peut-être assez facilement à l'esprit en ce moment. Ca peut être littéral : maux de tête, sentiment de pression aux tempes, ou plus figuré : tension, stress, un doigt d'anxiété.

Suivant les cas : consultez, ou prenez le temps de débrayer : aménagez-vous de plages de repos physique et intellectuel. Excellente période pour s'initier aux techniques de relaxation.

🌧 Nord-ouest

Concerne surtout les *gua* 4 et 6

Bois	Feu	Terre	Métal	Eau
🌧	🌧	🌧	☼	☼

Si vous avez des projets d'écriture ou de communication, vous rencontrerez probablement quelques obstacles, mais rien d'insurmontable. Disons que vous devrez seulement fournir un peu plus d'effort que vous n'aviez prévu. Si vous pouvez différer et attendre le mois prochain, ce sera plus facile. Ou alors utilisez les semaines à venir comme rampe de lancement pour tester vos idées, les outils, le public, etc. Vous serez ensuite fin prêt pour le lancement officiel.

Possibilité de rencontre sentimentale, en particulier pour les *gua* 6, la précipitation serait mauvaise conseillère. Prenez votre temps, le mois prochain sera plus ouvert et propice aux réalisations.

☼ Nord

Concerne tous les *gua* 1, 6, 7, 8 et 9

Bois	Feu	Terre	Métal	Eau
	🌧	🌧	🌧	

L'ambiance est harmonieuse et dégage un sentiment de puissance. Le moment laisse présager des événement heureux à fois sur le plan personnel et sur le plan professionnel.

C'est une bonne période pour organiser une fête familiale, un rassemblement convivial. Ca fait un moment que vous parlez de réunir tous vos proches ? Lancez les invitations !

La période sera un peu stressante pour les *gua* 7 et, dans une moindre mesure, les *gua* 6. Pour plus de facilité, prenez les devants en adaptant à votre contexte : organisez votre travail en vous laissant des plages de repos, réduisez le nombre ou la durée de vos déplacements, soyez attentif aux tensions qui se forment et anticipez en déminant le terrain.

🌧 Nord-est

Concerne surtout les *gua* 6, 7 et 9

Bois	Feu	Terre	Métal	Eau
	🌧	🌧		

L'ambiance est à la compétition, à l'affrontement. Vous avez une envie irrésistible d'en découdre, de disputer le morceau coûte que coûte à votre entourage ? Ne vous laissez pas entraîner dans des discussions sans fin, ne cherchez pas à avoir systématiquement le dernier mot, ce serait une victoire sans gloire ni lendemain.

Et puis, est-il impossible que vous n'ayez finalement pas raison ? Tournez la page et passez à autre chose.

Multiples opportunités de gains ou de bonnes affaires pour les *gua* 9, ne vous dispersez pas !

🌧 Est

Concerne tous les *gua*

Bois	Feu	Terre	Métal	Eau
🌧	🌧	🌧	☀	🌧

Si ces dernières semaines, vous vous êtes senti irritable ou facilement agacé, vous allez connaître un temps de repos. Mettez-le à profit pour faire la paix avec ceux que vous avez régulièrement froissés depuis le début de l'année. Et, en prévision du mois suivant, vous pourriez préparer un voyage.

Période délicate pour ceux qui souffrent de difficultés de digestion, de ballonnements ou d'intestins capricieux. N'attendez pas que le problème survienne : adoptez une routine saine, soignez votre régime alimentaire, passez éventuellement voir votre médecin favori.

🌧 Sud-est

Concerne surtout les *gua* 2, 3 et 4

Bois	Feu	Terre	Métal	Eau
🌧	🌧	🌧	🌧	🌧

Décidément, ce secteur vous cause en début d'année bien des soucis dans vos relations personnelles ou professionnelles. Vous avez décidé d'en découdre ? Plongez-vous dans l'Art de la guerre, Sun Tzu vous y expose différentes situations de conflits et les stratégies *ad hoc*. Une excellente source d'inspiration.

Si la tension est difficile à gérer, évitez ce secteur. A moins que vous ne décidiez de peaufiner les talents de négociation que vous vous êtes découvert le mois précédent ?

Période du 8 avril au 7 mai

Les étoiles mensuelles

SE	S	SO
2	7	9
E 1	3	5 **O**
6	8	4
NE	N	NO

Ces recommandations s'appliquent généralement aux pièces principales : l'entrée, les chambres, la cuisine, le salon, le bureau, ... Parce que vous y passez du temps, vous vous « chargez » dans ces espaces. Il est donc important que ce qi soit de bonne qualité ou géré.

Pour connaître votre gua, reportez-vous à la page 161 ou sur marip.com/almanach.

🌧 Sud

Concerne surtout les *gua* 1, 2, 7 et 9

Bois	Feu	Terre	Métal	Eau
	🌧	🌧	🌧	☀

L'époque des duels étant largement révolue, les fleurets ne font plus partie de nos panoplies quotidiennes, le risque ne se trouve donc pas là. Attention à toutes ces occasions de blessure par le métal, bien souvent des coupures. Si votre cuisine se trouve ici, ce n'est pas la bonne période pour vous initier au lancer de couteau, même bien équilibré !

Risque ou opportunité d'opération chirurgicale. A éviter toutefois si vous êtes *gua* 2 ou 9. Sauf urgence évidemment.

Pour réduire les risques d'incident, une mesure classique consiste à prendre rendez-vous pour une coupe chez son coiffeur et, pour faire bonne mesure, à rendre visite à son dentiste.

Enfin, si l'entrée est dans ce secteur, soyez vigilant : ce n'est pas le moment de laisser vos portes grandes ouvertes en partant, le risque de cambriolage est légèrement accru. Ne laissez pas non plus traîner vos mots de passe et autres informations sensibles : leur utilisation par un tiers mal intentionné est une autre forme de cambriolage moderne.

☀ Sud-ouest

Concerne surtout les *gua* 1, 2 et 9

Bois	Feu	Terre	Métal	Eau
🌧		🌧	🌧	

Indéniablement la meilleure combinaison énergétique du mois. C'est une belle période sur le plan financier et sur le plan professionnel : les nouveaux départs sont favorisés sous la forme d'un changement de poste ou d'un nouveau travail. Montrez votre savoir-faire et vos compétences.

Vous voulez mettre en avant des produits ou des services ? Foncez et mettez la gomme sur les visuels. Les secteurs des cosmétiques, de la mode, du prêt-à-porter seront particulièrement soutenus.

Sur le plan personnel, l'heure est à la passion, à l'enthousiasme et à la cordialité. Déclinez ces propositions suivant votre contexte : pour certains cela se jouera dans leur relation amoureuse, pour d'autre dans leur réseau amical et pour d'autres encore sur leur chemin spirituel.

🌧 Ouest

Concerne tous les *gua*

Bois	Feu	Terre	Métal	Eau
🌧	🌧	🌧	🌧	🌧

Ne faites aucun travaux dans ce secteur ce mois-ci.

Les lecteurs de santé fragile éviteront cette zone dans toute la mesure du possible.

☼ Nord-ouest

Concerne surtout les *gua* 1, 4 et 6

Bois	Feu	Terre	Métal	Eau
	🌧	🌧	🌧	☼

Les opportunités sont si nombreuses ce mois-ci qu'il va être difficile de faire le tour du sujet. Tout ce qui touche à l'intelligence, à la culture, au savoir, à la littérature et à la poésie est à l'honneur. Si vous faites des études, que vous écrivez, que vous avez une activité artistique, voilà de belles semaines à venir.

Vous devez diffuser de l'information, enseigner ? La période est bénie pour vous.

Sur le plan relationnel et amoureux en particulier, il semble que vous soyez bien entouré, vous ne manquez certainement pas d'attentions. Possibilité de mariage pour un homme plus âgé.

Possible fragilité lombaire pour les *gua* 8 : mettez au point une routine d'étirements et tenez-vous y dans les semaines à venir.

☼ Nord

Concerne tous les *gua* 1, 2, 3, 4, 6 et 8

Bois	Feu	Terre	Métal	Eau
🌧	🌧	🌧	🌧	☼

Belles opportunités financières et professionnelles pour les quelques semaines à venir. Misez plutôt sur des projets court-terme.

Excellente fenêtre pour les *gua* 3 et 4 qui cherchent à acheter ou à vendre un bien immobilier ou à déménager. Si vous vendez, mettez toutes les chances de votre côté en définissant un prix réaliste pour votre bien. Si votre projet n'est pas encore sur les rails, préparez tout pour une réalisation d'ici 3 ou 4 mois.

Les *gua* 1 souffrant de problèmes rénaux, urinaires ou de calcul : évitez ce secteur.

☼ Nord-est

Concerne surtout les *gua* 1, 4, 6 8 et 9

Bois	Feu	Terre	Métal	Eau
🌧	🌧		🌧	

A condition de ne pas confondre persévérance et entêtement, vous bénéficierez dans ce secteur d'une vague solide et puissante. Vous souhaitez une promotion, prendre de nouvelles responsabilités ? C'est le moment d'en parler autour de vous. Rendez-vous à la fin de l'été pour récolter les fruits de vos efforts.

Les *gua* 4, 1 et 6 bénéficieront de jolies opportunités de rencontre, de partage, de collaboration. On est plus fort à plusieurs que tout seul, et c'est tellement plus sympa aussi. N'hésitez pas à faire le premier pas, vous serez souvent bien accueilli.

☼ Est

Concerne surtout les *gua* 1, 3, 4, 6 et 8

Bois	Feu	Terre	Métal	Eau
🌧	🌧	🌧		🌧

En principe, la période devrait être très dynamique. C'est un moment propice pour démarrer de nouveaux projets, se lancer de nouvelles aventures. Les secteurs privilégiés seront la sylviculture, les activités requérant une grande force physique et ... l'enseignement.

Ne vous laissez pas mener par le bout du nez par l'impulsivité : trop de réflexion tue souvent l'action, mais un peu de réflexion en amont de l'action est souvent nécessaire.

Vous vous sentez irritable et la tête près du bonnet ? Ca ne durera pas, mais en attendant la période suivante, faites tomber la pression en vous dépensant physiquement.

Les *gua* 4 et 6 ont une fenêtre sympathique de rencontres amicales « et plus si affinités » suivant la formule consacrée.

🌧 Sud-est

Concerne surtout les *gua* 1 , 2, 3 et 4

Bois	Feu	Terre	Métal	Eau
🌧	🌧	🌧	☼	

Pendant quelques semaines, cette zone est peu propice aux femmes enceintes et aux personnes âgées ou de santé fragile. Les étudiants ne seront pas non plus bien soutenus dans leurs efforts. Évitez ce secteur dans la mesure du possible.

Prenez soin de votre digestion, adoptez un régime alimentaire équilibré.

Période du 8 mai au 5 juin

LES ÉTOILES MENSUELLES

SE		S		SO
	1	6	8	
E	9	2	4	O
	5	7	3	
NE		N		NO

Ces recommandations s'appliquent généralement aux pièces principales : l'entrée, les chambres, la cuisine, le salon, le bureau, ... Parce que vous y passez du temps, vous vous « chargez » dans ces espaces. Il est donc important que ce qi soit de bonne qualité ou géré.

Pour connaître votre gua, reportez-vous à la page 161 ou sur marip.com/almanach.

🌧 Sud

Concerne surtout les *gua* 1, 3, 4, 7 et 9

Bois	Feu	Terre	Métal	Eau
	🌧	🌧	🌧	☀

Ca ferraille dur dans les semaines à venir sauf pour les *gua* 9 qui ont de jolies opportunités de conquêtes et de gains financiers, et pour les *gua* 1 qui pourraient faire de belles rencontres lors d'un voyage ou d'un déplacement.

Sur le plan relationnel, la période est compliquée pour les *gua* 3 et 4 en particulier. Les échange sont difficiles et facilement agressifs.

Enfin, ne signez pas d'engagement avant d'avoir consulté un expert, pris d'autres avis, lu et relu les petites lignes en bas du contrat. Évitez les décisions prises à l'arrache ou dans le feu de l'action, donnez-vous le temps de la réflexion.

☀ Sud-ouest

Concerne surtout les *gua* 2, 3, 4, 6 et 8

Bois	Feu	Terre	Métal	Eau
🌧		🌧		

L'heure des bonnes nouvelles a sonné : changement de travail, nouvelles responsabilités, coups de pouce financiers, ... beaucoup de choses deviennent possibles dans les semaines à venir. Profitez activement de cette période pour concrétiser vos projets.

Très jolis aspects sentimentaux pour les couples surtout si vous êtes *gua* 2, 3 ou 8. A moins que vous n'envisagiez de convoler en justes noces ? Si c'est le cas, tous nos vœux de bonheur vous accompagnent.

☀ Ouest

Concerne les *gua* 1, 4, 6 et 7

Bois	Feu	Terre	Métal	Eau
🌧	🌧	🌧	🌧	☀

Envie de voyages, de dépaysement, de découvrir d'autres cultures ou tout simplement de changer d'horizon ? Profitez de ces semaines printanières pour vous aérer.

Le travail intellectuel est favorisé, c'est donc un bon espace pour écrire, étudier. A condition de ne pas se laisser distraire par les rencontres que vous ferez pendant cette période.

Épisodes sentimentaux en perspective pour les *gua* 1, 6 et 7 en particulier. Les *gua* 4 peuvent trouver cette période déstabilisante sur le plan émotionnel. En cas de difficulté importante, envisagez un court séjour au bord de l'eau ou pratiquez un sport aquatique.

☼ Nord-ouest

Concerne surtout les *gua* 4, 6 et 7

Bois	Feu	Terre	Métal	Eau
	🌧	🌧	🌧	

Les *gua* 6 et 7 ne sauront peut-être plus où donner de la tête devant toutes les opportunités qui se présentent à eux. Avant de vous lancer à corps perdu dans l'activité, prenez un instant pour réfléchir à ce qui est important pour vous en ce moment, à vos priorités, à l'objectif que vous poursuivez et aux moyens ou aux ressources que vous êtes prêt à mobiliser. Puis tenez-vous à ce que vous aurez décidé sans vous laisser séduire par toutes les tentations qui passent. Vous connaissez le proverbe : qui trop étreint, mal embrasse.

Aux *gua* 4 qui se sentiraient challengés : faites le dos rond et montrez-vous flexible. Si vous êtes en situation de le faire : tournez-vous vers un expert, un référent, une autorité quelconque pour vous soutenir ou chercher conseil.

☼ Nord

Concerne tous les *gua*

Bois	Feu	Terre	Métal	Eau
	🌧	🌧	🌧	☼

Envie de changement, de renouveau, d'horizons physiques ou intellectuels différents ? C'est le bon moment pour tenter autre chose.

La période est propice aux voyages et à toutes les activités qui reposent sur l'expression orale. C'est un superbe moment pour lancer une série de podcasts sur le voyage, par exemple. Quel que soit votre projet, soyez inventif, essayez de faire autre chose que ce que vous faites d'habitude ou de le faire autrement.

Il y a de la séduction dans l'air. Balzac constatait au sujet de la flatterie qu'elle « n'émane jamais des grandes âmes, elle est l'apanage des petits esprits qui réussissent à se rapetisser encore pour mieux entrer dans la sphère vitale de la personne autour de laquelle ils gravitent. »

On s'abaisse en flattant. On s'égare en acceptant la flatterie pour ce qu'elle n'est pas : un compliment sincère et justifié. Et d'ailleurs, à quand remonte le dernier compliment que vous avez adressé à un proche ?

🌧 Nord-est

Concerne tous les *gua*

Bois	Feu	Terre	Métal	Eau
🌧	🌧	🌧	☼	

Vous trouverez peut-être ce milieu de printemps stressant, en particulier si vous occupez des fonctions de management. L'expression « prendre la tête » semble avoir été inventée pour ce type de situation. Différez, prenez du temps, voire prenez le large un temps pour laisser retomber la pression.

Vous vous déplacez en vélo, en trottinette, en patins à roulette, en skate ... ? Ce n'est pas le moment d'oublier votre casque. Tant pis pour vos bouclettes : protégez votre tête.

☼ Est

Concerne surtout les *gua* 1, 3 et 4

Bois	Feu	Terre	Métal	Eau
	🌧	🌧	🌧	

Belle période pour boucler des deals, conclure des alliances, faire aboutir des négociations. Installez-vous dans cette zone pour faciliter les échanges et favoriser le travail en commun, la construction de relations gagnant-gagnant.

Et en parlant d'alliance : tous nos voeux de bonheur à ceux qui profiteront de ce printemps pour se marier ou qui ont décidé de fonder une famille. Suivant la formule consacrée : puissiez-vous durer aussi longtemps que le Ciel et la Terre.

🌧 Sud-est

Concerne surtout les *gua* 1, 2, 3 et 4

Bois	Feu	Terre	Métal	Eau
🌧	🌧	🌧	🌧	

Les femmes enceintes seront prudentes : risque de fausses-couches. Soyez vigilante en particulier si le déroulement de votre grossesse est délicat, changez éventuellement de chambre pour quelques semaines.

Élèves, étudiants et chercheurs seront défavorablement soutenus dans leur travail. Si vous devez passer des examens importants, travaillez ou dormez dans un autre secteur.

Les *gua* 2 (et éventuellement 8) auront une opportunité de gain financier, mais ça n'ira pas sans tension relationnelle. Assurez-vous que le jeu en vaut la chandelle avant de vous lancer.

Période du 6 juin au 5 juillet

Les étoiles mensuelles

	SE	S	SO	
	9	5	7	
E	8	1	3	O
	4	6	2	
	NE	N	NO	

Ces recommandations s'appliquent généralement aux pièces principales : l'entrée, les chambres, la cuisine, le salon, le bureau, ... Parce que vous y passez du temps, vous vous « chargez » dans ces espaces. Il est donc important que ce qi soit de bonne qualité ou géré.

Pour connaître votre gua, reportez-vous à la page 161 ou sur marip.com/almanach.

🌧 Sud

Concerne tous les *gua*

Bois	Feu	Terre	Métal	Eau
🌧	🌧	🌧	☀	

Il suffit de constater combien nous sommes affectés ou influencés par ce que nous entendons autour de nous pour mesurer le poids des mots.

Souvent, nous ne soignons pas assez notre parole : nous la laissons aller et divaguer par négligence, pour un bon mot, pour le plaisir d'un instant qui laissera, lui, des traces durables autour de nous.

La parole est précieuse : elle peut séduire, guérir, bénir, créer ou humilier, blesser, salir. Nous avons tous le choix d'utiliser notre parole pour créer ou détruire.

🌧 Sud-ouest

Concerne surtout les *gua* 1, 2, 4, 7

Bois	Feu	Terre	Métal	Eau
🌧	🌧	☀	🌧	🌧

Après quelques semaines de grande facilité et d'opportunités, un creux s'annonce pour cette période : il y a un peu de mélancolie ou de tension nerveuse dans l'air. Prenez du recul et le temps de vous reposer.

Risque d'infection : ne laissez pas traîner les petits bobos, soignez-les avant qu'ils ne deviennent gênants.

Les femmes enceintes, les personnes sujettes aux maux de tête ou souffrant de problèmes cardio-vasculaires éviteront ce secteur pendant les semaines à venir.

☀ Ouest

Concerne surtout les *gua* 3 et 7

Bois	Feu	Terre	Métal	Eau
🌧		🌧	🌧	🌧

Amateurs de jeux de hasard, turfistes enragés, joueurs de poker, parieurs compulsifs : cette période n'est pas propice aux gains d'argent, elle présage même des pertes importantes. Si vous êtes concerné, il est temps de vous voter une sérieuse période de sevrage. Mettez-vous au vert concrètement ou métaphoriquement.

Si votre porte d'entrée ou des biens précieux se trouvent dans cette zone : soignez la sécurité.

🌧 Nord-ouest

Concerne surtout les *gua* 1, 2 et 4

Bois	Feu	Terre	Métal	Eau
🌧	🌧	🌧	🌧	

Gains financiers possibles pour les *gua* 4 pendant cette période. Excellente zone pour tout ce qui touche à la métaphysique ou à l'ésotérisme, à la poésie.

Relationnel : il y a du crêpage de chignon dans l'air, les relations inter-générationnelles sont difficiles, en particulier entre femmes. Cela peut concerner aussi bien la sphère professionnelle que la sphère privée.

Faites tomber la pression, évitez les discussions qui ne mènent nulle part, renoncez aux petites remarques désobligeantes ou carrément assassines. Prenez sur vous et investissez votre énergie dans quelque chose de constructif.

Évitez cette zone si vous souffrez de problèmes intestinaux ou digestifs.

☼ Nord

Concerne tous les *gua*

Bois	Feu	Terre	Métal	Eau
🌧	🌧	🌧		

C'est une période qui devrait vous aider à prendre de nouvelles responsabilités, à bénéficier d'une promotion, *a minima* à voir vos mérites reconnus.

Si vous voulez progresser professionnellement, tirez parti de cette période en sollicitant un entretien ou un bilan avec votre hiérarchie. Prenez le temps de le préparer.

Vous bossez solo ? Réfléchissez à ce qui vous permettrait d'asseoir publiquement votre réputation : faites témoigner vos clients, organisez un événement autour de votre activité, participez à un concours professionnel ...

☼ Nord-Est

Concerne surtout les *gua* 1, 4, 6, 8 et 9

Bois	Feu	Terre	Métal	Eau
🌧	🌧	🌧	🌧	☼

Les mots-clés de la période : alliance, contribution, coopération, collaboration, partenariat, association. C'est vrai tant sur le plan pro que sur le plan perso. Pour certains ce sera donc le moment de monter une équipe de projet, pour d'autres une période propice à un mariage ou un PACS.

Extra-balle pour les *gua* 1 : si vous souhaitez fonder une famille ou l'agrandir, cette zone facilitera les grossesses. *A contrario*, si vous ne souhaitez pas de (nouvel) enfant, prenez les précautions qui s'imposent.

☼ Est

Concerne surtout les *gua* 1, 3, 4, 6 et 8

Bois	Feu	Terre	Métal	Eau
	🌧	🌧		

La zone à utiliser ce mois-ci si vous avez des projets immobiliers. Les *gua* 3 et 4 seront les mieux soutenus pour cela.

Si vous avez des problèmes d'audition ou que vous souffrez de troubles urinaires, évitez cette zone pendant les semaines à venir. Idem pour ceux qui souffrent de calculs biliaires.

Et pour tous : vous constaterez probablement un peu de raideur musculaire. Pensez à vous étirez régulièrement, entretenez votre souplesse.

🌧 Sud-est

Concerne tous les *gua*

Bois	Feu	Terre	Métal	Eau
🌧	🌧	🌧	🌧	

La période à venir peut être délicate pour les femmes enceintes. D'une manière plus générale, tout le système gynécologique féminin est plus facilement affecté. Ne négligez pas les traitements en cours et ne reportez pas *sine die* les examens prescrits par votre médecin. En un mot : réduisez les risques.

Ceux qui ont une tendance facile à l'embonpoint devront être plus rigoureux sur le plan alimentaire pendant les semaines à venir. Vous savez déjà probablement ce qui vous réussit et ce qui ne vous convient vraiment pas : aliments, quantités, horaires, etc. Revenez aux basics et respectez votre plan de marche.

Période du 6 juillet au 3 août

Les étoiles mensuelles

SE		S		SO
	8	4	6	
E	7	9	2	O
	3	5	1	
NE		N		NO

Ces recommandations s'appliquent généralement aux pièces principales : l'entrée, les chambres, la cuisine, le salon, le bureau, ... Parce que vous y passez du temps, vous vous « chargez » dans ces espaces. Il est donc important que ce qi soit de bonne qualité ou géré.

Pour connaître votre gua, reportez-vous à la page 161 ou sur marip.com/almanach.

☀ Sud

Concerne tous les *gua*

Bois	Feu	Terre	Métal	Eau
	🌧	🌧	🌧	☀

Envie d'évasion ? Il y a du voyage dans l'air. Passez en revue vos envies d'ailleurs et trouvez une destination à vos envies d'évasion. Bon voyage !

Non, vous ne partez pas tout de suite ? Sur le plan de l'activité, la période favorise l'expression artistique, l'écriture. Si l'envie ou l'opportunité sont là, prenez ce train en marche.

Si vous souffrez de problème respiratoire, évitez cette zone dans les semaines à venir.

La période sera moins facile pour certains *gua* 4 : évitez cette zone, les choses reprendront un cours plus normal à partir du mois prochain.

🌧 Sud-ouest

Concerne surtout les *gua* 1, 2, 6, 7 et 9

Bois	Feu	Terre	Métal	Eau
🌧	🌧	☀	🌧	

Il y a de la rébellion dans l'air : au travail ou à la maison les différentes générations ont du mal à faire cohabiter leurs aspirations. Les plus âgés ou ceux qui sont en situation de responsabilité se sentiront probablement challengés.

La coercition est rarement recommandable et ici elle a très peu de chance d'être utile ou efficace. Il faudra donc trouver un autre biais. Optez éventuellement par un médiateur, féminin par exemple.

Les seniors de la famille devraient se montrer plus patients avec les jeunes générations qui doivent, elles aussi, faire leurs propres expériences. Pour éviter les frictions, évitez d'intervenir sauf s'ils vous le demandent.

🌧 Ouest

Concerne tous les *gua*

Bois	Feu	Terre	Métal	Eau
🌧	🌧	🌧		🌧

Un secteur difficile sur le plan santé en particulier. Les *gua* 2 et 7 sont les premiers concernés.

En cas de soucis respiratoires ou de problème de santé affectant la poitrine, évitez ce secteur pendant les semaines à venir.

☼ Nord-ouest

Concerne surtout les *gua* 1, 4 et 6

Bois	Feu	Terre	Métal	Eau
	🌧	🌧		

L'ambiance est sentimentale et sensuelle. En cette période estivale, les habitudes changent, on rencontre de nouvelles têtes, on s'expose davantage. Pour ceux qui sont en quête d'aventure, c'est l'occasion de trouver de nouveaux partenaires.

Par ailleurs, les études, la préparation d'examens, l'écriture sont bien soutenues. Si vous ne vous laissez pas séduire par les sirènes de la tentation, votre mois sera studieux.

Le défi du moment : partager raisonnablement votre temps et votre attention entre vos études et votre vie sociale.

🌧 Nord

Concerne surtout les *gua* 1, 8 et 9

Bois	Feu	Terre	Métal	Eau
🌧	🌧	🌧	🌧	

Soignez votre vision. Dans cette période, on ne voit pas toujours bien les choses. Soit parce que les yeux posent problème, soit parce qu'on ne voit pas les choses telles qu'elles sont.

Le défi du moment : ne pas s'entêter, rester lucide, éviter les excès ou le fanatisme, faire preuve de discernement.

🌧 Nord-est

Concerne tous les *gua*

Bois	Feu	Terre	Métal	Eau
🌧	🌧	🌧		🌧

Beaucoup de conflits naissent d'un malentendu : les choses ont été mal exprimées ou mal interprétées. Quand on comprend cela, il devient plus facile d'éviter ou de dissoudre les tensions. La plupart du temps nous réagissons impulsivement, sans réaliser ce qui est en train de se passer.

Le défi du moment : (demander à) clarifier, détecter l'instant où la situation se vrille, prendre le temps et se donner la peine de vérifier ce qu'on a compris / ce qui a été compris.

Possible blessure au pied ou à la jambe. Soyez prudent dans vos déplacements.

Les pieds sont davantage exposés l'été : soignez les bobos.

Est

Concerne tous les *gua*

Bois	Feu	Terre	Métal	Eau
🌧	🌧	🌧		

Une belle période pour les déplacements. Ca peut être par exemple un voyage lointain ou au sud de l'endroit où vous habitez, pour retrouver votre famille ou la terre de vos ancêtres. Quelle que soit votre destination, nous vous souhaitons un beau voyage.

La saveur du moment est indéniablement romantique et sensuelle. Si vous êtes en couple, vous pourriez profiter de cette période pour inviter votre compagnon de route à retrouver de l'intimité.

Sud-est

Concerne tous les *gua*

Bois	Feu	Terre	Métal	Eau
🌧		🌧		

Cette année, l'été baigne dans une atmosphère de concorde et de tranquillité. Excellente période pour des retrouvailles en famille, entre amis ou autre : à chacun suivant ses envies et son terrain de prédilection.

Votre séjour en vacances vous donne des envies de déménagement ? Prenez le temps de la réflexion : revenez une fois la saison passée, voire en hiver. Vous aurez ainsi une idée plus complète et plus juste du lieu. Si vous décidez de vous installer, il sera toujours temps de passer à l'action.

Envie d'enfant ? C'est un secteur favorable à un début de grossesse.

Période du 4 août au 2 septembre

Les étoiles mensuelles

SE		S		SO
	7	3	5	
E	6	8	1	O
	2	4	9	
NE		N		NO

Ces recommandations s'appliquent généralement aux pièces principales : l'entrée, les chambres, la cuisine, le salon, le bureau, ... Parce que vous y passez du temps, vous vous « chargez » dans ces espaces. Il est donc important que ce qi soit de bonne qualité ou géré.

Pour connaître votre gua, reportez-vous à la page 161 ou sur marip.com/almanach.

Sud

Concerne tous les *gua*

Bois	Feu	Terre	Métal	Eau
🌧	🌧	🌧		🌧

Soyez vigilant sur les aspects de sécurité dans ce secteur : il y a de l'embrouille dans l'air. Avant de signer un contrat, vérifiez minutieusement les documents qui vous sont soumis, ne signez pas dans la précipitation.

Si on vous presse de contractualiser cette si bonne affaire, prenez le temps de la réflexion et de la vérification. Commentaire d'un investisseur expérimenté : « Il vaut mieux rater une bonne affaire qu'en faire une mauvaise. Il y a toujours des bonnes affaires à faire, alors qu'un mauvais deal on le traîne pendant des années » Puisse l'expérience des uns servir aux autres !

Sud-ouest

Concerne tous les *gua*

Bois	Feu	Terre	Métal	Eau
🌧	🌧	🌧		☼

Obstacles, petits soucis, petits bobos, incidents inattendus. Ne soyez pas négligent : réglez les petit problèmes avant qu'ils ne prennent des proportions désagréables.

Vous tergiversez, différez les décisions nécessaires, vous vous en entêtez dans une situation délicate ou impossible ? « Donner du temps au temps » n'est pas toujours une bonne idée, ne tournez pas indéfiniment autour du pot. A un moment, il faut savoir trancher. Si vous repoussez l'action par peur d'un échec, posez-vous tranquillement la question suivante : est-ce si grave que cela ? Bien souvent la réponse est « non ».

Si vous avez l'impression de louper quelque chose, de ne pas avoir les idées vraiment claires, vous avez probablement raison. Évitez donc cette zone pour toutes les décisions importantes, n'hésitez pas à chercher conseil auprès de votre entourage ou de professionnels.

Ouest

Concerne surtout les *gua* 1, 3 et 7

Bois	Feu	Terre	Métal	Eau
🌧	🌧	🌧	🌧	🌧

Évitez autant que possible les longs déplacements, les voyages lointains. En période estivale, le conseil ne sera probablement pas toujours bien accueilli.

Toutefois, il vaut mieux prévenir que guérir, voilà donc quelques suggestions pour minimiser les soucis : faire le voyage en plusieurs étapes plutôt qu'en une seule fois, surveiller les conditions de déplacement (météo, horaires, encombrements, bouchons, ...), prévoir de la marge. Et enfin partir avec l'idée que peut-être tout ne se passera pas forcément comme prévu, et que ce n'est pas grave.

Une histoire de cœur, un projet se termine ? Acceptez que les pages se tournent, le climat finira par s'alléger, soyez seulement patient.

🌧 Nord-ouest

Concerne surtout les *gua* 1, 4, 6 et 9

Bois	Feu	Terre	Métal	Eau
🌧	🌧	🌧	🌧	

Les *qi* amoureux qui dominaient ici les semaines précédentes se transforment et s'affirment : une relation stable se profile en particulier pour les *gua* 1, 6 et 9. Il sera même parfois question de fiançailles et de mariage.

Dans d'autres secteurs de la vie, il y a comme un lutte sourde, des conflits rampants qui empoisonnent l'atmosphère. Mettez-y un terme au plus tôt. Au besoin, consultez les conseils donnés à ce sujet dans la zone Nord-Est du mois précédent (cf. p. 194).

☼ Nord

Concerne surtout les *gua* 1, 3, 4 et 8

Bois	Feu	Terre	Métal	Eau
	🌧	🌧	🌧	

Période particulièrement dynamique pour ceux qui déménagent, vendent ou achètent un bien. Ont plus particulièrement le vent en poupe les *gua* 3, 4 et 1. A moins que tout simplement les enfants de la maison ne changent d'établissement scolaire à la rentrée ? Si vous voulez les scolariser dans un établissement différent, il n'est pas trop tard pour tenter votre chance.

Articulations sensibles ? Évitez ce secteur si vous souffrez de rhumatismes.

🌧 Nord-est

Concerne surtout les *gua* 1, 2, 6 et 8

Bois	Feu	Terre	Métal	Eau
	🌧	🌧	☼	

Les systèmes gastro-intestinaux et la sphère gynécologique sont mis à l'épreuve pendant cette période. Avisez en fonction de votre sensibilité personnelle et de votre situation pendant cette période : par exemple, si vous voyagez dans des endroits où l'hygiène alimentaire est questionnable, vous serez plus attentif à ce que vous mangez ou buvez que si vous êtes à la maison.

C'est une bonne période pour rendre visite aux personnes âgées de la famille, parents ou grands-parents suivant les circonstances, ou faire célébrer un rite en leur hommage s'ils ne sont plus de ce monde.

Si vous avez le sentiment que votre conjoint est distant ou s'il est tout simplement absent, profitez de la période pour développer les activités que vous ne partagez pas ensemble. Si vous sortez d'une relation, profitez de ces quelques semaines pour remettre vos compteurs personnels à zéro, la solitude est propice à cela.

Est

Concerne surtout les *gua* 1, 3, 4, 6 et 9

Bois	Feu	Terre	Métal	Eau

Période propice aux nouveaux démarrages, aux projets qui se lancent et aux relations qui débutent. Si vous n'avez pas de projet particulier, restez à l'écoute de ce qui se présente, laissez-vous porter par la vague et voyez où elle vous mène. La période est dynamique, profitez-en.

Risque théorique de blessure à la tête, en particulier s'il y a de l'eau ou une structure pointue à l'extérieur de cette zone. Si c'est le cas, évitez cette zone et soyez raisonnablement prudent.

Sud-est

Concerne surtout les *gua* 2, 4 et 7

Bois	Feu	Terre	Métal	Eau

Quelque chose se termine : une activité, une histoire, une relation, une situation. L'esprit humain est mal préparé au changement : il aime ce qui est stable et connu. Il tend du coup à s'accrocher à ce qui est là en espérant que ça dure toujours. Il fait ainsi deux fois son malheur : il est d'abord inquiet de perdre ce qu'il a, puis chagrin de perdre ce qu'il a eu. Le mot-clé de ce mois est donc « acceptation », *amor fati* disaient les anciens, à ne pas confondre avec « résignation ».

Les femmes enceintes éviteront cette zone (dormez dans une autre pièce).

Période du 3 septembre au 1er octobre

LES ÉTOILES MENSUELLES

SE		S		SO
	6	2	4	
E	5	7	3	O
	1	3	8	
NE		N		NO

Ces recommandations s'appliquent généralement aux pièces principales : l'entrée, les chambres, la cuisine, le salon, le bureau, ... Parce que vous y passez du temps, vous vous « chargez » dans ces espaces. Il est donc important que ce qi soit de bonne qualité ou géré.

Pour connaître votre gua, reportez-vous à la page 161 ou sur marip.com/almanach.

🌧 Sud

Concerne surtout les *gua* 2, 6, 7 et 9

Bois	Feu	Terre	Métal	Eau
🌧	🌧	🌧	🌧	☼

Il y a toutes sortes de colère. Des saintes. Des froides. Des bleues. Des rouges. Des colères nécessaires à l'action. Mais la colère ici est plutôt une colère ordinaire, de celles qui surgissent à notre insu et qui au passage consument le corps et la raison.

On subit bien plus souvent sa propre colère qu'on ne le pense. Vous vivrez mieux, et votre entourage avec vous, si vous développez une attention plus fine à ces mouvements intérieurs avant qu'ils ne se transforment en éruptions colériques. Il y a matière à réflexion et à expérimentation pour les semaines à venir qui tendent à exacerber les émotions, à rendre plus sensible et irritable. Profitez-en.

Les femmes enceintes et les couples qui cherchent à concevoir éviteront ce secteur.

Si vous avez du matériel électrique ou électronique ici, soignez la sécurité : risque de virus et de pannes.

☼ Sud-ouest

Concerne surtout les *gua* 2, 4, 6 et 9

Bois	Feu	Terre	Métal	Eau
🌧	🌧	🌧	🌧	

« Sonnez hautbois, résonnez musettes ! » : ce début d'automne soutiendra joliment la créativité, les activités littéraires, l'écriture, ... La période est tournée vers tout ce qui est raffiné, minutieusement exécuté, éventuellement innovant. Artistes de tout crin, comment saurez-vous tirer parti de cette vague énergétique ?

Les relations entre femmes sont plutôt bien soutenues. Tissez des liens, renforcez ceux que le temps ou la distance a distendu. Les différences d'opinion ou de pratiques peuvent facilement produire des divergences. Ici au contraire vous êtes invité à assumer vos différences et à les mettre au pot commun.

🌧 Ouest

Concerne surtout les *gua* 1, 6 et 7

Bois	Feu	Terre	Métal	Eau
🌧	🌧	🌧		🌧

Prudence sur le front financier : risque de vol, de fraudes, de pertes d'argent. Ami parieur ou amateur de jeux de hasard, il est temps de faire un break : la période n'est pas du tout propice aux gains. Souvenez-vous que la banque gagne toujours, question de stats, de probabilité et de rentabilité. Vous n'y croyez pas ? Jetez un coup d'oeil sur internet, mot-clé : le biais d'optimisme. Bonne lecture !

Soignez les mesures de sécurité dans cette zone. Dans un espace de vente, ça peut être votre zone de coulage pendant quelques semaines. Anticipez.

🌧 Nord-ouest

Concerne tous les *gua*

Bois	Feu	Terre	Métal	Eau
🌧	🌧	🌧		🌧

La période n'est pas idéale sur le plan relationnel : il peut y avoir un sentiment de solitude ou, pour ceux qui sont en couple, des moments de tensions. « Qui sème le vent, récolte la tempête », nous devons la formule au prophète Osée. Elle date du 8ème siècle avant JC mais n'a rien perdu de son actualité. Les semaines à venir passeront mieux si vous gardez l'idée en tête : ne propagez pas de rumeur, de demi-vérités, ne montez pas les gens de votre entourage les uns contre les autres.

Problèmes de calculs ou rhumatismes ? Évitez cette zone.

🌧 Nord

Concerne surtout les *gua* 1, 6, 7, 8 et 9

Bois	Feu	Terre	Métal	Eau
🌧	🌧			🌧

Situation délicate pour les jeunes enfants et les pré-ados ce mois-ci. S'ils changent d'établissement scolaire ou d'environnement, soyez attentif à leurs besoins et accompagnez-les dans la transition.

Pour tous, risque de blessure aux membres inférieurs. Ne négligez pas les protections d'usage et ne prenez pas de risque idiot. Vous souffrez de calculs urinaires ? Évitez cette zone. Peu favorable aux femmes enceintes ou tentant de le devenir.

Gua 3 et 4 : vous envisagez un déménagement ? Belle période pour cela.

☼ Nord-est

Concerne surtout les *gua* 1, 4, 6 et 8

Bois	Feu	Terre	Métal	Eau
	🌧	🌧	🌧	

Jolie période pour les rencontres, les partenariats, les associations perso ou pro.

Vous démarrez un projet, une relation, vous vous lancez dans quelque chose de nouveau ? Vous êtes bien en phase avec l'énergie du moment, profitez-en.

Les *gua* 9 éviteront cette zone dans toute la mesure du possible.

Si, à l'extérieur de cette zone, l'environnement comporte des formes pointues, éventuellement dirigées vers votre bâtiment : possibles problèmes cérébraux. Au mieux, vous vous sentez en petite forme intellectuellement, au pire risque de pépin cérébral. Votre cerveau est précieux, vous n'en avez qu'un alors évitez ce secteur jusqu'au mois prochain, voire pendant les deux mois à venir.

🌧 Est

Concerne tous les *gua*

Bois	Feu	Terre	Métal	Eau
🌧	🌧	🌧	🌧	

Vous travaillez dans un métier de bouche (restaurant, traiteur, transformation, pâtisserie, etc.) ? Si les espaces de travail ou l'entrée de l'établissement sont dans cette zone, soyez particulièrement vigilant concernant le respect des règles d'hygiène, l'entretien des frigos, ... : risque d'empoisonnement. Bonne période pour faire une revue de sécurité, un nouveau round de sensibilisation de vos équipes aux problèmes d'hygiène. Vérifiez vos stocks et débarrassez les produits périmés pour éviter toute erreur.

Défavorable pour les femmes enceintes et plus généralement pour toute personne souffrant de troubles génitaux ou urinaires (homme et *gua* 1 ou 3 particulièrement).

🌧 Sud-est

Concerne surtout les *gua* 1, 2, 4 et 9

Bois	Feu	Terre	Métal	Eau
🌧	🌧	🌧		🌧

Pour les *gua* 2 et 6 en particulier, possible sentiment de solitude et d'éloignement de leur compagnon de route. Le trait est passager pour la plupart, profitez de la période pour poursuivre les activités qui n'intéressent pas votre conjoint ou que vous ne pouvez faire que seul.

Possibles problèmes gastro-intestinaux ou gynécologiques. Soignez votre hygiène de vie et éventuellement consultez.

Belle période pour s'initier aux pratiques méditatives, de préférence dans un milieu monastique, en silence. Faites-vous accompagner par un enseignant expérimenté pour en profiter pleinement.

Période du 2 au 31 octobre

Les étoiles mensuelles

SE		S		SO
	5	1	3	
E	4	6	8	O
	9	2	7	
NE		N		NO

Ces recommandations s'appliquent généralement aux pièces principales : l'entrée, les chambres, la cuisine, le salon, le bureau, ... Parce que vous y passez du temps, vous vous « chargez » dans ces espaces. Il est donc important que ce qi soit de bonne qualité ou géré.

Pour connaître votre gua, reportez-vous à la page 161 ou sur marip.com/almanach.

Sud

Concerne surtout les *gua* 1, 7 et 9

Bois	Feu	Terre	Métal	Eau
☀	🌧	🌧	🌧	

Sous une forme ou une autre, la joute oratoire traverse les siècles et même les millénaires. Rappeurs et avocats de notre temps succèdent aux troubadours du moyen-âge et aux grands poètes de la Grèce antique. Vous avez du bagoût, de la tchatche, le goût des mots ? Vous voulez vous exprimer en public prochainement ? Les semaines à venir vous offriront de nombreuses occasions. Le talent ne s'improvise pas, il se cultive : préparez-vous, entraînez-vous, inspirez-vous d'autres orateurs de talent.

La parole exerce une vraie influence sur l'esprit des gens qui la reçoivent. Elle devrait donc être juste et qualitative. « Qui sème la vertu récolte l'honneur » (Léonard de Vinci, in *Proverbes*).

Belle période pour un voyage d'automne.

Sud-ouest

Concerne surtout les *gua* 1, 2, 6, 7, 8 et 9

Bois	Feu	Terre	Métal	Eau
🌧	🌧	🌧	🌧	

Belle période pour les activités intellectuelles. Vous étudiez, vous vous formez, vous avez des choses à apprendre et à comprendre ? Utilisez cette zone dans les semaines à venir pour avancer plus facilement et plus rapidement.

Les *gua* 6 et 7 devraient éviter cette zone dans toute la mesure du possible, et d'autant plus s'ils souffrent de migraines, de problèmes gastriques ou digestifs, de troubles cardio-vasculaires. .

Aux *gua* 1 : si vous rencontrez des obstacles au tout début de la période, ne vous découragez pas, les problèmes font finir par se résoudre.

Ouest

Concerne surtout les *gua* 2, 3, 6 et 7

Bois	Feu	Terre	Métal	Eau
🌧	🌧	🌧	🌧	

Période intéressante et profitable pour les *gua* 6 et 7 à condition de rester vigilant sur les aspects contractuels, légaux, administratifs, réglementaires, etc. Avancez de manière progressive. En cas de difficulté, prenez le temps de régler les problèmes qui se posent, avancez un pas après l'autre.

Situation délicate pour les *gua* 3 : possibilité de succès dans leurs projets ou aventures, mais au prix de réelles difficultés. Pesez le pour et le contre avant de vous engager : le jeu en vaut-il la chandelle ?

☼ Nord-ouest

Concerne tous les *gua*

Bois	Feu	Terre	Métal	Eau
		🌧	🌧	☼

En général, les animaux se battent quand ils sont en compétition avec leurs congénères pour leurs ressources. Et l'homme est un animal comme les autres. Être conscient de ce qui se passe vous aidera à comprendre les situations et à mieux les traverser. Suggestion : veillez à la sécurité de vos biens, matériels ou immatériels, les plus précieux (pour vous).

Vous écrivez, vous faites de la radio, vous enregistrez des podcasts ? Les semaines à venir vous soutiendront activement dans vos activités. Ce n'est pas le moment de procrastiner. Vous ne vous sentez pas encore tout à fait prêt ? Peut-être pouvez-vous envisager de faire des ballons d'essai ?

Zone déconseillée en cas de problèmes respiratoires. Opération chirurgicale possible.

☼ Nord

Concerne tous les *gua* 1, 2, 3, 4, 7 et 8

Bois	Feu	Terre	Métal	Eau
🌧		🌧		

Belle période pour des rapprochements, en particulier pour les *gua* 2 et 8. En milieu professionnel, cela peut représenter des partenariats ou du travail en équipe. Sur le plan personnel, il est peut être question d'un mariage.

Vous avez des projets immobiliers, vous travaillez dans le secteur de l'agriculture ? La période soutient activement vos activités, ne procrastinez pas.

Jolies perspectives de gains financiers pour les *gua* 3 et 4, mais au prix d'une grosse dépense d'énergie : jetez un coup d'oeil à votre jauge de vie à l'occasion.

Les *gua* 1 se sentiront probablement contraints, coincés. Évitez cette zone pendant quelques semaines.

Défavorable en cas de problèmes gynécologiques ou urinaires. Anticipez et évitez d'utiliser cette zone.

🌧 Nord-est

Concerne surtout les *gua* 1, 6, 8 et 9

Bois	Feu	Terre	Métal	Eau
🌧	🌧		🌧	

Au menu du mois : luttes de pouvoir. Cette fois ce sont les plus jeunes qui montent au créneau. Suivant la situation dans laquelle vous vous trouvez, vous adopterez des positions différentes. Possibilité de gains financiers pour les plus jeunes ou les *gua* 8 ou 9. Risque de déstabilisation politique pour ceux qui sont en position de gouvernance ou les *gua* 6.

Défavorable pour ceux qui souffrent de problèmes respiratoires ou cardio-vasculaires.

☀ Est

Concerne surtout les *gua* 1, 3, 4 et 9

Bois	Feu	Terre	Métal	Eau
	🌧	🌧	🌧	

Jolie période si vous suivez une formation, que vous écrivez ou faites de la recherche. Si c'est le cas, gardez du temps pour ces activités : vous serez bien soutenu.

Belles perspectives amoureuses pour ceux dont la chambre se trouve dans cette zone : la période est sensuelle.

Si vous vous sentez très indécis ou flottant (*gua* 1 et 4 en particulier), évitez cette zone. Et ne prenez pas de décision importante si possible : reportez au mois suivant ce qui peut l'être.

🌧 Sud-est

Concerne surtout les *gua* 1, 3, 4, 6 et 8

Bois	Feu	Terre	Métal	Eau
🌧	🌧	🌧	☀	🌧

A moins d'une véritable urgence (fuite d'eau par exemple), ne faites aucun travaux ce mois-ci.

Les femme enceintes éviteront ce secteur.

Vous ne souhaitez pas tomber enceinte ? Assurez-vous d'adopter les mesures *ad hoc,* nous avons la chance de vivre à une période de notre histoire et sous des latitudes où c'est facilement possible.

Période du 1er au 30 novembre

LES ÉTOILES MENSUELLES

SE		S		SO
	4	9	2	
E	3	5	7	O
	8	1	6	
NE		N		NO

Ces recommandations s'appliquent généralement aux pièces principales : l'entrée, les chambres, la cuisine, le salon, le bureau, ... Parce que vous y passez du temps, vous vous « chargez » dans ces espaces. Il est donc important que ce qi soit de bonne qualité ou géré.

Pour connaître votre gua, reportez-vous à la page 161 ou sur marip.com/almanach.

🌧 Sud

Concerne tous les *gua*

Bois	Feu	Terre	Métal	Eau
🌧	🌧	☀	🌧	

Vous avez repoussé de mois en mois une visite de contrôle chez votre dentiste préféré ? C'est probablement une mauvaise idée : en matière dentaire, la prévention est souvent ce qu'on fait de moins douloureux. Prenez le temps de vous en occuper ou armez-vous de courage, mais ne laissez pas traîner le sujet. Vous connaissez le dicton : il vaut mieux prévenir que guérir.

Coup de blues possible pendant la période, évitez cette zone pendant quelques semaines si la pression est trop forte.

Vous vous sentez stressé ou un peu mélancolique ? Ne cherchez pas plus loin la source de vos soucis et évitez cette zone.

🌧 Sud-ouest

Concerne surtout les *gua* 1, 2 , 3, 4, 7 et 8

Bois	Feu	Terre	Métal	Eau
🌧	🌧	🌧	☀	

Très jolies opportunités d'alliances (pro ou perso) pour les *gua* 2 et 8. Possibilité d'une jolie rencontre inattendue pour les *gua* 7.

Opportunités de gains financiers pour les *gua* 3 et 4 en particulier dans le secteur agricole, la distribution ou la vente de produits de masse (à destination des femmes, des enfants ou des personnes âgées en particulier). Fatigue à la clé.

Gua 1 : vous vous sentez oppressé, bloqué, contraint de toute part, votre quotidien ressemble à un parcours d'obstacles ? Évitez cette zone pendant le mois. Idem si vous souffrez de problèmes digestifs ou de calculs.

🌧 Ouest

Concerne surtout les *gua* 6, 7 et 9

Bois	Feu	Terre	Métal	Eau
	🌧	🌧		☀

Période délicate sauf pour les *gua* 9 qui devraient rencontrer, chemin faisant, différentes opportunités de gains. Pour tirer parti de cette période : soyez proactif, répondez aux demandes qui vous sont faites. Pour ne pas vous laisser déborder, prenez le temps de réfléchir au profil des clients que vous souhaitez avoir et gardez votre cible en tête pour ne pas vous disperser.

Pour les autres, la communication n'est pas toujours facile. En cas de souci, soyez par exemple attentif aux malentendus qui s'installent à l'insu de tous : ils font le nid des problèmes à venir.

Blessure au pied ou aux membres inférieurs possible. Soyez vigilant lors de vos déplacements (trottinette, vélo, moto etc.).

Nord-ouest

Concerne surtout les *gua* 1, 4, 6 et 9

Bois	Feu	Terre	Métal	Eau
	🌧	🌧	🌧	

Il paraît que les trompettes de la gloire rendent idiot. Gardez cette idée à l'esprit dans les semaines à venir : opportunité de succès, de reconnaissance, de notoriété ou de promotion sociale. Si c'est votre objectif du moment, réfléchissez à ce que vous pourriez faire pour enclencher le mouvement : que pouvez-vous mettre en avant qui témoigne de vos talents ?

Rencontre sentimentale possible pour les *gua* 1, 4 et 6.

Possibilité d'association financièrement intéressante pour les *gua* 9.

Nord

Concerne surtout les *gua* 1, 2, 4 et 8

Bois	Feu	Terre	Métal	Eau
🌧		🌧	🌧	

La fin de l'année s'annonce agréable, dynamique mais sans excès : l'ambiance est stable.

Jolies perspectives financières pour les *gua* 2 et 8.

Évitez cette zone si vous souffrez de problème aux oreilles, de calculs, de ballonnements.

Prise de poids possible pour les *gua* 2, soignez votre régime alimentaire.

Nord-est

Concerne surtout les *gua* 2, 6 et 8

Bois	Feu	Terre	Métal	Eau
🌧	🌧		🌧	

Globalement favorable aux activités qui demandent force physique et endurance.

La période n'est pas favorable aux réussites fulgurantes mais elle soutient les efforts patients.

☀ Est

Concerne surtout les *gua* 1, 3 et 7

Bois	Feu	Terre	Métal	Eau
	🌧	🌧	🌧	🌧

La période est dynamique et l'expression du moment est du style « allez, on y va ». Veillez seulement à ne pas mettre la charrue avant les bœufs.

Il y a quelque chose de vif et d'impulsif dans l'air, ça conduit facilement à des actions brouillonnes, désordonnées et mal fichues. Freinez le mouvement, obligez-vous à organiser les choses au moins un minimum.

Belle période pour un voyage lointain, mais par les temps qui courent c'est un conseil qu'il devient difficile de donner. On vous laisse y réfléchir.

Vous vous sentez soupe-au-lait ? Ou votre entourage vous reproche de l'être ? N'épuisez pas vos proches par vos colères si vous ne voulez pas vous retrouver isolé par un cordon sanitaire invisible destiné à les protéger de vos éclats intempestifs. Trouvez une solution à vos sautes d'humeur, dépensez votre énergie autrement.

🌧 Sud-est

Concerne surtout les *gua* 2 et 4

Bois	Feu	Terre	Métal	Eau
🌧	🌧	🌧	🌧	🌧

Les femmes (plus) âgées se trouvent comme prises en sandwich par les générations suivantes et les conflits sont probablement plus ou moins inévitables.

Les plus jeunes devraient laisser leurs seniors respirer un peu : l'année n'a pas toujours été tendre et facile pour eux. Pour passer le cap, se souvenir qu'on ne peut pas exiger d'un autre qu'il soit autre chose que ce qu'il est. En bref, cultiver la patience et l'acceptation. Nous n'avons pas dit que c'était facile.

Gua 4 : possible interférence dans vos affaires financières, soyez vigilant.

Période du 1er au 29 décembre

Les étoiles mensuelles

SE		S		SO
	3	8	1	
E	2	4	6	O
	7	9	5	
NE		N		NO

Ces recommandations s'appliquent généralement aux pièces principales : l'entrée, les chambres, la cuisine, le salon, le bureau, ... Parce que vous y passez du temps, vous vous « chargez » dans ces espaces. Il est donc important que ce qi soit de bonne qualité ou géré.

Pour connaître votre gua, reportez-vous à la page 161 ou sur marip.com/almanach.

☼ Sud

Concerne surtout les *gua* 1, 6, 7, 8 et 9

Bois	Feu	Terre	Métal	Eau
🌧	🌧			☼

Que vous soyez un orateur chevronné ou non, vous bénéficierez d'un élan dans toutes vos interventions orales. Parler en public vous paralyse ? C'est une excellente période pour expérimenter dans ce domaine. Vous ne savez pas par où commencer ? Il existe différents ouvrages ou tutoriels en ligne qui vous aideront à défricher le sujet, il suffit de vous y mettre. Peut-être vous découvrirez-vous un talent inattendu ou que l'exercice vous semblera moins difficile que vous ne l'imaginiez. Souvent c'est le premier pas qui coûte.

Possibilité d'un voyage en fin d'année pour les *gua* 1 en particulier, il est temps de boucler vos préparatifs.

Perspective de gains financier pour les *gua* 9 : procédez méthodiquement.

Les relations sentimentales sont favorisées dans les jeunes générations. Profitez-en !

☼ Sud-ouest

Concerne surtout les *gua* 2 et 9

Bois	Feu	Terre	Métal	Eau
🌧	🌧		🌧	

Les *gua* 2 finissent en beauté une année qui a été dans l'ensemble plutôt agréable.

Possibilité d'alliance et, en tout cas, climat de concorde. Que pouvez-vous mettre en œuvre pour profiter des circonstances ? De qui avez-vous envie de vous rapprocher ?

Les *gua* 9 en particulier surveilleront leur alimentation. Les fêtes de fin d'année ne devraient rimer avec ballonnements et engorgements.

🌧 Ouest

Concerne surtout les *gua* 3, 6, 7 et 9

Bois	Feu	Terre	Métal	Eau
	🌧	🌧		🌧

Tension, stress ou fatigue intellectuelle, cette fin d'année sera parfois délicate. Si l'ambiance à la maison ou au travail a souvent été tendue cette année, il est temps de résoudre les conflits. Le dialogue sera plus facile si vous faites intervenir un médiateur, une personne externe à la situation. Dans certaines situations, il peut être question de justice restaurative.

Possibles gains financiers pour les *gua* 9.

Risques aggravés de conflit pour les *gua* 3 et 7. Anticipez en déminant les situations : parlez, communiquez, expliquez, faites de la pédagogie, demandez de l'information.

🌧 Nord-ouest

Concerne surtout les *gua* 1, 4 et 6

Bois	Feu	Terre	Métal	Eau
	🌧		🌧	

Les amateurs de jeux de hasard ne devraient pas compter sur les semaines à venir pour « se refaire ». Jusqu'au mois prochain vous devriez même rester bien à l'écart de tous vos terrains de jeu habituels pour limiter vos pertes. Votez-vous une période de jeûne, faites-vous accompagner si nécessaire.

La période est potentiellement fatigante ou éprouvante pour les *gua* 1 et 4. Évitez la zone, prenez votre mal en patience.

Si les problèmes vous semblent insurmontables, fractionnez-les en plus petits sujets et traitez-les les uns après les autres.

☀ Nord

Concerne surtout les *gua* 1, 8 et 9

Bois	Feu	Terre	Métal	Eau
		🌧	🌧	☀

L'année se termine en beauté et vous booste sur tous les fronts : possibilité de promotion professionnelle, de gains substantiels ou de placements lucratifs. Ceux qui sont en chasse sur le plan immobilier seront aussi bien soutenus dans leurs efforts, en particulier les *gua* 1 et 3.

Évitez la zone si vous souffrez de calculs (rénaux, biliaires, ...)

🌧 Nord-est

Concerne surtout les *gua* 1, 6, 7 et 9

Bois	Feu	Terre	Métal	Eau
🌧	🌧			

« A couteaux tirés », voilà l'expression qui décrit bien l'ambiance de la période. Ne lancez pas de polémique, n'investissez pas d'énergie dans celles qui surviennent. Cessez de ferrailler pour un oui ou pour un non. Si un problème doit être réglé, efforcez-vous de trouver une voie consensuelle.

Risque de vol, d'escroquerie : prenez les précautions nécessaires. Le plagiat est une forme d'escroquerie intellectuelle et sociale : le plagiaire s'attribue l'intérêt d'une idée ou d'une impulsion créatrice et s'octroie le brio social qu'elle rencontre. Ca ne peut pas être très vertueux.

Il est plus facile d'éviter de plagier - ça n'exige qu'un peu de vigilance et un doigt d'honnêteté avec soi-même et avec le monde - que de se protéger du plagiat. Comment êtes-vous concerné par ce sujet et comment allez-vous le traiter ?

Belles opportunités financières pour les *gua* 9. Ne vous dispersez pas : prenez un temps pour réfléchir à vos objectifs et tenez-vous y.

🌧 Est

Concerne surtout les *gua* 1, 2 et 3

Bois	Feu	Terre	Métal	Eau
🌧	🌧	🌧	☼	🌧

Problème digestifs en vue pour cette période de fête : ballonnements, digestion difficile, problèmes intestinaux. Si vous êtes fragile sur ce plan, évitez la zone.

Défavorable pour les femmes enceintes ou souffrant de problèmes gynécologiques.

Possibilité de gains financiers pour les *gua* 3, mais au prix de quelques tensions probablement.

🌧 Sud-est

Concerne surtout les *gua* 2, 3 et 4

Bois	Feu	Terre	Métal	Eau
🌧	🌧			

Fêtes de fin d'année riment avec rassemblements familiaux et à l'occasion avec conflits. Nous avons tous nos dadas, nos habitudes, nos biais. Réduire notre niveau d'exigence vis à vis de nos proches et être un peu vigilant dans nos comportements permet souvent de passer ces fêtes dans la bonne humeur.

Dans l'ensemble, si les disputes et les motifs de s'agacer sont plus fréquents : laissez aller et ne vous laissez pas emporter par tout ce qui passe.

Calculateurs en ligne

ProSuite Online

ProSuite est un environnement de travail intégré avec un haut niveau de paramétrage et de convivialité. Il offre des outils de pointe pour le Bazi, le Feng shui, le Yi jing, le Qi men, Zi wei et le Ze ri (sélection de date). Vous pouvez travailler en solaire et en lunaire dans les fuseaux horaires de votre choix, et même recaler en heure réelle. Vous trouverez assurément un paramétrage qui correspond à votre façon de faire.

Tous vos cas peuvent être organisés en albums, taggés, épinglés, annotés et partagés avec vos amis pour un travail ou un apprentissage collaboratif, avec une recherche intégrale sur toute votre base de cas.

Almanac Pro Online

Les logiciels en ligne de Marip constituent une plate-forme de haut niveau pour les professionnels et amateurs des arts traditionnels chinois.

Inaugurée en 2012 avec l'Almanach Pro, la plate-forme a évolué fin 2015 avec une toute nouvelle interface fonctionnant aussi bien sur votre grand écran que sur votre tablette. Elle utilise également une connexion sécurisée pour protéger toutes vos données.

L'Almanac Pro vous offre en ligne un grand nombre d'informations pour chaque heure et chaque jour de la semaine, avec une visibilité jusqu'à 3 ans.

chinese-arts.app

Ces outils sont accessibles sur abonnement à l'adresse *chinese-arts.app* depuis un navigateur internet. Quel que soit l'endroit où vous vous trouvez dans le monde, vous pouvez accéder à vos données, les consulter, les modifier ou en créer de nouvelles.

Marip

Depuis 2001, Marip est spécialisé dans les arts et sciences traditionnels chinois :

- Feng shui traditionnel
- Bazi / 4 piliers de la destinée
- Yi jing
- Qi men dun jia
- Talismans daoïstes

Marip offre une large gamme d'activités de conseil pour les particuliers et les entreprises, en France et à l'étranger :

- Sélection de terrain et de bien immobilier
- Conception dans le cadre d'un projet de construction ou de rénovation
- Audit et optimisation de feng shui
- Accompagnement des individus dans leur développement personnel et professionnel
- Talismans daoïstes
- Accompagnement d'actions stratégiques en entreprise : aide à la prise de décision et à la résolution de problèmes, gestion des risques et opportunités, levée de fonds, fusion-acquisition, négociations
- Audit et optimisation du feng shui de locaux professionnels et d'espaces commerciaux

Marip est également un éditeur de référence

- D'ouvrages sur le feng shui, le bazi et le yi jing
- D'outils et de calculateurs en ligne

Enfin, Marip c'est également depuis 2003 des cycles de formation complets, de l'initiation à l'expertise de fond. Toutes les formations que nous vous proposons sont animées par Nathalie Mourier et Eric Spirau. Depuis 2021, l'ensemble de nos formations passent en ligne. Si vous souhaitez vous former, pensez à votre inscrire sur notre site à la page contact pour être prévenu des dates des sessions et profiter de nos tarifs early bird. Rendez-vous également sur le site pour le calendrier des formations à venir et pour accéder à nos formations en VOD.

Vous voulez une consultation, vous cherchez une information ? Écrivez-nous à :

infos@marip.com

Les collections d'ouvrages de référence : marip.com/shop/references

COMMENT INTERPRÉTER LE YI JING

Une présentation simple et pédagogique de 3 grandes méthodes classiques d'interprétation encore peu connues en occident.

Contenu : Hetu et loshu. Yin et yang. Le calendrier xia. Les 5 éléments et attributs. La divination par le I ching : tout un art. Les 8 trigrammes. La fleur de prunier. Méthodes pour dresser un hexagramme. Autres approches d'interprétation. Le yi jing taoïste : la méthode complète et l'interprétation. Calculer un hexagramme annuel. Etudes de cas. Huang ji jing shi. Yi ching et étoiles volantes. L'essence des 64 hexagrammes.

TAKASHIMA EKIDAN - TRAITÉ D'INTERPRÉTATION DU YI JING
ÉDITION 3

Voilà la traduction d'un ouvrage mythique dans le domaine du yi jing. L'œuvre de Takashima Kaemon rassemble une centaine de cas analysés en détail, les mécanismes de l'interprétation sont ouvertement expliqués. Un travail rare et précieux.

> *Bravo pour votre ouvrage « Le Takashima Ekidan » que j'ai dévoré d'une traite et qui en plus de me permettre d'avancer dans le Yi Jing m'a fait aussi avancer dans ma compréhension de la culture japonaise… culture que je développe depuis plus de vingt ans.*

4 PILIERS DE LA DESTINÉE, MANUEL D'ASTROLOGIE CHINOISE, VOLUME 1 - ED. 3 & VOLUME 2 - ED. 2

Maître Goh Guan Leong de Singapour nous amène à la découverte du ba zi.

Revue détaillée, exemples, nombreux tableaux et graphiques.

Deux superbes ouvrages très pédagogiques pour ceux qui souhaitent découvrir ou approfondir le sujet.

Ouvrages de référence

Avec la collection *Références,* nous vous proposons des outils et des ouvrages pour faciliter l'apprentissage et l'utilisation quotidienne des arts traditionnels chinois tel que le feng shui, le ba zi, le yi jing, la médecine traditionnelle.

Calendrier de 10 000 ans Édition 4 en couleurs

Au format 168x228, il a été spécialement conçu par Marip pour tous ceux qui ne parlent pas le chinois.

Il présente l'ensemble des troncs et branches de 1900 à 2043 avec les informations solaires et lunaires en temps universel, les étoiles annuelles et mensuelles et des annexes utiles. Une référence !

Le Bazi, une aide pour la médecine tradition-nelle chinoise

Cet ouvrage traite de l'analyse de la santé à l'aide du ba zi. Il est destiné aussi bien aux praticiens de médecine chinoise traditionnelle qu'aux praticiens de bazi.

Pour les non thérapeutes, les notions médicales essentielles sont brièvement exposées. Puis suivent les principes d'analyse fondés sur l'expérience, études de cas à l'appui.

Les quatre piliers renseignent sur la constitution physique, la prédisposition à certains syndromes, la réactivité aux divers types de traitement possibles, sans oublier le facteur temps qui rend les crises plus probables à certains moments qu'à d'autres.

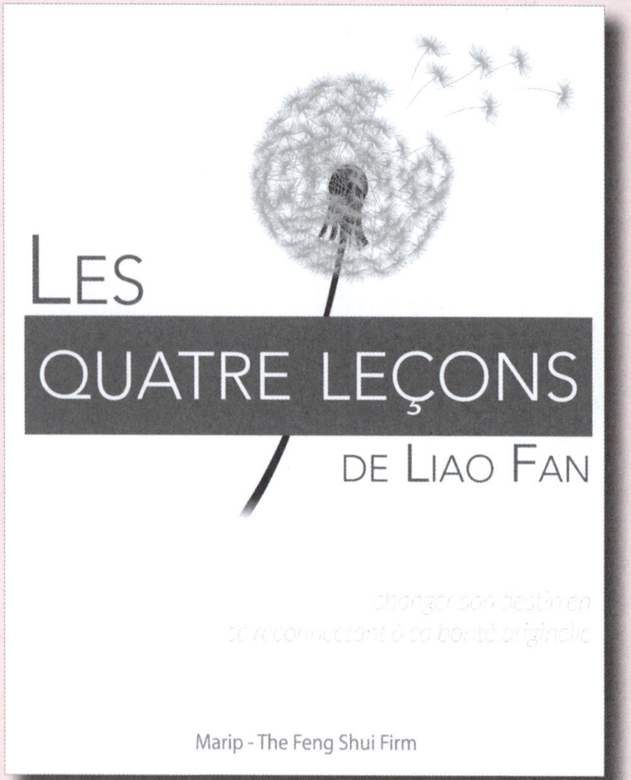

LES QUATRE LEÇONS DE LIO FAN

En Chine au 16ème siècle, Liao Fan entreprend d'écrire les Quatre leçons pour expliquer à son fils comment nous sommes tous les créateurs de notre destin et démontrer qu'aucune destinée n'est définitivement gravée dans le marbre.

S'appuyant sur son expérience personnelle et celle de nombreux autres, il explique comment le fait de cultiver l'honnêteté, la bonté et la bienveillance peut considérablement changer le cours d'une vie et permettre à chacun de trouver le bonheur.

Ce récit ne laisse personne indifférent. Et le seul fait qu'il soit encore disponible et lu six siècles après qu'il ait été écrit, est un signe de son importance.

Pour se former chez soi

Accédez à la collection : marip.com/shop/au-dela

Les ouvrages de cette collection sont destinés à tous ceux qui souhaitent se former ou approfondir leurs connaissances en feng shui traditionnel ou en bazi.

Lancée en 2006, cette collection pour tout public s'est enrichie au fil du temps et chaque ouvrage a rencontré un vrai succès, tant auprès des novices, amateurs avertis et professionnels.

En 2023, nous avons décidé d'en suspendre la commercialisation au profit de formations en ligne plus dynamiques et plus dans l'air du temps. Seul le 1er tome de Feng Shui reste encore disponible dans notre boutique.

Ba zhai & Fondamentaux

Les bases théoriques et vos premiers pas vers une approche de l'espace. Pour les débutant, c'est l'ouvrage par lequel commencer.

Contenu : L'histoire du feng shui. Le tao, la trinité cosmique. Du tao au feng shui. Les qi. L'environnement extérieur : étude de la forme. Le sha qi. Les trigrammes. Ba zhai : théorie. Les types de qi du ba zhai. Comment s'orienter. Ba zhai : démarche d'analyse. Ba zhai : qi directionnel. Comment organiser un espace pour plusieurs personnes. Le micro-bazhai. Conclusion. Exercices et corrigés.

Découvrez les outils :
marip.com/shop/outils

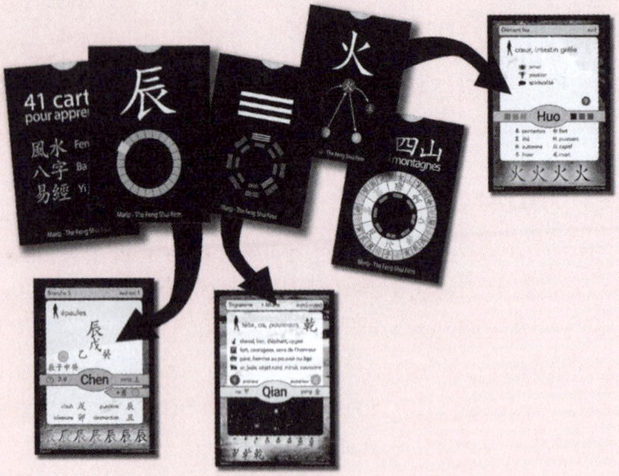

41 CARTES POUR APPRENDRE EDITION 4

Jeu conçu pour tous ceux qui apprennent le feng shui, l'astrologie chinoise, le yi jing, la MTC. Il comporte de nombreuses informations relatives aux troncs, branches, montagnes, trigrammes, éléments, combinaisons, ..., ainsi qu'un guide d'écriture des caractères. Idéal pour apprendre les idéogrammes indispensables et leur significations.

Cette édition est livrée dans un étui.

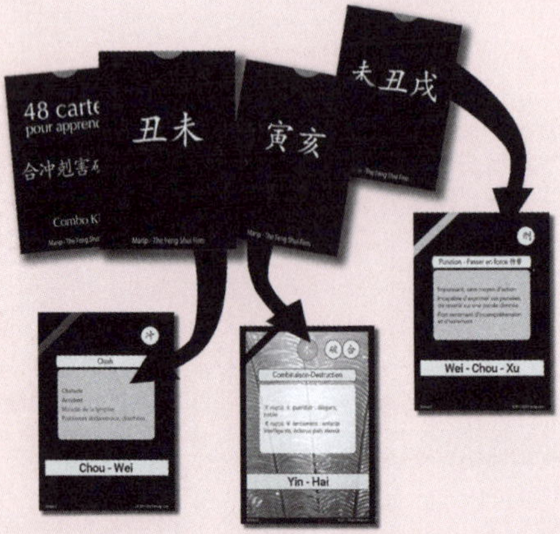

48 CARTES POUR APPRENDRE - COMBO KIT EDITION 2

Jeu tout particulièrement dédié à ceux qui font du ba zi ou du yi jing et doivent connaître les interactions des branches et des troncs entre eux et leur signification : combinaisons, combinaisons à 3, clash, blessures, punitions, combinaisons cachées, ...

Cette édition est livrée dans un étui.

Outils

64 cartes de Yi Jing Edition 2

Ce jeu a été conçu pour tous les utilisateurs de Yi Jing, qu'ils soient adeptes de l'approche par le texte, de la Fleur de Prunier ou du Wen Wang Ba bua aussi appelé yi jing taoïste.

Chaque carte comporte en effet de nombreuses informations sur l'hexagramme, tels que son générateur, son nucléaire, son permuté, son opposé, les différents dérivés, les trigrammes constitutifs,

Un jeu de cartes largement diffusé et qui connaît toujours le même succès.

Jusque là je n'osais pas utiliser le yi jing, je me sentais intimidé. Le jeu de cartes m'a décomplexé et je garde toujours un jeu sur mon bureau que je consulte régulièrement.

Yi Jing, 64 clés pour réfléchir autrement

Complément indispensable du jeu de cartes, bien que l'un et l'autre puissent être utilisés séparément.

L'introduction présente les différentes manières de tirer un hexagramme, puis une double page est consacrée à chaque hexagramme avec des informations spécifiques pour les sujets suivants : Travail/Finances, Amour/Relations, Santé, Études, Voyage. Très pratique pour obtenir une réponse rapide à une question.

Un petit format 15x18 pour être emporté partout.

Marip the Feng Shui Firm
www.marip.com